U0621217

高职高专"十三五"规划教材

汽车营销理论与实务

主　编　范　芳

副主编　罗　意　张　伟

主　审　高卫明

北京航空航天大学出版社

内 容 简 介

本书在充分调研的基础上,以国家职业标准为依据,同时结合高等职业技术院校教学实际要求、企业行业标准及当代职业院校学生情况进行编写。主要内容包括:总论、汽车市场营销环境与调研、汽车消费者购车行为分析、汽车营销策略、汽车推销技术、汽车营销模式解析、汽车市场的开发与提升、汽车销售流程、汽车销售客户服务、汽车营销人员基本知识等。

本书既可作为高等职业技术汽车类专业教材,也可作为成人高校、本科院校举办的二级职业技术学院和民办高校教材使用,或是作为汽车营销相关人员的自学用书。

图书在版编目(CIP)数据

汽车营销理论与实务 / 范芳主编. -- 北京 : 北京航空航天大学出版社,2018.8
ISBN 978 - 7 - 5124 - 2733 - 4

Ⅰ. ①汽… Ⅱ. ①范… Ⅲ. ①汽车－市场营销学－高等学校－教材 Ⅳ. ①F766

中国版本图书馆 CIP 数据核字(2018)第 123393 号

汽车营销理论与实务

主 编 范 芳
副主编 罗 意 张 伟
主 审 高卫明
责任编辑 冯 颖 李丽嘉

*

北京航空航天大学出版社出版发行

北京市海淀区学院路 37 号(邮编 100191) http://www.buaapress.com.cn
发行部电话:(010)82317024 传真:(010)82328026
读者信箱:goodtextbook@126.com 邮购电话:(010)82316936
北京宏伟双华印刷有限公司印装 各地书店经销

*

开本:787×1 092 1/16 印张:15.5 字数:397 千字
2018 年 8 月第 1 版 2018 年 8 月第 1 次印刷 印数:2 000 册
ISBN 978 - 7 - 5124 - 2733 - 4 定价:39.00 元

前　言

为了满足高等职业技术院校培养汽车营销与服务类专业高等技术应用型人才的需要,四川航天职业技术学院汽车专业教研室在充分调研的基础上,编写了汽车专业教材10余种。在教材的编写过程中,我们力求做到以下几点:

第一,从汽车制造、维修、销售服务等相关企业岗位要求分析入手,结合多年高等职业技术院校培养高等技术应用型人才的经验,确定课程体系、教学目标和教材的结构与内容,强化教材的针对性和实用性。

第二,以国家职业标准为依据,使教材内容涵盖国家职业标准的相关要求,便于"双证书"制度在教学中的贯彻和落实。

第三,根据以开发客户、维护客户、增加销售数量、提升销售素养等为主线、以相关知识为支撑的编写思路,精练教材内容,切实落实"管用、够用、适用"的教学指导思想。

第四,根据学校的教学环境和汽车行业的发展趋势,合理安排教学内容,在使学生掌握典型汽车销售技能的基础上,介绍扩展营销面、增加营销技巧的相关内容,既保证教材的可操作性,又体现先进性。

第五,按照教学规律和学生的认知规律,以实际案例为切入点,并尽量采用以图代文的表现形式,降低学习难度,提高学生的学习兴趣,从而达到好教、好学的目的。

本书既可作为高等职业技术汽车类专业教材,也可作为成人高校、本科院校举办的二级职业技术学院和民办高校教材使用,或是作为汽车营销相关人员的自学用书。

本书由范芳主编,罗意、张伟任副主编,高卫明任主审。其中,范芳参与了本书整体大纲的编写和内容的确定,张伟主要负责模块1、2、3、4内容框架的细化和结构整理,罗意主要负责模块5、6、7、8、9的内容细化和结构整理,模块1、4由闫霞编写,模块2、4由张玥编写,模块5、6由宋琴编写,模块7、8、9由范芳编写,刘双悦老师对全书内容进行了校对。本书成稿后,高卫明老师对全书内容与结构进行了审核与调整。在本书的编写过程中,编者参考了国内外有关市场营销和汽车营销的书籍和论文等文献,在此,谨向原作者表示感谢。由于编者水平有限,书中疏漏之处在所难免,恳请读者不吝指正。

　　　本教材在编写过程中得到了众多高等职业技术院校相关教师的大力支持,在此我们表示衷心的感谢!同时,恳切希望广大读者对教材提出宝贵的意见和建议,以便修订时加以完善。

编　者
2018.5

目　　录

模块1 总 论

【知识目标】

① 掌握市场营销的基本概念和基本原理;

② 了解我国汽车工业的现状与发展趋势;

③ 了解我国汽车市场的特点及影响因素。

【能力目标】

① 能够叙述市场营销与汽车营销的基本概念;

② 能够简述我国汽车市场的发展现状;

③ 能够说出我国汽车市场的特点及影响因素。

1.1 市场营销与汽车营销

1.1.1 市场的概念

市场是商品经济的产物,哪里有商品生产和商品交换,哪里就会有市场。随着商品经济的发展,关于市场的含义和理解也在不断发展,可以从下面几个角度去理解市场的含义。

1. 市场是商品交换的场所

最初,在商品经济尚不发达的时候,市场的概念总是与时间概念和空间概念相联系的,人们总是在某个时间聚集到某个地方完成商品的交换,因而市场被看作是商品交换的场所。这种市场的形式至今仍很普遍,如北京亚运村汽车交易市场、杭州汽车城等。

2. 市场是各种商品交换关系的总和

在现代社会里,商品交换关系渗透到社会生活的各个方面,交换的商品品种和范围日益扩大,交易方式也日益复杂,特别是金融信用业和交通、通信事业的发展,交换的实现已经突破了时间和空间的限制,可以说在任何时间和任何地方都可以实现商品的交换。因此,现代的市场已经不再仅仅是指具体的交易场所,而更代表着各种商品交换关系的总和。显然,这一市场概念丰富和发展了前一市场概念,更为深刻地揭示了现代经济生活的实质。这一市场概念不仅包括"供给"和"需求"两个相互依存的方面,还包括供给和需求在数量上的含义,即供求是否相等,所以经济学等学科就是在这个意义上理解和运用"市场"这一术语的。

3. 市场是现实的和潜在的具有购买能力的总需求

市场营销通常是在这个意义上理解和运用市场概念的。在市场营销者看来,市场是指某种产品的现实购买者与潜在购买者需求的总和。站在销售者市场营销的立场上,同行供给者即其他销售者都是竞争者,而不是市场。销售者构成行业,购买者构成市场。

尽管市场营销更多的是在需求意义上认定市场概念,但这并不是说企业市场营销活动的全部工作仅仅在于正确地评估需求的大小,企业还必须认真研究本企业可以满足和能够占领的市场需求有多大,以及应该如何去占领竞争对手的市场份额和策略等问题,这就是营销活动。所以对企业而言,市场与营销不可分割,市场营销就是要研究如何去适应买方的需要、如何组织整体营销活动、如何拓展销售,以达到自己的经营目标。

4. 市场由人口数量、购买能力、购买欲望三要素构成

市场包含三个主要因素,即有某种需要的人、为满足这种需要的购买能力和购买欲望。用公式来表示

$$市场＝人口＋购买力＋购买欲望$$

市场的三个因素是相互制约、缺一不可的,只有三者结合起来才能构成现实的市场,才能决定市场的规模和容量。例如,一个国家或地区人口众多,但收入很低,购买力有限,则不能构成容量很大的市场;又如,一个国家购买力虽然很强,但人口很少,也不能成为很大的市场。只有人口既多,购买力又强,才能成为一个有潜力的大市场。但是,如果产品不适合需要,不能引起人们的购买欲望,对销售者来说,仍然不能成为现实的市场。所以,市场是上述三个因素的统一。

市场是指具有特定需要和欲望,而且愿意并能够通过交换来满足这种需要或欲望的全部潜在顾客。因此,市场的大小取决于那些有某种需要,并拥有使别人感兴趣的资源,同时愿意以这种资源来换取其需要的东西的人数。

5. 市场是买方、卖方和中间交易机构(中间商)组成的有机整体

在这里,市场是指商品多边、多向流通的网络体系,是流通渠道的总称。它的起点是生产者,终点是消费者或最终用户,中间商则包括所有取得商品所有权和协助所有权转移的各类商业性机构(或个人)。平时大家所说的"市场建设"和"市场覆盖面"多是在此意义上讲的。市场营销经常在销售渠道意义上理解和运用"市场"这一概念。

1.1.2 汽车市场的概念及分类

1. 汽车市场的概念

汽车及其相关服务(劳务)在市场经济条件下自然就可能作为一种商品进行交换,围绕着这一特殊的商品运用市场概念就形成了汽车市场。汽车市场是将汽车作为商品进行交换的场所,是汽车的买方、卖方和中间商组成的一个有机的整体。它将原有市场概念中的商品局限于汽车及与汽车相关的商品,起点是汽车的生产者,终点是汽车及相关商品的消费者或最终用户。

作为汽车营销者,通常将汽车市场理解为现实的和潜在的具有汽车及相关商品购买能力的总需求。

2．汽车市场的分类

汽车市场营销的起点和终点都在汽车市场，如果没有市场，市场营销业务活动就无从谈起。毫无疑问，市场是任何企业开展市场营销业务活动所必须具备的前提条件。另外，随着社会的进步和商品经济的发展、交换领域和交换对象的不断扩大，市场上的交换关系越来越复杂，由此也决定了现代社会市场具有多种类型。

① 按地理位置不同，可以把汽车市场分为国内汽车市场和国际汽车市场。

② 按交换对象不同，可以把汽车市场分为有形商品市场和无形商品市场。

③ 按竞争程度不同，可以把汽车市场分为完全竞争市场、完全垄断市场、不完全竞争市场和寡头垄断市场。

④ 按购买汽车用途不同，可以把汽车市场分为汽车消费市场和汽车组织市场。

⑤ 按汽车商品的流通环节不同，可以把汽车市场分为批发市场和零售市场。

⑥ 按汽车商品交易时间不同，可以把汽车市场分为现货市场和期货市场。

从以上汽车市场的分类可以看到，市场的类型随着划分标准的不同而千差万别，人们总是根据研究需要而选择划分依据，从而将市场分门别类地研究，目的是为了在瞬息万变、错综复杂的市场中，认识市场、驾驭市场，使企业在市场竞争中求生存、求发展。

1.1.3　汽车市场营销的含义

1．市场营销的概念

市场营销是一个与市场紧密相关的概念。了解了市场的含义之后，就可以进一步来理解市场营销的含义。

关于市场营销的概念，很多学者从不同的角度对其作了定义，综合前人的观点，将市场营销的概念表述如下：市场营销是与市场有关的人类活动，即以满足人类各种需要和欲望为目的，通过市场将潜在交换变成现实交换的活动。

可以从以下几个方面去理解这一概念：

① 市场营销是一种人类活动，是有目的、有意识的行为。对企业来说，这种活动非常重要。

② 市场营销的研究对象是市场营销活动和营销管理。

③ 满足和引导消费者的需求是市场营销活动的出发点和中心。企业必须以消费者为中心，面对不断变化的环境，做出正确的反应，以适应消费者不断变化的需求。满足消费者的需求不仅包括现在的需求，还包括未来潜在的需求。现在的需求表现为对已有产品的购买倾向，潜在需求则表现为对尚未问世产品的某种功能的愿望。例如，第二次世界大战后，IBM 公司的总裁曾向一家非常有名的咨询公司打听未来美国所有公司、研究所及政府单位对电子计算机的需求量，得到的回答是不到 10 台；后来他的儿子做了总裁，不同意这个预测，坚持要生产电子计算机，这才有了 IBM 公司的今天。这个例子表明，早先尽管人们有减轻办公室劳动强度、提高工作效率的愿望，但由于不知道计算机是什么样，也不知道如何使用计算机，因此，调查时没有表现出对计算机的需要。人们的潜在需求常表现为某种意识或愿望，企业应通过开

发产品并运用各种营销手段,刺激和引导消费者产生新的需求。

④ 分析环境,选择目标市场,确定和开发产品,产品定价、分销、促销和提供服务以及它们间的协调配合,是市场营销活动的主要内容。市场营销组合中有 4 个可以人为控制的基本变数,即产品、价格、(销售)地点和促销方法。由于这 4 个变数的英文均以字母"P"开头,所以又叫"4P's"。企业市场营销活动所要做的就是密切注视不可控制的外部环境的变化,恰当地组合"4P's",千方百计使企业可控制的变数(4P's)与外部环境中不可控制的变数迅速相适应,这也是企业经营管理能否成功、企业能否生存和发展的关键。

⑤ 实现企业目标是市场营销活动的目的。不同的企业有不同的经营环境,不同的企业也会处在不同的发展时期,不同的产品所处生命周期的阶段亦不同,因此,企业的目标是多种多样的,利润、产值、产量、销售额、市场份额、生产增长率、社会责任等均可能成为企业的目标,但无论是什么样的目标,都必须通过有效的市场营销活动完成交换,与顾客达成交易方能实现。

⑥ 市场营销与销售或促销的区别。市场营销不同于销售或促销。现代企业市场营销活动包括市场营销研究、市场需求预测、新产品开发、定价、分销、物流、广告、人员推销、销售促进、售后服务等。销售仅仅是现代企业市场营销活动的一部分,而且不是最重要的部分。促销只是一种手段,而营销是一种真正的战略,正如我国某著名企业家所概括的那样,营销意味着企业应该"先开市场,后开工厂"。

⑦ 市场营销的核心是交换。市场营销的含义不是固定不变的,它随着企业市场营销实践的发展而发展,但核心却是交换。

2. 汽车市场营销的含义

汽车市场营销就是汽车企业为了更好、更大限度地满足市场需求,为达到企业经营目标而进行的一系列活动。其基本任务有两个:一是寻找市场需求;二是实施一系列更好地满足市场需求的活动(营销活动)。

在汽车市场营销产生的一段较长的时间内,很多人都认为汽车市场营销主要是指汽车推销。在我国,甚至在汽车市场营销十分发达的美国,仍有很多人持有这种看法。其实,汽车市场营销早已不是汽车推销的同义语了,汽车推销只是汽车市场营销的一个职能(并且常常不是最重要的)。其研究的对象和主要内容是识别目前未满足的市场需求和欲望,估量和确定需求量的大小,选择和决定企业能最好地为之服务的目标市场,并且决定适当的产品、劳务和计划(或方案),以便为目标市场服务。这就是说,汽车市场营销主要是汽车企业在动态市场上如何有效地管理其汽车商品的交换过程和交换关系,以提高经营效果,实现企业目标。换句话说,汽车市场营销的目的,就在于了解消费者的需要,按照消费者的需要来设计和生产适销对路的产品,同时选择销售渠道,做好定价、促销等工作,从而使这些产品可以轻而易举地销售出去,甚至使推销成为多余。汽车市场营销活动应从顾客开始,而不是从生产过程开始,应由市场营销部门(而不是由生产部门)决定将要生产什么汽车产品,诸如产品开发、设计、包装的策略,定价、赊销及收账的政策,产品的销售地点以及如何做广告和如何推销等问题,都应由营销部门来决定。

汽车市场营销是一种从汽车市场需求出发的管理过程。它的核心思想是交换,是一种买卖双方互利的交换,即双方都得到满足,双方各得其所。汽车市场营销是一门经济学方面的、具有综合性和边缘性特点的应用学科,是一门将汽车与市场营销结合起来的"软科学"。在某种意义上说,它不仅是一门学科,而更是一门艺术。其研究对象是汽车企业的市场营销活动和营销管理,即如何在最适当的时间和地点,以最合理的价格和最灵活的方式,把适销对路的汽车产品送到消费者手中。因此,汽车企业必须面向汽车市场,并善于适应复杂多变的汽车市场营销环境。汽车企业的营销管理过程,也就是汽车企业同营销环境相适应的过程。

1.1.4 汽车市场营销观念

汽车营销观念是汽车企业在开展市场营销活动过程中,在处理企业、用户需要和社会利益三者之间关系时所持的根本态度、思想和观念。在许多情况下,这些利益是相互矛盾的,也是相辅相成的。汽车企业必须在全面分析汽车市场环境的基础上,正确处理三者关系,确定本企业的原则和基本价值取向,并将其用于指导营销实践,以实现企业经营目标。

汽车市场营销观念是企业领导层对于汽车市场的根本态度和看法,是一切汽车经营活动的出发点。汽车市场营销观念的核心问题是,以什么为中心来开展汽车企业的生产经营活动。所以,汽车市场营销观念的正确与否,对汽车企业的兴衰具有决定性作用。

现代汽车企业的营销观念是随着汽车市场的产生而产生的,并随其发展而演进、变化。汽车营销观念的发展变化大体上经历了5个阶段,即生产观念、产品观念、推销(销售)观念、市场营销观念及社会营销观念。其中,生产观念、产品观念和推销观念合称为传统营销观念,是"以企业为中心的观念",而汽车营销观念是以汽车企业利益为根本取向和最高目标来处理营销问题。后两种观念则合称为现代汽车营销观念,分别是"以用户为中心的观念"和"以社会长远利益为中心的观念"。

随着现代市场营销学研究的不断深入,新的观念与理论不断涌现,尤其是顾客满意营销已越来越被人们所重视,那么想要达到使汽车顾客满意的营销效果就必须掌握汽车营销中的几种重要营销观念,本小节重点讲解5种营销理念。

1. 生产观念

生产观念也称为生产导向。这是西方国家在20世纪20年代以前主要流行的经营思想,它的基本特征是"以产定销",企业生产什么就卖什么,生产多少就卖多少。

在这一经营观念的指导下,汽车企业经营的中心是生产,表现为如何提高生产效率,扩大生产规模。规模一扩大,产品成本和价格就会下降,用户就能买得到且买得起,从而又有利于产量进一步扩大,并形成良性循环。这种观念是在汽车市场处于卖方市场的条件下产生的。生产观念能够作为汽车企业经营的指导思想的主要原因在于当时生产力水平还不够高,社会普遍存在物质短缺现象,这种观念可以达到以低价为竞争手段的市场扩张的目的。

20世纪初期,美国福特汽车公司总裁亨利·福特决定只制造经济实惠的单一品种——黑色的"T型车",而不管消费者需要什么样的汽车,这样做的好处是不愁销路。这就是典型的生产观念的具体表现。应当看到的是,随着现代社会生产力的提高,作为传统产业的汽车工业,其企业间的实力越来越接近,世界汽车市场竞争日益加剧,汽车企业在规模和成本上的竞争空间已越来越小(受最小极限成本制约),因而以这种生产观念作为指导汽车企业经营的普遍观念已逐步退出历史舞台,用户对汽车产品质量产生了不同层次的要求,汽车企业就必须运用新的营销观念来指导自己的生产经营。

2. 产品观念

生产观念注重以高数量、低成本取胜,而另一种观念则表现为以质取胜,这种观念称作产品观念。其基本理念是:在社会物质短缺、市场供不应求的局面得到缓和后,只要企业生产的汽车产品质量过硬、经久耐用,就一定会有良好的市场反应,受到用户的欢迎,企业就会立于不败之地。这种观念在商品经济不是很发达的社会时期有一定的合理性,但在现代市场经济高度发达的条件下,这种生产观念也是不合时宜的。因为现代汽车市场上卖方竞争激烈,用户需求的层次是不断提高的,质量再好的老的汽车产品,如不能及时得到更新以满足汽车市场的更高要求,也不能保证企业永远独占市场。

上述两种生产观念都已不能很好地满足现代汽车市场营销的要求,但并不是说汽车企业就可以不重视提高生产效率、降低成本、狠抓产品质量等基本工作,而是说,仅仅做好了这些工作还远远不够,还不能保证企业达到自己的经营目标。

3. 推销观念

推销观念或销售观念产生于 20 世纪 30 年代初期。当时,由于资本主义世界经济大危机,包括汽车在内的大批产品供过于求、销售困难,卖方竞争加剧,资本主义经济从卖方市场逐渐转向买方市场。在激烈的市场竞争中,许多企业的经营思想发生改变,不光是重视生产问题,也开始逐渐重视产品的销路问题,各种促销技术在企业得到运用,并逐步形成了一种推销经营哲学。其基本理念是:企业经营的中心工作从生产领域转向流通领域。以销售为中心就必须大力施展推销和促销技术,达到引导顾客的需求、培养需求和创造需求,努力扩大销售。促销的基本手段就是广告和人员推销。

推销观念是以推销为重点,通过开拓市场、扩大销售来获利。这种观念的产生是企业经营思想的一大进步,但它仍没有脱离以生产为中心,"以产定销"的局限。因为它只是注重对现有产品的推销,至于用户需要什么以及购买产品后是否满意等问题则未给予足够的重视,因此,在经济进一步发展、产品更加丰富、竞争更加激烈的条件下,只是针对现有产品的推销,其效果越来越有限,推销观念也就不合时宜了,但其为市场营销观念的形成奠定了基础。

4. 市场营销观念

市场营销观念或市场主导观念,是一种以汽车用户需求为导向、"一切从汽车用户出发"的观念,通过整体的营销手段满足用户的需求,从而获得利润。它把企业的生产经营活动看作是一个努力理解和不断满足用户需要的过程,而不仅仅是生产或销售产品的过程;是"发现需要并设法满足之",而不是"将产品制造出来并设法推销之"的过程;是"制造适销对路的产品",而不是"推销已经制造出来的产品"的过程。"顾客至上""顾客是上帝""顾客永远正确"等口号是其营销观念的反映。

市场营销观念是汽车企业经营思想上的一次根本性的变革。市场营销观念与传统营销观念相比,根本区别有以下 4 点:

① 起点不同:传统营销观念是在产品生产出来之后才开始经营活动,而市场营销观念则是以市场为出发点来组织生产经营活动;

② 中心不同:传统营销观念是以生产或卖方的需求为中心,以产定销,而市场营销观念则

是以用户或买方需求为中心,以销定产;

③ 手段不同:传统观念主要采用推销及促销手段,而市场营销观念则主张通过整体营销(营销组合)的手段来满足顾客的需求;

④ 终点不同:传统观念以将产品售出获取利润为终点,而市场营销观念则将利润看作是顾客需要得到满足后愿意给出的回报。

市场营销观念有 4 个主要支柱:用户需求、目标市场、整体营销、通过满足用户需求达到盈利率。这一观念使得用户与公司的关系趋向双赢,即在满足用户需求的同时也实现了企业自身的目标。

5. 社会营销观念

市场营销观念自其产生后的几十年里得到企业界的广泛接受,但随着社会经济的发展,这种观念的局限性逐渐表现出来。其主要表现为:一个企业在市场观念的指导下,其最大利益的获取是建立在极大地满足自己用户的基础上,该企业在满足自己的用户和追求自己最大利益的同时却不能满足用户总体需求以及损害社会的利益。比如,在这种观念下,企业只从用户需要出发,产品适销对路,达到企业的盈利率,而极少考虑大量不可再生资源日益枯竭、生态环境的破坏、社会效益等,这样就严重威胁着社会公众的利益和消费者的长远利益。20 世纪 70 年代,作为市场营销观念的补充,又出现了社会营销观念。

社会营销观念认为,企业的任务在于确定目标市场的需要、欲望和利益,比竞争者更有效地使用户满意,同时维护与增进社会福利。

社会营销观念与市场营销观念并不矛盾,前者不是对后者的否定,而是一种补充和完善。这种观念要求企业将自己的经营活动与满足用户需求、维护社会公众利益和长远利益作为一个整体对待,不急功近利,自觉限制和纠正营销活动的副作用,并以此作为企业的根本责任。

社会营销观念的决策主要有 4 个组成部分:用户需求、用户利益、企业利益和社会利益。它要求企业用系统方法把这 4 个方面的因素适当协调起来,拟出最佳营销策略。

以上五种营销观念的区别见表 1-1。

表 1-1 五种营销观念的区别

市场观念	出发点	方 法	目 标
生产观念	增加产量	降低成本、提高生产效率	在销量增长中获利
产品观念	产量质量	生产更加优质的产品	用高质量的产品推动销售增长
推销观念	产品销售	加强推销和宣传活动	在扩大市场销售中获利
市场营销观念	顾客需求	运用整体营销策略	在满足顾客需求中获利
社会营销观念	社会利益	运用整体营销策略	维护社会长远利益,满足消费者需求

现代营销观念的确立与发展固然是资本主义经济发展的产物,但也是市场经济条件下企业经营经验的总结和积累。按照传统的营销观念,企业仅仅生产价廉物美的产品,仅仅靠生产出产品后再千方百计地去推销。这种是以企业为中心的市场营销观念,是以企业利益为根本取向和最高目标来处理营销问题的观念,在现代经济环境下,并不能保证商品价值的实现。而只有深入地理解和适应消费者的需要,以消费者为中心组织营销活动,同时维护公众长远利益,保持经济的可持续发展才是真正的经营之道。这就是促使营销观念变化发展的综合因素,

也应该成为我国经济改革的基本认识之一。但目前,我国仍然有许多企业的经营观念不能适应现代经济发展的要求,营销管理落后,长期只重视生产,不懂得经营,不研究有效的经营方法,行动步伐不能跟上市场变化的节奏,造成这些企业效益不佳,在激烈的市场竞争中处于非常被动的地位。事实上,营销观念不是一些空洞的概念,而是具有非常具体的内涵。下面一个案例可以说明企业的营销观念能否适应时代的要求,对企业的生存和发展的重要意义。

在世界汽车工业的发展史上,美国汽车大王亨利·福特曾经是一位叱咤风云的大人物。他发明的汽车生产流水线使得寻常百姓买得起汽车,他的生产实践也推动了人们对生产管理的研究,为早期管理科学的发展奠定了基础。然而,即使是这样一位世界级风云人物,也曾在市场营销中因缺乏远见,只看到自己的产品质量好,而看不到市场需求在变化,致使公司逐步陷入困境。

福特曾先后于1899年和1901年与别人合伙经营汽车公司,但均因产品(高价赛车)不适合市场需要,无法经营而失败。福特汽车公司创办于1903年,第一批福特汽车因实用、优质和价格合理,生意一开始就非常兴隆。1906年,福特又重蹈覆辙,面向富有阶层推出豪华汽车,结果普通大众都买不起,福特汽车的销售量直线下降。1907年,福特总结了过去的经验教训,及时调整了经营指导思想和经营战略,实行"薄利多销",于是生意又魔术般起死回生。当时,美国经济衰退已初现端倪,许多企业纷纷倒闭,唯独福特汽车公司生意兴隆。到1908年初,福特按照当时百姓(尤其是农场主)的需要,做出了明智的战略性决策:从此致力于生产规格统一、品种单一、价格低廉、大众需要又买得起的"T型车",并且在实行产品标准化的基础上组织大规模生产。此后10余年,福特车由于适销对路,销售迅速增加,产品供不应求,而获得了巨大的商业成功。到1925年,福特汽车公司一天就能造出9 109辆"T型车",平均每10秒生产一辆。在20世纪20年代前期的几年中,福特汽车公司的年利润竟高达6亿美元,成为当时世界上最大的汽车公司。

20世纪20年代中期,随着美国经济的增长、人们收入及生活水平的提高,形势又发生了变化。公路四通八达,路况大大改善,马车时代坎坷、泥泞的路面已经消失,用户也开始追求新颖时尚。可是,简陋而千篇一律的"T型车",在技术、产品革新上没有突破性进展,虽然价格低廉,但已不能满足用户需求,因此福特"T型车"销量开始下降。面对这种现状,福特仍自以为是、一意孤行,坚持其生产中心观念,置用户的需求变化于不顾,诚如他宣称"无论你需要什么颜色的汽车,我只有黑色的",顽固不变地坚持生产中心观念。1922年,他在公司推销员全国年会上听到关于"T型车"需要根本改进的呼吁后,静坐了2个小时后说:"先生们,依我看福特车的唯一缺点是我们生产得还不够快。"就在福特固守他那种陈旧观念和廉价战略的时候,通用汽车公司(GM)却时时刻刻关注着市场的动向,并发现了良机,及时地做出了恰当的战略性决策:适应市场需要,坚持不断创新,增加一些新的颜色和式样的汽车,即使因此须相应提高销售价格。于是通用汽车公司推出的"雪佛兰"车开始排挤"T型车",1926年,"T型车"销量陡降。到1927年6月,福特不得不停止生产"T型车",改产"A型车"。这次改产,福特公司不仅耗资1亿美元,而且这期间通用汽车公司乘虚而入,占领了福特车的大量市场份额,致使福特汽车公司的生意陷入低谷。后来,福特公司虽力挽狂澜,走出了困境,但从此失去了车坛霸主的地位,永远让通用汽车公司占据了车坛的首席宝座。

福特没有认识到,在动态市场上,消费者的需要是不断变化的,正确的经营指导思想是正确经营战略和企业兴旺发展的关键。如果经营观念正确,战略得当,即使具体计划执行得不够好,经营管理不善,效率不高,也许尚能盈利;反之,如果经营指导思想失误,具体计划执行得越好,就赔钱越多,甚至破产倒闭。

1.2 我国汽车市场的发展现状

1.2.1 我国汽车市场的发展历程

我国汽车市场的建立与发展是同我国汽车工业的发展相一致的,其不同点在于,不同的经济体制下表现出的经济运行模式不一样。党的十一届三中全会以后,我国汽车工业的产销系统由较为封闭的状态逐渐转为开放的系统,汽车生产的市场导向取代了计划指导,目前,汽车作为商品进入市场交换体系,多渠道、少环节的汽车商品市场流通体系已初步形成。

1. 汽车产品流通体制的变迁

新中国成立 60 多年来,我国汽车市场的经济运行模式经历了由计划经济向市场经济过渡的关键时期。汽车产品的产销量发生了巨大的变化,"六五"期间,我国汽车的年产量从 1980 年的 22 万辆提高到 44 万辆,累计生产 137.2 万辆;到"八五"期间,汽车年产量增加到 150 万辆;尤其是 1994 年党的十四大的召开,确定了汽车工业为我国国民经济支柱产业,2002 年汽车年产量突破 300 万辆大关,即使在 2008—2009 年经济危机使得全世界汽车产量大幅下滑的情况下,2009 年,我国的汽车产销量却依然分别为 1 379.10 万辆和 1 364.48 万辆,成为全球汽车工业产销量第一的国家,成为全世界关注的焦点。

纵观我国汽车产品流通的历史,随着汽车工业的发展,汽车流通体制大致经历了三个不同的发展阶段。

(1) 第一阶段(1953—1978 年)

这一阶段以严格的计划控制的分配制度为汽车产品流通的形式,从生产到消费的流通过程深深地刻着计划经济的痕迹。这一阶段又可以分为三个时期,即中央统一控制时期、以中央管理为主、地方管理为辅时期和中央地方两级管理时期。

① 中央统一控制时期(1953—1966 年)。1953 年,我国开始进行大规模的经济建设,实施第一个五年计划,中央人民政府成立国家计划委员会,在全国建立了国民经济计划管理制度,统一编制国民经济计划;同时,实行对重要生产资料在全国范围内由国家统一平衡分配的制度。在这一时期,我国的汽车工业由单纯制造载货汽车发展到可以生产轿车、旅行车、轻型车等,除了一汽解放牌汽车大量投放市场外,上海、北京、红旗轿车也相继投入生产。

② 以中央管理为主、地方管理为辅时期(1967—1976 年)。1966 年 5 月至 1976 年 10 月的十年动乱中,汽车的生产、销售和管理遭到了严重的破坏。在相当长的时间内,物资分配供应工作陷入严重的无政府状态,1967 年全国汽车产量猛跌为 2 万余辆,比上年下降 63% 以上。1970 年撤销物资部,此后 23 个省市自治区撤销了物资厅(局),汽车的订货和销售工作交由各行业部门管理,实行产销合一,下放地方经营,汽车统配数量大大减少。汽车计划管理体制实行在"国家统一计划下,地区平衡,差额调拨,品种调剂,保证上缴"的分配办法。1972 年起试行汽车生产厂给地方留部分生产能力的办法,地方可自行支配的汽车数量有了较大增长。

1976 年由地方支配的汽车达 3 万辆,约占全国产量的 1/4。

③ 中央地方两级管理时期(1977—1978 年)。1976 年以后,工业生产得到了较快的恢复,国家开始对物资管理工作进行调整,停止实行"地区平衡、基项调拨",对汽车资源实行中央和地方两级管理的办法,归中央安排的汽车生产计划,由中央解决原材料,产品由中央分配;归地方安排生产的,由地方进行分配。1977 年起,原一机部等部门的产品销售机构和人员并入国家物资总局,汽车的销售工作也统一由国家物资局下属的机电设备局负责。汽车的供销业务由物资专业公司和主管生产的部门双重领导和组织,从此,汽车贸易体制开始向多层次方向发展。

(2) 第二阶段(1979—1984 年)

这一阶段流通体制的演变过程也可以称为过渡阶段,此阶段的显著特征是计划分配体制出现松动。

1978 年 12 月召开的十一届三中全会,确定了将党的工作重点转移到社会主义现代化建设上来的方针。自此,汽车的计划分配和流通出现了新的局面,从单一的计划分配转为实行指导性计划和市场调节相结合的双轨运行体制,汽车开始作为商品进入市场。

严格地讲,在第一阶段,汽车产品的流通体制仍置于计划管理的控制之下,不同的是,在管理方式及计划的严格程度上有所改变,到 1984 年,国家指令性计划分配的汽车占汽车资源的比例由 1980 年的 92.7% 下降到 58.3%,表明计划管理有了较大的松动。

(3) 第三阶段(1985 年至今)

这一阶段是汽车产品流通体制变革进入突破性发展的阶段,此阶段的特点是从正面触及旧体制的根基即分配体制,大幅度缩小指令性分配计划,大面积、深层次地引入市场机制,突破了生产资料资源配置决策的原有格局,使整个流通体制发生了重大变化,双轨运行逐步向以市场为主的单轨靠拢,市场机制开始成为汽车产品流通的主要运行机制,汽车工业的发展也在汽车市场的推动下步入新的发展阶段。

2. 汽车市场的形成

1978 年 4 月,中央做出关于加快工业发展若干问题的决定《草案》(简称工业三十条),指出加强重要物资的管理,要统一计划、统一调拨,除少量进口汽车由国家计划分配外,计划外的国产汽车由各省市自治区自行安排,汽车开始作为商品进入市场,汽车市场也在国家政策的扶植下迅速发展壮大。

1981 年 8 月,国务院批准《关于工业品生产资料市场管理暂行规定》,规定各生产企业在完成国家下达的生产、分配计划和供货合同的前提下,有权自销部分产品;1985 年 1 月,国家物价局、国家物资局又发出《关于放开工业生产资料超产自销产品价格的通知》,规定:"工业生产资料属于企业自销和完成国家计划的超产部分的出厂价格,取消原定的不高于国家定价 20% 的规定,可按低于当地的市场价格出售,参与市场调节,起平抑价格作用"。上述政策的实施,适应于汽车市场购销活跃的新形势,有效地扩大了企业自主经营权,从而使企业取得了产品和价格的自主权,为汽车市场的形成和发育打下了充分的物质基础。

(1) 组建汽车市场

1985 年 1 月,国务院研究成立汽车、钢材贸易中心的具体方案,对建立汽车贸易中心的有关问题做出以下决定:

① 建立汽车贸易中心的条件比较成熟,要抓紧筹备,先在北京、上海、沈阳、武汉、重庆、西安 6 个中心城市建立汽车贸易中心,(1986 年)春节前将汽车投放市场 6 万辆以上,第一批试投时车价要高一些,以防一抢而光,以后随着市场投放量的增加,价格可逐步降低。

② 汽车生产厂可在贸易中心自定价格,挂牌自销,国家收取一定的调节税,税率由中汽公司会同财政部研究提出。

③ 从贸易中心购买的轿车、旅行车、吉普车、工具车及大客车,除党政机关外,不再办理控购手续,由国家物资局会同财政部提出具体意见。

④ 贸易中心要工贸结合,做好信息、技术咨询及零配件供应等各项服务工作。贸易中心的整车销售以物资部门为主,生产部门为辅;零部件供应以生产部门为主,物资部门配合。

1985 年 2 月 6 日,国家经委、物资局联合发出"关于向市场投放汽车和建立汽车贸易中心的通知",决定先在上述 6 个城市建立汽车贸易中心,由所在城市的省市机电公司、机电产品贸易中心和国家物资局所属机电产品管理处联合组成,并吸收汽车厂参加。

1986 年 4 月,国家经委、物资局、工商行政管理局发出"关于调整改组 6 个汽车贸易中心的通知",决定撤销原联合组建的 6 个城市汽车贸易中心,同时成立华北、华东、东北、中南、西南、西北汽车贸易中心,作为国家物资局中国机电设备公司下属的全国所有制物资企业,实行独立核算,依法独立承担经济责任。

为适应汽车贸易事业的发展,1989 年国务院批准成立了中国汽车贸易总公司,上述 6 个汽车贸易中心改为汽车贸易分公司,加上天津、广州两家公司,全国共有 8 个汽车贸易分公司。中国汽车贸易总公司在全国设有 1 000 多家销售网点,会同全国各省市地县的机电公司、中国汽车工业总公司销售公司及主要骨干汽车生产企业,基本形成了一个大型的全国性汽车贸易网络主干。

(2) 国家组织进口和国产汽车资源投放市场

为适应我国汽车工业的发展和投放市场汽车数量不断增加的趋势,适应新的供求关系,满足城乡用车需要,国家决定有计划地组织一批进口和国产汽车,通过汽车贸易中心投放市场,同时起到平抑物价、回笼货币、增加财政收入及防止转手倒卖的作用。

国家物资局 1985 年统一组织进口的第一批汽车数量及投放范围如表 1-2 所列。

表 1-2　国家物资局第一批投放市场的汽车情况

单位:辆

进口汽车总数/辆	进口汽车类型				投放范围	
	载货汽车	轿车	微型客车	微型载货汽车	城市	农村
70 000	19 600	35 400	10 000	5 000	45 200	24 800

这批进口汽车于 1985 年 2 月春节前后采用预售办法投放,由国家物资局将预售控制数量通知各省市自治区物资部门,再由各物资部门将城市售车数通知到地市级物资部门、农村售车数通知到县物资部门,并组织各汽车贸易中心和各地、市、县级物资部门按控制数代办预订投放。各汽车厂自销的汽车及各汽车贸易中心自行组织的汽车,也进入汽车贸易中心销售。国家规定,销售对象不分中央、地方、机关、团体、企事业单位和集体个人,均可就地、就近到汽车贸易中心及其委托的代销点登记购车。所有汽车一律售给用户,不得转手卖给其他经营单位。

据不完全统计,1984—1988 年,国家共组织 50 万辆汽车投放汽车贸易市场。1985—1986 年间,国内一度出现汽车滞销,特别是从苏联、东欧以易货贸易形式进口的汽车,占用大量资金,且露天存放,已开始造成损失,国家 1986 年 6 月决定作一次性降价处理,降价幅度在 15% 以内,同时放宽了控购限制,执行更新车辆优惠政策,并决定采取由银行贷款购车的方式,调拨 2 000 t 油料解决购车用油问题,各中等城市和旅游城市经批准可以开办出租汽车公司等措施,解决汽车积压问题。

(3) 我国汽车市场的主渠道

1988 年,经国务院批准成立中国汽车贸易总公司,该公司属国家物资部领导的大型全民所有制物资流通企业,为国家指定的专营汽车的公司,是我国汽车市场的主渠道。它受国家计委、物资部委托,负责国家指令性汽车分配计划的执行和当年准备的调拨,办理进口汽车接货、发货、保管和检验、索赔业务;积极参与国家和各生产企业投放市场的汽车购销经营,预测分析汽车的供需形势,参与调控市场;经营各种国产、进口汽车、摩托车和各种改装车,以及汽车、摩托车配件,并兼营与汽车、摩托车相关的产品和机电产品;以批发、零售、代购、代销、经销、寄售、租赁等方式经营。

中国汽车贸易总公司下设东北、华北、华东、中南、西南、西北、天津、广州 8 个直属公司,分别设在沈阳、北京、上海、武汉、成都、西安、天津、广州等中心城市。这些直属公司下设 1 000 多个汽车销售网点,并与全国 28 个省市机电公司、物资部门、汽车贸易中心等贸易伙伴组成一个辐射全国的汽车销售、服务网络,实行多功能的经营体制,从而增加了调节吞吐能力,组织了有秩序的大市场。正是由于有了一套完整的分层次的销售、服务、信息网络,建立了中长期市场预测、市场动态监测体系,从而充分发挥了市场导向作用,使我国汽车市场更加繁荣,年销售额达 100 多亿元,并带来了巨大的社会效益,促进了国民经济的发展。

中国汽车贸易总公司作为国家政策性贸易型物资公司,为发展我国汽车工业做出了重要的贡献。它充分发挥了调整和服务功能,不以盈利作为主要和唯一目的,优先保证供应重点骨干汽车厂家的生产建设、技术改进,帮助工厂引进技术和外资,如帮助重点汽车厂进行一汽奥迪、上海桑塔纳、北京切诺基、江西五十铃、重庆五十铃等项目的引进,促进了我国汽车生产水平的提高和汽车品种的增加,从而以充裕的资源,形成了合理的买方市场,推动我国汽车贸易逐步走向繁荣。

中国汽车贸易总公司以为生产服务、为用户服务为宗旨,先后与包括 8 个汽车生产厂(集团)在内的全国数百家大、中型汽车和机电生产企业建立了贸易伙伴关系,从而长期稳定了供求,巩固发展了资源基地,探索出了一条"工贸结合、工贸联销"的新路。

汽车配件市场是汽车市场的重要组成部分,是汽车售后服务的重要保证。中国汽车贸易总公司一直把加强售后服务和配件供应放在首要地位,一方面,为缓解国家外汇压力,解决进口配件品种不全和价格过高等问题,加快了进口汽车配件国产化的工作,立足国内,建设了 26 个车型 56 个品种的配件生产厂,并改善流通渠道,开辟了专门的配件交易市场;另一方面,总公司直属的 8 个汽车贸易公司和配件公司在全国建立了由进口汽车维修中心、检测中心、维修厂(站)、配件供应站等组成的不同类型的服务网络,使进口汽车可以就地、就近得到维修和保养,深受用户欢迎。

1.2.2　我国汽车市场的特点及影响因素

1. 我国汽车市场的结构特点

从新中国成立初期到 1980 年以前,由于我国计划经济的特点,汽车始终作为重要生产资料被列入国家指令性计划,通过统配的方式,经过物资专业公司流向用户,汽车市场长期处于低水平、发展缓慢的局面。

1980 年后,为适应国民经济建设的需要,汽车市场从小到大,从点到面地发展起来。我国的汽车市场是在汽车工业规模不大、生产水平不高、名牌产品少、需求变化频繁的情况下建立起来的,因而,它具有多层次的结构特点:

① 国家交易市场。这个市场实际上是指令性计划产品的供应市场,也是定向投放市场,由物资部门和产业主管部门联合组织,地点一般设在交通便利的大城市,由承担国家指令性计划的汽车厂、国营大型经销企业参加,实行资源定向投放的办法,主要是满足承担国家重点项目的企业、交通运输部门用户的需要。一般采用直达供货方式,供货量与订货量均按指令性计划量控制。这种市场的交易程序比较规范,随着市场经济体制的发展已逐渐退出历史舞台。

② 批发市场。这个市场主要投放指导性计划产品,一般设在省、市、自治区和计划单列市的政府所在地,由中国汽车贸易总公司各地区公司、产地汽车贸易公司、汽车生产厂共同组织,全国汽车定点生产企业可以自愿参加,批发市场交易执行国家政策法令,经销商必须具有合法的经营资格,随着市场经营的开放搞活,市场竞争加剧,对于汽车产品具有单一功能的批发市场也开始涉足零售业务。

③ 零售市场。这种市场一般由具有合法经营资格的销售企业组织,完全开放,价格公开,销售对象不分国营、集体、个体,市场更加灵活,往往兼顾批发功能。

2. 影响我国汽车市场的主要因素

(1) 国民经济对汽车市场的影响

专家和学者们根据多年分析研究认为,国民经济指标的变化,对汽车市场影响如下:

① 工业生产增长速度的影响。据研究,汽车增长速度高于工业生产增长速度 5%~10%。当工业增长速度的落差接近 5 个百分点时,代表汽车市场运行状况指标有所恶化;当落差接近 10 个百分点时,汽车市场就会出现大幅度的跌落,其弹性系数为 1:1.5,即工业生产增长 1,汽车市场增长 1.5。

② 国民生产总值增长速度对汽车保有量有直接影响。国民生产总值增长速度对汽车保有量的增长弹性系数为 1:3.94,即国民生产总值增长 1,汽车保有量增长 3.94。

③ 固定资产投资规模增长,直接影响汽车需求量。统计分析表明:

$$汽车需求量 = 0.018\,97 \times 固定资产投资 + 6.02$$

上述关系表明,随着固定资产投资规模增大,汽车需求量相应增加(统计年份变化,系数随之变化)。

(2) 国家宏观调控对汽车市场的影响

① 银行信贷和利率。银行贷款松紧程度直接影响到企业公车购买力、生产企业的生产规

模及营销企业的营销规模。银行信贷利率增加使工厂和营销单位成本增加,利润下降。

　　② 税收。增值税的实施、消费税的调整,使消费者负担增加,也使生产期内成本增加。

　　③ 关税。降低关税增加了进口车与国产车的竞争力,迫使国产车逐步降价,利润下降,市场需求增加。

　　④ 汇率并轨。人民币兑换美元的汇率变化影响进口整车及零件的实际价格,进而影响全球采购的汽车成本。

　　⑤ 购置税/费转移。由工厂代征转到当地相关部门征收,因征收基数提高,增加了用户负担。

　　⑥ 物价。生产经营企业根据市场供求情况自主确定价格,以促进国产汽车市场竞争和国产汽车消费。

(3) 社会经济的发展变化对汽车市场的影响

　　当国家宏观调控政策到位后,压缩社会集团购买力和行政费开支,企事业单位汽车需求量随之减少,但由于第三产业和国民经济高速发展,因此汽车需求第一大户由第二产业转向第三产业,民营企业以及家庭个人汽车消费逐渐成为主力军。

　　2002 年统计数据显示,我国私人拥有汽车达到 1 000 万辆;截止到 2013 年底,全国汽车保有量达到 1.37 亿辆,其中私人汽车 1.09 亿辆,民用轿车 7 126 万辆(私人轿车 6 410 万辆),10 年时间,私人汽车数量增长了 10 倍,现在已经有越来越多的家庭拥有第二辆汽车;2002 年底,全国驾驶人员为 9.15 千万人,而截止到 2014 年 4 月,全国机动车驾驶人员为 2.86 亿人,10 年多一点的时间,增长了 3 倍。

1.2.3　我国汽车工业的总体规模

　　通过对近几年中国汽车市场发展形势的分析,在 2006—2010 年的"十一五"期间,汽车产销规模增长仍是行业发展的主流,继 2006 年全国汽车产销量突破 700 万辆大关后,2007 年汽车产量为 888.24 万辆,销量达到 879.15 万辆;2008 年产量达到 934.51 万辆,销量达到 938.05 万辆,2009 年,由于金融危机的影响,在全球经济复苏举步艰难的情况下,全世界汽车工业受影响很大,我国的汽车产销量却分别完成 1 379.10 万辆和 1 364.48 万辆,成为全球汽车工业产销量第一的国家。自此以后直到 2014 年,我国汽车的产销量连续六年蝉联全球第一,2014 年产销量分别为 2 372.29 万辆和 2 349.19 万辆。

　　私人轿车这一指标在 2003 年国民经济和社会发展统计公报中第一次出现,当年末全国私人轿车拥有量为 489 万辆,2013 年末全国私人轿车保有量为 6 410 万辆,10 年间增长 13 倍。

　　另外,随着中国汽车制造技术水平的提高,性价比优势逐步显现,中国汽车逐步走向世界,对海外市场的吸引力越来越大。

本章小结

　　本章共分三部分内容:第一部分介绍了市场营销的基本概念与基本原理;第二部分介绍了我国汽车工业的发展现状及发展趋势;第三部分介绍了我国汽车市场的发展现状。读者在学习时要重点把握以下几个方面:

　　● 市场的概念;

● 汽车市场的概念及分类；
● 汽车市场营销的含义；
● 汽车市场营销观念；
● 我国汽车市场的特点及影响因素。

习 题

一、单项选择题

1. 市场的三要素是指（ ）。

A. 需要、需求和欲望
B. 人口、购买力和购买欲望
C. 需要、动机和欲望
D. 人口、需求和动机

2. 市场营销的核心是（ ）。

A. 销售
B. 促销
C. 交换
D. 交易

3. （ ）认为，企业的任务在于确定目标市场的需要、欲望和利益，比竞争者更有效地使用户满意，同时维护与增进社会福利。

A. 产品观念
B. 推销观念
C. 市场营销观念
D. 社会营销观念

4. 国民生产总值增长速度对汽车保有量的增长弹性系数说明，当国民生产总值增长 1 时，汽车保有量增长（ ）。

A. 1
B. 3.94
C. 4.94
D. 5.94

二、多项选择题

1. 市场的三要素包括（ ）。

A. 需要
B. 人口
C. 购买力
D. 交换

E. 购买欲望

2. 按购买汽车用途不同，可以把汽车市场分为（ ）。

A. 汽车消费市场
B. 汽车组织市场
C. 城市市场
D. 农村市场

E. 现货市场

3. 传统市场营销观念主要包括（ ）。

A. 产品观念
B. 推销观念
C. 市场营销观念
D. 社会营销观念

三、填空题

1. 在商品经济尚不发达的时候，市场的概念总是同时间概念和空间概念相联系的，人们总是在某个时间聚集到某个地方完成商品的交换，因而市场被看作是商品交换的_____。

2. 我国的汽车市场是在汽车工业规模不大，生产水平不高，名牌产品少，需求变化频繁的情况下建立起来的，因而，它具有_____的结构特点。

3. 支柱产业应符合 4 个特征，即_____、_____、_____和_____。

4. 生产率上升率是指生产率的变化程度，即_____与_____之比。

5. 为了纪念戴姆勒和卡尔·本茨这两位天才的发明家，人们把他们称为汽车之父，并把_____年作为现代汽车的诞生元年。

四、简答题

1. 简单比较市场营销观念与社会营销观念的联系与不同。

2. 简述我国汽车工业的发展史。

3. 现今国内的品牌专营模式普遍按照国际通用的汽车分销标准模式建设,采用"四位一体"(4S)制式,这种模式主要有哪些特点? 根据自己的了解,谈一下该种模式的发展前景。

4. 我国汽车市场需求的制约因素主要有哪些?

五、能力训练

根据 1.1.4 小节中福特汽车公司的发展历程,回答以下问题:

1. 市场营销观念也称市场营销哲学,是企业在开展市场营销活动中处理( )、( )、( )三者利益方面所持的思想和观念。

　A. 企业　　　　　B. 顾客　　　　　C. 社会　　　　　D. 供应商

2. 认为"消费者最喜欢高质量、多功能和具有某种特色的产品,企业应致力于生产高价产品,并不断加以改进"属于( )。

　A. 生产观念　　　B. 产品观念　　　C. 推销观念　　　D. 市场营销观念

3. 表现为"我卖什么,顾客就买什么"的观念属于( )。

　A. 推销观念　　　B. 产品观念　　　C. 生产观念　　　D. 市场营销观念

4. 以满足顾客需求为出发点,即"顾客需要什么就生产什么",属于( )。

　A. 产品观念　　　B. 生产观念　　　C. 市场营销观念　　　D. 推销观念

5. 从上述案例中可以看出,老福特对"T 型车"采取的是( )。

　A. 市场营销观念　　B. 产品观念　　　C. 推销观念　　　D. 生产观念

模块 2　汽车市场营销环境与调研

【知识目标】

① 掌握汽车市场营销的微观环境因素；

② 了解营销中介机构、竞争对手对汽车市场营销的影响；

③ 掌握汽车市场营销的宏观环境因素以及各因素对营销的影响；

④ 了解汽车市场调研方法、步骤；

⑤ 了解常见的定性预测方法、定量预测方法。

【能力目标】

① 能够针对某一汽车企业进行宏观和微观的营销分析；

② 能够根据市场环境和调研目标，选用正确的调研方法；

③ 能够根据市场环境和历史资料，选用正确的预测方法。

2.1　汽车市场营销的微观环境

汽车企业营销的微观环境，涉及汽车企业内部环境因素、市场营销渠道、顾客、竞争者、社会公众等多个方面。这些方面构成汽车企业营销的内部基础，与企业形成协作、服务、竞争、监督等关系，直接影响着企业的竞争能力、应变能力以及为目标市场服务能力的形成与具体状况。因此，汽车企业营销活动的成败，在很大程度上取决于汽车企业能否适应和影响微观环境的变化，能否与微观环境的各方面保持协调关系。

2.1.1　企业内部环境

企业内部环境是指企业内部的物质、文化环境的总和，包括企业类型、组织模式、组织机构和企业文化等因素，也称企业内部条件。企业的内部环境条件，涉及人员条件、技术条件、生产条件、资源条件、管理条件、企业文化等。企业内部环境对市场营销的工作效率和效果具有十分重要的影响。

一般来说，企业内部基本的组织机构包括高层管理部门、财务部门、研发部门、采购部门、生产部门和营销部门等。这些部门之间的分工是否科学、目标是否一致、协作是否默契，都会影响营销的决策和营销方案的实施。营销部门要与其他部门密切合作、相互支持，才能有效实施营销活动。从营销角度看，企业内部的所有部门都必须"以顾客为中心"，围绕顾客需要提供优良的产品和服务。企业管理者应强化企业管理，为市场营销创造良好的营销内部环境。

2.1.2　生产供应商

生产供应商涉及诸多类型的市场主体，他们向企业提供生产经营所需资源，如设备、原材料、零部件配套等。供应商的供应能力(包括供应成本、供应产品质量、供应及时性等)直接影响企业的产品质量、成本,间接影响对顾客的服务质量。因而企业要处理好和生产供应商之间的关系,为企业的营销工作正常运转创造有利环境。供应商对企业营销活动的主要影响表现在以下几个方面。

1. 对企业的生产保证

对企业的生产保证主要表现在供应商的供货稳定性和及时性,这是企业正常生产、销售的基础保证条件。企业需要从战略的角度,研究与供应商之间的关系,建立战略性合作关系,形成互动的利益共同体,共同面对市场风险,保持与供应商之间的密切关系,及时分析和把握供应市场的变化趋势,及时了解和掌握供应商的情况,确保货源的供应在数量上、时间上和质量上都得到保证。

2. 供货的价格变动

供货的价格直接影响企业的成本,如果供应商提高原材料价格,生产企业的生产成本必将提高。若压缩成本,将影响企业产品的质量;若保证以往运转,将减少企业的利润;若原材料提价过快,还将引起企业的亏损。所以,企业要注意原材料价格变化趋势,特别是原材料和主要零部件的价格变动,这样才能使企业从容面对突发情况。

3. 供货的质量水平

供应商的产品质量直接影响到企业产品的质量,企业在寻找供应商时,应注意以下两点:
① 企业要使自己的供应商多样化。如果企业过分依赖一家或几家供货商,企业的生产就有可能受到影响和制约,因而企业要尽可能多联系供货商,向多个供应商采购,避免过于依靠单一供应商。
② 企业必须充分考虑供应商的资信状况。要选择那些能提供优良品质、合理价格的资源,交货及时、有良好信用、在质量上和效率方面有保证的供应商,并与主要供应商建立长期稳定的合作关系,保证企业生产资源供应的稳定性。

对汽车企业的市场营销而言,企业的零部件供应商尤为重要。汽车企业不仅要选择优秀的零部件供应商,还应从长远利益出发,依照国家相关部门对汽车零部件工业发展的政策,改变目前我国汽车零部件工业规模小、竞争力不强等状况,促进我国汽车零部件产业的发展壮大。我国不少汽车企业对生产供应商采取"货比三家"的政策,既与零部件供应商保持大体稳定的配套协作关系,又让零部件供应商之间形成适度的竞争,从而使自己企业生产的产品达到优质低价的目标。事实证明,这种做法对汽车企业的生产经营具有较好的效果。在当今世界上存在两种主流方式:以欧美为主的"全球采购"和以日本为主的"协助供应商共同成长",这两种方式都值得我国汽车企业借鉴。

2.1.3　营销中介机构

营销中介是指协助汽车企业从事市场营销的组织或个人,包括中间商、物流商、营销服务机构(汽车广告公司、咨询公司、市场调研公司等)和财务中间机构(银行、财务公司、保险公司等)。营销中介对汽车企业市场营销影响甚大,关系到汽车企业的市场覆盖面、营销成效、经营风险等诸多方面。随着市场经济的发展,社会分工越来越细,中介机构的作用和影响也越来越大。因此在市场营销过程中,汽车企业要重视中介机构的作用。

1. 中间商

中间商是指帮助汽车厂商寻找顾客并最终把产品售卖出去的商业性企业。中间商分为代理中间商和买卖中间商。前者主要有代理商、经纪人和生产商代表。代理中间商专门介绍客户或与客户磋商交易合同,但并不拥有商品所有权。买卖中间商又叫经销中间商,主要有批发商、零售商等。他们先购买商品获得商品所有权,再销售商品。中间商对汽车企业产品从生产领域流向消费领域起到非常重要的作用。中间商由于与目标顾客直接打交道,因而其销售效率、服务质量直接影响到整车企业的产品销售。

2. 物流商

物流商指从事储运、仓储、资源配置的专业公司,它是协助厂商把货物从产地运送到目的地的专业企业。它提供的服务可以针对生产出来的产品,也可以针对原材料和零部件。其运输方式包括铁路、公路、水运等,生产企业主要通过衡量成本、速度等因素,来选择成本效益最佳的运输方式。例如,长安福特马自达选择了"民生物流",上海大众、上海通用选择了"安吉物流"。

从国内目前情况看,由于车型尺寸的不同,商用车和乘用车在物流方式上有所区别。家用轿车一般选择商品运输车进行多车运输,但是区间的运输也会选择水运,如重庆到武汉。我国目前绝大多数商品车采用的是由驾驶员单车"送车"。

3. 营销服务机构

营销服务机构主要有营销调研公司、广告公司、电视传媒公司和营销咨询公司等,他们帮助企业推出和促销其产品到目标市场。目前,大多数汽车企业都要借助这些服务机构来开展营销活动,如请专业调查公司作产品售前调查、依靠广告公司制作产品广告等。企业选择这些服务机构时,需要对他们提供的服务、创造力、有效性等方面进行评估,并定期考核他们的业绩,及时更换那些服务不佳的机构。例如,J. D. Power 亚太公司在我国汽车行业开展的 CSI、SSI、IQS、APEA 专业调查为不少公司提供了咨询服务。

4. 财务中间机构

财务中间机构包括商业银行、汽车金融公司、保险公司和其他协助融资或提供金融服务的机构。它们为企业交易提供金融支持或保障产品的购买和销售风险。

① 商业银行。在我国,商业银行是汽车消费信贷的主要供应商,如招商银行等。由于受我国经济体制和金融自由化发展程度的影响,商业银行在产品创新方面同发达国家还有不小的差距。它们目前提供的汽车金融产品非常有限,而且不同的商业银行间产品同质化严重。

② 汽车金融公司。它是指经中国银行业监督管理委员会批准设立的,为中国境内的汽车购买者及销售者提供金融服务的非银行金融机构。其通常隶属于较大的汽车工业集团,向母公司和下属经销商提供贷款服务,并为经销商向消费者提供多种选择的金融服务提供支持。通过汽车金融公司,可以推动母公司汽车销售。该业务在国外已非常成熟,通用汽车公司在美

国 43%的新车销售和经销商 72%的库存,都是由通用汽车金融公司提供融资。在我国,该业务未来还具有广阔发展空间。我国目前的汽车金融公司有大众汽车金融(中国)有限公司、上汽通用汽车金融有限责任公司、奇瑞汽车金融公司、东风日产汽车金融有限公司、东风标致雪铁龙汽车金融有限公司等。

③ 保险公司。它是依照我国保险法和公司法设立的经营商业保险业务的金融机构,是专门从事经营商业保险业务的企业。针对汽车行业而言,主要提供汽车保险服务,即承担汽车由于自然灾害或意外事故所造成的人身伤亡或财产损失的赔偿责任,是以汽车本身及其相关利益为保险标的的一种不定值财产保险。目前在我国从事汽车保险的企业比较多,如中国人民财产保险股份有限公司、太平洋财产保险公司、中国平安财产保险公司、大地财产保险公司、华泰财产保险公司、天安保险公司、安邦财产保险公司、天平汽车保险股份有限公司、阳光财产保险公司等。

2.1.4　顾　客

企业的一切营销活动都是以满足顾客的需要为中心的。因此,顾客是企业最重要的因素。顾客是企业服务的对象,也是企业的目标市场。从购买动机和类别角度,顾客市场可以分为以下几种:

① 消费者市场,即为满足个人或家庭需要而购买商品服务的市场;

② 企业市场,即为赚取利润或达到其他目的而购买商品和服务来生产其他产品和服务的市场;

③ 中间商市场,即为利润而购买商品和服务以转售的市场;

④ 政府集团市场,指为提供公共服务或将商品与服务转给需要的人而购买商品和服务的政府和非营利机构;

⑤ 国际市场,指国外客户,包括国外的消费者、企业、中间商和政府等。

以上每一类市场都有其独特的顾客,不同顾客有着不同的需求,要求企业以不同的服务方式提供不同的产品,因而要针对顾客需求开展营销活动,满足顾客的愿望。

2.1.5　竞争对手

所谓竞争对手,从广义来说指的是向企业所服务的目标市场提供产品的其他企业或个人。竞争是商品经济的基本特征,只要存在商品生产和商品交换,就必然存在竞争。企业在目标市场进行营销活动的过程中,不可避免会遇到竞争者或竞争对手的挑战。竞争对手的营销战略及营销活动的变化,会直接影响到企业的营销。例如,竞争对手的销售价格、广告宣传、促销手段等变化,以及新产品的开发等,都将直接对企业形成威胁,因而企业要密切注视竞争对手的任何细微变化,并做出相应的决策。从消费者需求的角度分析,企业在市场上所面对的竞争对手可分为以下 4 种类型。

1. 愿望竞争者

愿望竞争者是指向企业的目标市场提供种类不同的产品以满足不同用户需要的其他企

业。一个消费者在一定时期往往有许多想要满足的愿望,如既想买一套住房,又想买一辆私家轿车,在消费者资金不充足的情况下,提供住房、轿车的企业之间就在这一部分市场上形成了竞争关系,互为愿望竞争者。愿望竞争将使购买力的投向在不同行业或不同产业之间发生转移,从而使不同行业或产业的市场规模发生或大或小的变化。

2. 一般竞争者

一般竞争者是指向企业的目标市场提供种类不同的产品但可以满足同一种需要的其他企业。例如,一个消费者打算通过某种形式来解决上下班的交通问题,而购买一辆自行车,或是购买一辆摩托车,或是乘公共汽车都可以满足他的这一要求,那么提供自行车、摩托车、公共交通服务的各个企业之间就在这一部分市场上形成了竞争关系,互为一般竞争者。

一般竞争考察的主要是不同行业间生产经营相关产品的企业之间的竞争问题。一般竞争将使购买力的投向在不同行业的生产经营相关产品的企业之间发生转移。一般竞争的强度,主要取决于科技进步所带来的相关产品的多少以及相关替代的程度。在科技进步较快的情况下,企业应对一般竞争问题予以较多的关注。

3. 产品形式竞争者

产品形式竞争者是指向一家企业的目标市场提供种类相同,但质量、规格、型号、款式、包装等有所不同的产品的其他企业。由于这些同种类但形式不同的产品在对同一种需要的具体满足上存在着差异,购买者有所偏好和选择,因此这些产品的生产经营者之间便形成了竞争关系,互为产品形式竞争者。

4. 品牌竞争者

品牌竞争者是指向企业的目标市场提供种类相同、产品形式也基本相同,但品牌不同的产品的其他企业。由于主、客观原因,购买者往往对同种同形不同品牌的产品形成不同的认识,具有不同的信念和态度,从而有所偏好和选择,因而这些产品的生产经营者之间便形成了竞争关系,互为品牌竞争者。如"宝马 3 系""奔驰 C 级"和"奥迪 A4"的产品档次一致,它们相互之间就是品牌竞争者。

一般来说,竞争对手的力量越强,其产品及市场营销组合的有关方面越有竞争力,其威胁也就越大。企业要制定正确的营销策略,除要了解市场的需要与购买者的购买决策过程外,也要全面了解现实竞争对手的数量、分布状况、综合能力、竞争目标、竞争策略、营销组合状况、市场占有率及其发展动向等方面的情况,还要对潜在竞争对手进行全面分析。企业在同行业竞争以及拟进入其他行业时应注意以下几个问题:

① 卖方密度。卖方密度指的是同一行业或同类商品经营中卖主的数目。在市场需求量相对稳定时,卖方密度的状况直接影响竞争的激烈程度及各个企业市场份额的大小,进而影响企业的生产经营成本和利润额。

② 产品差异。产品差异指的是同一行业中不同企业的同类产品可以使人觉察到的差异的程度。差异使同类产品因其特色而相互区别并形成竞争关系。在现实生活中,卖方密度越大,各个企业为了取得竞争优势越要注意实行产品差异化策略。

③ 竞争手段。市场竞争指的是商品生产经营者为谋取有利的产销条件,取得更高的市场

占有率、更多的利润而进行的角逐。企业参与市场竞争的基本形式主要有以价格为手段的价格竞争、以市场营销组合中价格以外的企业可控制的其他因素为手段的非价格竞争,以及以企业兼并为手段的竞争。企业应该根据自身条件、现实需要、环境约束等方面的情况决定主要用何种竞争手段。

④ 进入难度。所谓进入某一行业,指的是企业拟生产经营该行业的产品或生产经营它的替代用品。进入其他行业的形式,主要有创立新企业、企业转产、企业兼并等。进入难度指的是企业试图进入其他行业时所遇困难的程度。进入难度与进入障碍的多少和大小有关。进入障碍指的是有利于行业中原有企业而不利于新进入者或潜在进入者的各种因素,如由规模经济造成的进入障碍,由资源条件和技术要求造成的进入障碍,由市场容量、卖方密度和市场饱和状况造成的进入障碍,由竞争对手的实力与反进入政策造成的进入障碍,以及由法律、行政制度造成的进入障碍等。上述因素不仅影响企业进入某一行业,而且影响其进入后的经营状况。

⑤ 退出难度。对一个企业来说,不仅有进入某一行业的问题,在企业内、外部环境条件不断变化的情况下,还存在着主动或被迫退出某一行业的问题。因此,诸如退出难度、退出障碍及退出形式等也是企业必须从战略高度认真对待的问题。

2.1.6　公　众

公众指的是所有实际或潜在地关注企业的生产经营活动,并对其实现目标的能力具有一定影响的组织或个人。由于企业的生产经营活动影响着公众的利益,因此政府机构、金融组织、媒介组织、群众团体、地方居民乃至国际上的各种公众必然会关注、监督、影响和制约企业的生产经营活动。这些制约力量的存在,决定了企业必须遵纪守法,善于预见并采取有效措施满足各方面公众的合理要求,处理好与周围各种公众的关系,以便在公众中树立起良好的企业形象。

2.2　汽车市场营销的宏观环境

企业营销的宏观环境,涉及人口、经济、政治、自然、科学技术和社会文化环境等多个方面。宏观环境的发展变化,既会给企业造成有利条件或带来发展机会,同时也会给企业的生存发展带来不利因素或造成环境威胁,企业必须密切注视宏观环境的发展变化,并注意从战略的角度与之保持适应性。汽车市场营销的宏观环境包括人口环境、经济环境、政策与法律环境、自然环境、科学技术环境和社会文化环境等因素,如图 2 - 1 所示。

2.2.1　人口环境

人口环境是指一个国家或地区的人口数量、人口质量、家庭结构、人口年龄分布及地域分布等因素的现状及其变化趋势。汽车企业市场营销活动的最终对象是商品的购买者,即自己的市场,而市场是由具有购买欲

图 2 - 1　汽车市场营销宏观环境

望与购买能力的人所组成的。人口作为市场的基本构成因素,对汽车市场与汽车企业产生着整体性和长远性的影响,这种影响主要表现在人口的规模与增长速度,人口的自然构成、社会构成、地区构成等,人口统计因素制约着市场规模与需求结构的变化。

1．人口规模与增长速度

一般来说,人口规模越大,市场规模(指现实商品需求与潜在商品需求的总和)也就越大,需求结构也就越复杂。从需求数量的角度看,社会经济的发展水平越高,人口规模越大,则社会购买力也就越大,反之社会购买力就比较小。从需求结构的角度看,在社会经济发展水平较低的情况下,社会购买力主要集中在维持人们生存所必需的生存资料方面,而且人口规模越大,这方面的市场压力就越强;在社会经济发展水平较高的情况下,人们对发展资料和享受资料的购买需求就会大大提高,而且表现为对包括生存资料在内的生活资料的品质要求与品种要求会明显增强和拓宽。

我国作为一个发展中国家,人口持续高速增长,这是人口环境变化中的一个重要的情况。我国人口的迅速增长,对汽车企业带来深刻的影响,目前人均汽车保有量水平仅相当于世界平均水平的 1/3 左右,因而我国的汽车市场潜力是很大的,这也是世界汽车巨头纷纷进入我国的原因。

2．人口的自然构成

人口的自然构成包括人口的性别构成和年龄构成等方面的内容。随着人们生活水平的提高、卫生保健条件的改善、人均寿命的增加及人口的较快增长,在人口年龄结构方面一个值得注意的动向是包括我国在内的不少国家和地区出现了人口的年龄化问题;另一个值得注意的现象是由于我国正处于生育高峰期,因此婴幼儿及少年儿童的绝对数很高。由于男性与女性、老年人与儿童等在消费需求、消费方式及购买行为等方面往往存在着较大差异,因此,上述情况将给汽车企业的营销活动带来很大的影响,这些变化将为汽车营销带来更多的增长点。

一般按年龄将人口分成 6 个群体:学龄前(7 岁前)、学龄儿童(7~12 岁)、少年(13~19 岁)、青年(20~40 岁)、中年(40~60 岁)、老年(60 岁以上)。针对年龄大的群体,方便、安全、舒适的汽车容易赢得市场,而针对年轻群体,高速、时尚、个性化的汽车更容易受到青睐。

3．人口的社会构成

人口的社会构成包括人口的职业构成、文化构成、家庭构成、民族构成、宗教构成等内容。在上述这些方面,目前我国的基本特点是:随着工业化和城市化的发展,城镇人口增加,农村人口减少;随着产业结构的调整,第一、二产业的就业人口相对减少,第三、四产业的就业人口相对增加;随着文化教育事业的发展,我国公民的文化素质正在不断提高;随着一般生育率的降低以及人们观念的变化等原因,我国家庭规模小型化的趋向明显;我国有 56 个民族,各自具有明显的文化特征等。所有这些都影响着汽车市场需求的发展变化,城市人口的增加、公民文化素质的提高等因素都将导致汽车需求量的增加。同时,对于汽车产品的要求和原来也有所区别,这是值得汽车企业注意的问题。

4. 人口的地区分布与地区间流动

人口的地区分布指的是人口在地理空间上的分布状态。一个地区的人口规模状况,会对该地区的市场规模产生直接影响;此外,人们往往会因其所处地区的地理条件、气候条件、文化习俗、社会经济发展水平等的不同,而在生活方式、消费需求、购买习惯、购买力等方面呈现出明显的差异性。

随着社会经济的发展,近年来我国人口的地区间流动增强,人口迁移的规模有逐年上升的趋势。我国人口的地区间流动呈现出3个特点:一是农村人口流入城镇;二是内地人口迁入沿海地区和工矿企业集中地区;三是旅游、异地学习、因公出差等人口逐年增多。人口的地区间流动,在一定程度上改变着我国人口的地区分布状况以及不同地区的人口结构,导致了一些新的需求产生,如汽车租赁市场,进而影响着汽车企业的营销环境。

2.2.2 经济环境

经济环境主要是指社会的购买力与消费者的收入与支出状况,属于企业营销活动所面临的外部社会条件,其运行状况及发展趋势会直接或间接地对企业的营销活动产生影响。经济环境可以从世界性的、国家性的、产业性的和个人性的指标来考察。世界性的指标反映的是整个世界的经济大气候,包括世界经济的增长情况、世界资本与货物的流动情况等。国家性的指标包括国内生产总值(Gross Domestic Product,GDP)、国民收入、储蓄、就业、通货膨胀等指标。产业性指标主要是反映产业结构及其变动的指标。个人指标主要包括工资及其收入、储蓄、消费及其结构等。一个国家或地区经济环境的好坏,直接影响汽车企业的市场营销活动。

1. 直接营销汽车市场营销活动的经济环境因素

社会购买力是构成汽车市场的重要因素之一,它决定着汽车市场的规模,影响着汽车市场的需求结构,制约着汽车企业的营销活动,也是影响汽车企业营销活动的直接经济环境。其主要包括以下几个方面。

(1) 消费者收入水平的变化

消费者的购买力来自于消费者的收入,但是消费者不会把全部收入都用来进行消费活动,购买力只是收入的一部分。因而在研究汽车市场消费者收入时,要注意以下一些因素:

① 国民生产总值是在一定时期内一个国家或地区的经济所生产出的全部最终产品和劳务的价值。它是衡量一个国家经济发展状况和速度的重要指标。一般来说,当 GDP 总量增加,特别是 GDP 的增长率较高时,全社会消费能力可能大大增强,往往会对汽车产品有旺盛的需求;GDP 增长率较小或为负数时,表明经济进入衰退周期,汽车市场也会急剧萎缩。

② 人均国民收入。这个指标大体上反映了一个国家人民生活水平的高低,也在一定程度上决定商品需求的构成。一般而言,人均收入增长,对消费品的需求和购买力就大,反之就小。

③ 个人可支配收入。个人收入中扣除税款和非税性负担后所得的余额,它是个人收入中可用于消费支出或储蓄的部分,构成实际的购买力。

④ 个人可任意支配收入。个人可支配收入中减去用于维持个人与家庭生存不可缺少的费用(如水电气、食物、着装等开支)后剩余的部分。这部分收入是消费者需求变化中最活跃的

因素,也是汽车企业开展营销活动时所要考虑的主要对象。因为这部分收入主要用于满足人们基本生活需要之外的开支,一般用于购买高档耐用消费品、旅游等。

汽车企业营销人员在分析消费者收入时,还要区分"货币收入"和"实际收入"。只有"实际收入"才影响"实际购买力"。

(2) 消费者支出模式和消费结构的变化

消费者支出模式指的是消费者个人或家庭的总消费支出中各类消费支出的比例关系。消费者收入的变化不仅影响购买力,而且对消费者支出模式有着直接影响,并使其发生具有一定规律性的变化。1958 年,德国统计学家恩斯特·恩格尔在深入调查研究的基础上对此进行了概括性的描述,人们将其称之为恩格尔定律,并用恩格尔系数作为度量指标,即

$$恩格尔系数 = (食品支出额 / 个人或家庭支出总额) \times 100\%$$

恩格尔定律的主要内容是:一个家庭收入越少,其总支出中用于购买食物的支出比例越大;随着家庭收入的增加,用于购买食物的支出占家庭总支出的比例就会下降,用于改善居住条件及用于家务经营的支出占家庭总支出的比例大体不变,而用于其他方面(如服装、交通、娱乐、卫生保健、教育等)的支出和储蓄占家庭总支出的比例就会上升。其中,用于食物的支出与家庭总支出的比值被称为恩格尔系数。对许多国家有关情况的调查分析表明,恩格尔定律基本是符合客观实际的,是对家庭各类消费支出随收入增长而发展变化的一般性的概括。恩格尔系数常被作为判断一个国家经济发展水平以及一个家庭生活水平的重要参数之一。根据联合国粮农组织提出的标准,恩格尔系数在 59% 以上为贫困,50%～59% 为温饱,40%～50% 为小康,30%～40% 为富裕,低于 30% 为最富裕。2007 年我国农村居民家庭恩格尔系数为 43.1%,城镇居民家庭恩格尔系数为 36.3%。

消费支出模式不仅与消费者收入有关,而且还受到下面两个因素的影响:

① 家庭所在地点的影响。如住在农村与住在城市的消费者相比,前者用于交通方面支出较少,用于住宅方面支出较多,而后者用于衣食、交通、娱乐方面的支出较多。

② 家庭所处生命周期阶段的影响。据调查,没有孩子的年轻人家庭,往往把更多的收入用于购买冰箱、电视机、家具、饰品等耐用消费品,而有孩子的家庭,则在孩子的教育等方面支出较多,当孩子长大独立生活后,用于保健、旅游等方面的支出就会增加。

汽车企业营销人员要注意研究消费者支出模式及其变化,以便更好地把握汽车消费市场及目标客户,更有针对性地搞好汽车营销工作。

(3) 消费者储蓄和信贷情况变化

消费者的现实购买力,除与消费者收入因素有关外,还受储蓄和信贷的直接影响。当收入一定时,储蓄越多,现实消费量就越小,但潜在消费量越大;反之,储蓄越少,现实消费量就越大,但潜在消费量越小。汽车企业营销人员应当全面了解消费者的储蓄情况,尤其要了解消费者储蓄目的的差异。储蓄目的的不同,往往导致潜在需求量、消费模式、消费内容、消费发展方向的不同。这就要求汽车企业营销人员在调查、了解消费者储蓄目的的前提下,制定不同的营销策略,为他们提供有效的服务和产品。

消费信贷是消费者凭信用先取得商品的使用权,然后按期归还货款以购买商品。消费信贷的种类主要包括短期赊销、分期付款、信用卡信贷等形式。消费信贷允许客户购买超过自己现实购买力的商品,从而创造了更多的就业机会、更多的收入及更多的需求;同时,消费信贷也是一种经济杠杆,它可以调节积累与消费、供给与需求的矛盾。当市场供大于求时,可以通过

信贷刺激需求;当市场供不应求时,可以通过收缩信贷抑制、减少需求。

2. 间接营销汽车市场营销活动的经济环境因素

除了以上因素直接影响汽车企业的市场营销活动外,还有一些经济环境因素也对汽车企业的营销活动产生着影响。

① 城市化程度。城市化程度是指城市人口占全国总人口的百分比,是一个国家或地区经济活动的重要特征之一,城市化是影响汽车营销的环境因素之一。城市居民一般受教育程度较高,思想开放,容易接受新事物、新产品、新技术。而农村相对闭塞,居民消费观念较为保守。汽车企业在开展营销活动时,要充分考虑到这些消费行为方面的城乡差别,相应调整营销策略。

② 经济发展水平。汽车企业的市场营销活动要受到一个国家或地区整体经济发展水平的制约。处于不同经济水平,客户的需求就不一样,从而在一定程度上影响汽车的营销。如在我国沿海地区,客户购车时往往强调产品性能及特色,对品质的关注多过价格因素。而在西部的很多城市,客户更侧重于汽车产品的功能与实用性,对价格因素的关注多过品质因素。因此,对于不同经济发展水平的地区,汽车企业应采取不同的市场营销策略。

2.2.3　政策与法律环境

政策与法律环境是指对汽车产品的营销活动产生明显影响的政府有关方针、政策以及国家和地方立法机关制定的相关政策的总称。它包括中央政府和地方政府颁布的政府令、暂行条例、管理办法等各种行政法规,包括鼓励性政策和限制性政策,也包括经济政策和非经济政策。产品的技术法规、技术标准及商业惯例等,也是市场营销法律环境的重要因素。

目前,对我国汽车市场营销具有重要影响的政策、法律法规主要有以下几个。

1.《汽车产业发展政策》

2004 年 5 月由国家发展和改革委员会颁布实施的《汽车产业发展政策》是对 1994 年 2 月《汽车工业产业政策》的完善。新的《汽车产业发展政策》首次将汽车工业产业政策与汽车消费政策合二为一,提出培育以私人消费为主体的汽车市场,改善汽车使用环境,维护汽车消费者权益。它规范了我国汽车产业的发展模式,引导国内汽车加快技术创新步伐,要求汽车生产企业重视建立品牌销售和服务体系,促使我国汽车产业整体水平获得更快更好的提高。

2.《汽车品牌销售管理实施办法》

由商务部等部门联合发布,于 2005 年 4 月正式实施的《汽车品牌销售管理实施办法》(相关政策有《二手车流通管理办法》等)着重对汽车供应商、品牌经销商的资质条件、设立程序、行为规范及政府部门的监督管理等做出了规定。该管理办法的目的在于明确各方责任,增强汽车品牌经营者的服务意识,避免经销商、供应商相互推诿责任,确保为消费者提供公平、公正的服务。

但该办法在实施过程中却暴露了诸多缺陷和问题。《汽车品牌销售管理实施办法》也与《反垄断法》存在精神违背的地方。2017 年 4 月 14 日,商务部印发了新版《汽车销售管理办法》,并于同年 7 月 1 日起正式实施,旧版法案同步废止,这将为我国汽车行业提供一个良好的法律依据。

3.《缺陷汽车产品召回管理规定》

由国家质量监督检验检疫总局、国家发展和改革委员会、商务部、海关总署联合制定发布，2004 年 4 月正式实施的《缺陷汽车产品召回管理规定》，是我国以缺陷汽车产品为试点首次实施的召回制度。它和 2013 年 10 月 1 日起正式实施的《家庭汽车产品更换退货责任规定》规范了汽车厂商、汽车经销商、汽车维修商的质量保障服务标准，明确了汽车厂商、汽车经销商、汽车维修商的责任，从法律法规角度保护了消费者的利益。

此外，《中华人民共和国合同法》《汽车金融公司管理办法》等法律法规都从各个不同角度规范了汽车市场营销的各方面，保护了消费者的合法权益，同时也促进了产业的发展。汽车营销人员要充分认识了解公众利益，规范自己的经营行为，做到遵纪守法，依法开展各项工作，捕捉政策法律带来的市场机会。国家出台的一些措施和办法也对汽车市场具有直接的影响。例如，为了鼓励小排量经济型轿车消费，财政部和国家税务总局于 2008 年 9 月 1 日调整了汽车消费税政策。为扩大内需，促进汽车产业发展，经国务院批准，对 2009 年 1 月 20 日至 12 月 31 日购置 1.6 L 及以下排量乘用车，减按 5% 的税率征收车辆购置税。这些都对汽车市场产生了重要的导向作用。

2.2.4　自然环境

自然环境主要是指影响社会生产的自然因素，包括自然资源和生态环境。自然环境与自然资源有着密切的关系。

从本质上看，社会生产活动赖以进行的自然环境本身就是自然资源。具体来讲，自然环境诸因素中，凡是人类已经或可能依一定的有用性将其投入生产过程的就是自然资源。自然资源的范畴十分广泛，依照再生产性可以将其划分为可再生资源、不可再生资源和恒定性资源。在人类活动的参与下，当代自然环境变化的主要动向是自然资源日益短缺、环境污染日趋严重。随着上述问题的普遍化和严重化，促使各国政府都不同程度地加强了对自然资源的管理工作。

我国是一个幅员辽阔的国家，从总体看自然资源比较丰富，然而由于人口众多，从人均水平来说，不管是不可再生资源还是可再生资源都是短缺的，绝大多数资源的人均占有量很低。但是，由于法制不健全、人们的环保意识差、缺乏全面效益观念等原因，人们对资源的破坏现象较为严重；同时，由于各种原因资源浪费问题又非常突出，高投入低产出、好原料次产品等现象较为普遍。这种情况要求政府部门必须进一步加强对资源的管理工作，运用法律、经济、行政等手段对破坏资源、消费资源的现象进行干预和控制。资源短缺，尤其是不可再生的石油、天然气等能源资源越开采储量越少，资源成本趋于提高，汽车钢材、化工材料等原料价格的上涨，也对许多汽车企业的发展带来不小的威胁。

生态环境是指人类及地球上动植物赖以生存和发展的各种环境因素。随着人类对资源的破坏，生态环境遭到了严重破坏。传统的石油燃料汽车的大量使用，既增加了空气污染，也破坏了人类的生存环境。与此同时，生态环境的变化也引起人们的注意，随着大家的环保意识日益增强，国家出台了大量的环保法规，排放标准的提高对传统能源汽车形成了很大的制约。为了应对这种挑战,一些国家和地区以及众多汽车厂家,纷纷加强了对汽车节能减排技术的研究,并积极开发新型动力和新能源汽车。一些新车型,如比亚迪电动车已经上市销售,相信随着技术的不断完善,电动汽车、混合动力汽车、燃料电池汽车等将成为未来汽车的主流。

目前,我国相关部门也提高了乘用车的排放标准,而针对我国的物流运输行业,为了进一步减少排放,长途货运业正在逐渐加大大吨位载重货车的使用比例。

2.2.5　科学技术环境

科学技术环境指的是影响企业生产经营活动的外部科学技术因素。对科学技术环境的考察,主要涉及科学技术的发展现状、新的科学技术成果、科学技术发展的动向、科技环境的变化对社会经济生活的影响等方面的问题。当前,在世界范围内科学技术迅猛发展,其主要特点是以微电子为标志的尖端技术发展迅速,应用技术的发展速度加快,最新科技成果在民用产品上的应用受到重视,未来科技的研究受到了人们的普遍关注,人们已经在能源、原材料、制造、交通、通信、生物工程等方面的研究上做出了巨大的努力。汽车科学技术的发展方向主要有汽车电子化、网络化、智能化、轻量化以及汽车能源多元化等。

汽车电子化包括:改善汽车排放和节能性能的电子技术;汽车安全电子技术,分为主动安全和被动安全,涉及 EBA、EBD、ESP、ABS 等技术;汽车防盗技术;汽车舒适性电子技术,如自动空调控制系统、自动变速器控制系统、定速巡航系统等。汽车网络化主要是改变常规的汽车控制系统不限方式,采用车载局域网 CAN(Controller Area Network)技术,进行数据通信和数据传输,使汽车各电子单元和控制器能实现信息共享和多路控制。汽车智能化是未来汽车发展的重要方面,它可以有效降低交通事故,甚至可以实现无人驾驶,有利于提高汽车交通安全。

科学技术的进步也对汽车营销活动产生了重大影响。特别是网络技术、办公自动化等技术促使汽车营销手段和策略的革新,提高了汽车营销工作效率。同时,现代管理信息系统也增强了汽车企业的营销环境监测、营销决策能力。由此可见,随着科学技术的发展,汽车企业将受到全面挑战,不能适应和引导这一过程的企业将面临被淘汰的威胁。

2.2.6　社会文化环境

社会文化环境是指一个国家或地区的民族特征、价值观念、生活方式、风俗习惯、宗教信仰、教育水平等的总和。每一个社会或每一种文化都可以按照某种标识分为若干不同的亚文化群,如民族亚文化群、宗教亚文化群、地理亚文化群、职业及年龄亚文化群等。它影响人们的购买行为,对不同的营销活动具有不同的接受程度。社会文化的发展与变化,决定了市场营销活动的发展与变化。例如,在 20 世纪 60 年代前,汽车颜色多以深色为主。随着日本汽车工业的崛起,汽车流行色变得以轻快、明亮为主。近年来,车主中由于彰显个性的年轻人增多,越来越多的色彩鲜艳的汽车出现在马路上。在汽车企业面临的各种环境中,社会文化环境不像其他环境因素那样显而易见,但对汽车企业营销活动的影响却无处不在。从市场营销角度看,汽车企业更应侧重研究亚文化群消费者的行为特点。

2.3　汽车市场调研

2.3.1　汽车市场调研的含义

市场调研就是运用科学的方法,有计划、有目的、系统地收集、整理和研究分析有关市场营销方面的信息,并提出调研报告、总结有关结论、提出机遇与挑战,帮助营销管理者了解营销环境、找出问题与机会,为市场预测和营销决策提供信息依据。

通过汽车市场调研,可以帮助汽车企业了解汽车市场营销环境状况以及未来的发展趋势,从而为汽车企业的营销决策提供科学的参考依据;通过汽车市场调研,可以了解竞争对手,及时调整自己的经营策略;通过汽车市场调研,可以发现消费者新的需求和市场机会;通过汽车市场调研,可以了解外部环境的变化,预测经济走向,了解行业未来发展方向。

2.3.2　汽车市场调研的内容

汽车市场调研主要是对汽车市场环境、汽车市场需求、竞争对手和企业市场营销组合要素进行调研,调研内容包括汽车企业市场营销的各个方面。

1. 汽车市场营销环境调研

市场营销环境是汽车市场营销最重要的因素,包括对政策法律环境、经济环境、科技环境及社会文化环境等多方面的调研。

① 政策法律环境调研主要包括对政府有关汽车方面的方针、政策等可能影响汽车企业发展的一些因素进行调研,如汽车金融政策、汽车产业政策、汽车税收政策等。2009 年的"汽车产业振兴规划"和"汽车下乡补贴细则"使轻卡和微型车受到政策的强力支持,致使 2009 年上半年小排量汽车增速远超其他车型。

② 经济环境调研主要是调研所在地区的经济发展整体水平、经济结构、人口及就业情况、交通条件、基础设施情况等。经济环境的调研确定了汽车企业所面对目标市场的购买能力、购买欲望等因素。

③ 科技环境调研主要是调研国内外新技术、新材料、新工艺的发展趋势、使用和推广情况。

④ 社会文化环境调研主要是调研目标市场或地区的社会文化、时尚、爱好和风土人情等。以便根据目标市场不同的文化特点采用不同的营销策略。

2. 汽车市场需求调研

需求调研是汽车市场营销研究的核心问题,包括对需求量、需求结构、需求时间、消费行为等方面进行调研。

需求量调研主要是调查企业的目标市场的需求总量、潜在需求量、本企业的市场占有率等。只有目标市场具有足够的需求量,汽车企业才能在该市场中实现自己的营销目标。中国的汽车市场之所以受到众多国外汽车企业的重视,就是因为中国汽车市场需求量不断增长,并有望成为"世界第一大"的汽车市场。

汽车需求结构调研主要是调查消费者的购买倾向，了解引起需求变化的原因，调查消费者对各品牌、车型的意见建议等。汽车需求结构的调研将为汽车厂家提供生产的决策依据。

汽车需求时间调研是了解客户的需求，把握好汽车销售的时间性，及时做好准备，搞好汽车销售。

消费行为调研主要是了解客户何时购买、购买什么车型、如何购买等问题，根据顾客消费行为做好汽车市场营销方案和对策，争取市场的主动权。

3. 竞争对手调研

汽车企业在制定各项市场营销策略前，要注意调查和研究竞争对手的动向，包括竞争对手的经营战略、营销策略等。做到知己知彼，明白自己在行业中的位置，采取更加有效和具有前瞻性的方法。

4. 汽车企业市场营销组合要素调研

汽车企业的市场营销组合即4P组合，包括产品、价格、促销、渠道四个方面。针对4P开展有针对性的调研，可以使汽车企业更好实施组合营销策略。

① 产品调研。产品调研主要包括产品设计的调研、产品组合的调研、新产品开发的调研、老产品改进的调研等。

② 价格调研。价格对企业产品的销售和企业获利有重要的影响，开展价格调研，可以更有利汽车企业制定正确的价格策略。价格调研主要包括市场供需关系及其变化情况、影响价格变化的各种因素、替代产品价格需求弹性等。

③ 促销调研。促销调研包括广告的调研(含广告信息、时间段、效果的调研等)、人员推销的调研(含销售人员素质、分工、报酬的调研等)、各种营业推广的调研以及企业品牌调研等。

④ 渠道调研。销售渠道是否合理，产品的物流是否恰当，对提高销售效率、降低销售费用有至关重要的作用。渠道的调研内容包括中间商(代理商、服务商等)的选择和利用调研、中转仓库的选址调研、物流运输(含运输工具、运输路线等)的调研等。

以上一些内容，只是市场调研的主要内容。但就一般情况而言，汽车企业在各个不同时期，在市场营销中所遇到的问题不一样，调研的问题也就不相同。不同的汽车企业，要根据自己的具体情况确定自己的调研目的和内容，开展调研工作。

2.3.3　汽车市场调研的方法

汽车市场调研的资料来源主要有两种途径：通过市场调研，对企业及顾客调查得到的信息资料，称为第一手资料；通过收集一些公开出版的报纸、杂志、电视、网络、有关行业机构提供的统计资料，了解有关产品和市场信息的资料称为第二手资料。汽车市场调研按资料获取方式的不同可分为直接调查和间接调查两大类，如图2-2所示。

1. 间接调查

间接调查又叫文案调查，市场调查操作人员充分了解企业实行市场调查的目的之后，搜集

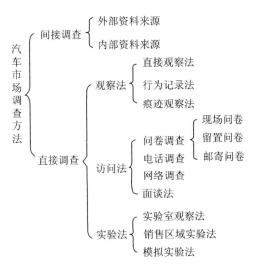

图 2-2　汽车市场调研方法

企业内部和外部各种相关资料文献,加以整理、归纳、演绎、分析后,从而得出的相关市场调查报告和营销建议。

① 间接调查的资料来源可分为:国家统计资料,如国家与政府有关部门的决定、报告、发展计划、统计年鉴、统计局发布消息等;行业协会公布信息;图书、期刊、报纸等资料;计算机网络资料;咨询公司提供资料;汽车企业积累的数据资料,如公司管理部门、财务部门、市场部等提供的信息。

② 资料收集是文案调查的核心工作,在实施过程中要注意以下原则:

● 注意系统全面的原则。很多情况下因资料不全等原因无法深入分析,要设法寻找资料来源出处,保证资料的完整、系统、准确。

● 注意相关性的原则。获取的资料一定要和调查的目标相关,避免选取无关或关联度不高的资料。

● 注意时效性的原则。第二手资料都有时间范围,使用时要考虑距离调查的时间间隔,尽量选择近期的资料。

● 主要经济性的原则。使用间接调查的优点就是省时省钱,如果费用太高就失去了间接调查的优势和意义。

2. 直接调查

直接调查又叫实地调查。汽车市场营销所需要的重要资料,大部分是通过实地调查得到的,主要以获取第一手资料为主。直接调查常用的方法有以下3种。

(1) 观察法

观察法是由调查人员在现场对调查对象的情况进行观察记录,取得第一手资料,来判断消费者的购买动机、购买行为、购买态度的调查方法。观察法包括以下3种:

① 直接观察法:调查人员到汽车4S店、汽车展销会,观察并记录产品的实际销售情况,观察消费者最喜欢什么颜色、什么配置的汽车。

② 行为记录法:一般将监听监视设备,如照相机、录音机等电子仪器安装在现场,被调查

对象的行为会被如实记录下来,调查人员从资料里面搜集所需要的资料。

③ 痕迹观察法:观察调查对象留下的实际痕迹。例如,汽车维修商为了解在哪个电台做汽车广告效果好,就观察记录来修理的汽车收音机都停留在哪个电台上,通过统计记录的结果就知道消费者最常听哪个电台,这样就可以选择效果最好的电台作汽车广告。

观察法的优点是可以客观地搜集、记录被调查对象的现场情况,结果比较真实可靠。缺点是调查费用较高,所要调查的问题只能在现场经过较长时间的观察才能得到调查结果,对被调查者内在因素的变化,如消费者对产品的态度、偏好等不一定能观察到。

(2) 访问法

访问法就是将要调查的问题通过一定的方式向被调查者提出,从而获取所需要资料的方法。根据不同的访谈形式,又可分为问卷调查、电话调查、网络调查、面谈调查 4 种。

① 问卷调查即调查人员将要调查的内容和问题编成统一的问卷,从调查对象中抽取一定的样本进行抽样调查,以此判断总体特征情况的调查方法。根据问卷调查的调查者采用工作方式的不同,又可分为现场问卷、邮寄问卷、留置问卷三种类型。

- 邮寄问卷调查法就是将设计好的问卷调查表邮寄给被调查者,由被调查者根据调查表的要求填写后寄还给调查者的方法。这种方法调查的范围相对广、费用比较低,但是对调查者的真实情况了解不够,问卷的回收率也较低,周期较长。
- 留置问卷调查法就是将调查者设计好的问卷交给被调查者,详细说明调查目的和要求,由被调查者事后自行填写,由调查者按约定好的时间收回调查问卷的方法。这种方法由于被调查者有充分时间独立思考回答问题,因而可以减少调查误差,提高调查质量和调查表的回收率。

② 电话调查即调查者根据抽样要求,用电话向被调查者就调查主题和内容进行询问的一种调查方法。该方法速度快、意见回收率高、费用较低。其缺点是:电话交谈时间短促,很难全面提问;有些被访者不愿意回答私人问题;调查者的电话谈话方式会影响被访者的回答;不同的调查人员对被访者回答的理解和记录会有所不同。

③ 网络调查即调查者将所要调查的主题和内容,利用网络这一平台,请求网络成员进行作答。网络成员可以将自己的回答通过网络输入,这样调查者就可以在计算机上得到被调查者的回答信息。该方法覆盖范围广、成本低、使用比较方便;但是调查的对象可能不是相关对象,也会造成调查误差较大。

④ 面谈调查即调查者与被调查者面对面讨论有关问题,当场记录所需情况资料的一种调查方法。根据调查人数,面谈调查分为个人访问和集体访问两种。调查内容简单的宜采用个人访问,如果调查问题比较复杂,则适合采用集体访问。

- 面谈调查的优点:调查者当面听取被调查者的意见,增加接触,比较容易了解被调查者的真实态度,增加感性认识;根据被调查者的性格,调查者可以采取比较灵活多样的调查形式;该方法的回答率是各种调查方式中最高的;可以根据具体调查问题扩大提问范围,收集比较全面准确的信息。
- 面谈调查的缺点:费用比较高,尤其是集体访问费用更高;调查结果受调查者的谈话业务能力和情绪状态影响较大;面对面的调查,调查者有时会产生抵触情感或压迫感,让调查者得到错误或失真的信息;被调查者的表达方式、用词等,容易让调查者在理解上产生偏差,影响调查效果。

（3）实验法

实验法就是通过各种实验手段来收集资料。当汽车厂商要推出一种新产品或新的推销策略时，根据所要调查的项目选择一定规模的对象，在适当的地方开展小范围的实验，结合消费者的反馈信息，对于实验结果进行研究，来改进自己的产品或推销策略。该方法可用在产品更改包装、外观造型，改变广告、价格等的时候，观察市场对所做改变的接受程度。该方法最常用的 3 种操作方法是：实验室观察法、模拟实验法和销售区域实验法。

① 实验室观察法在研究广告效果和选择媒介时常被采用。汽车厂商在选择宣传广告时，会请一些人来对备选宣传广告进行评价，看哪种宣传广告效果最好。

② 模拟实验法是通过建立一些数学模型，在计算机上进行模拟。由于建立的模型是以客观市场为基础，它可以很快、很方便地对不同的方案进行对比，选出最优方案。

③ 销售区域实验法主要是新产品投放市场前，在一定的目标区域内进行试销或者免费试用的活动。通过顾客的反馈，摸清市场的状况，改进自己的产品，使之符合顾客要求，再进行全面推广或销售。

2.3.4　市场调研的步骤

市场调研工作必须有计划、有步骤地进行，以防止调研工作的盲目性。一般说来，市场调研可分为 4 个阶段：调研前的准备阶段、正式调研阶段、整理分析资料阶段和提出调研报告阶段。

1．调研前的准备阶段

对汽车企业提供的资料进行初步的分析，找出存在的问题，明确调研的关键和范围，根据调研的目标，制定出市场调查的方案。主要包括以下几个方面：

① 确定调研目标。在进行市场调研之前，先要确定调研目的，明确调研到底是为了解决什么问题。如果调研目标不明确，调研就会南辕北辙。

② 确定调研的范围。要明确调研的范围，包括调查对象是哪一个地区的顾客，是什么样的顾客，调查中有哪些人等。

③ 确定调研方法。调研的方法多种多样，每个方法都有一定的优点、缺点和适用条件。调研者可以根据实际情况，选择合适的调研方法。

④ 确定经费预算。汽车市场调研都要有一定的费用支出，要合理地、全面地估计调研的各项开支。在进行预算时，应考虑调研项目、参与人或公司等多方面。一般包括总体方案策划费、调研劳务费、资料费、印刷费、调研实施费（差旅费、礼品、人员培训等）、统计分析费用等。

⑤ 制定调研计划。当以上因素都基本确定后，调研者要制定调研计划，调研计划一般由摘要、调研目的、调研的内容和范围、调研的方法、调研工作安排与进度、调研预算等组成。

2．正式调研阶段

此阶段就是调研者执行调研目的、收集资料信息的过程，也就是调研者到指定的目标市场和具体地点，寻找具体的调研对象，有目的地收集第一手资料。现场调研的及时性和准确性除了取决于调研者的素质外，工作过程的开展也对调研结果有很大的影响。在调研工作中，要事先对有关工作人员进行培训,并做好调研过程的监督与考核,保证调研工作合理。同时也要做好采取预防或补救措施的准备,保证调研工作按进度计划进行。在正式调研阶段,调研者还要确定收集调研信息的途径,保证资料数据的可靠、真实。工作中要特别强调按原则办事,采取实事求是的态度,避免掺杂个人主观偏见。

3. 整理分析资料阶段

当统计分析研究和现场直接调研完成后,市场调查人员拥有大量的第一手资料。对这些资料首先要编辑,选取一切有关的、重要的资料,剔除没有参考价值的资料。然后对这些资料进行编组或分类,使之成为某种可供备用的形式。最后对资料进行分析,把有关资料用适当的表格形式展示出来,以便说明问题或从中发现某种典型的模式,挖掘数据的内在关联,解释调研问题。

4. 提出调研报告阶段

经过对调研材料的综合分析整理后,根据调研目的写出一份调查报告,得出调研结论。值得注意的是,调研人员不应当把调研报告看作是市场调研的结束,而应继续注意市场情况变化,以检验调研结果的准确程度,并发现市场新的趋势,为改进以后的调研打好基础。

一般来说,调研报告包括以下内容:
① 题目、调研人、调研日期。
② 目录、摘要。对主要调研发现予以摘要说明。
③ 序言:说明调查研究的原因、背景、目的、意义等。
④ 调查概况:说明调研地点、对象、范围、过程以及采取的调研方法和调研程序;对调研方法要尽量讲清是适用何种方法,并提供选择此方法的原因。
⑤ 调研结论与建议:这是调研报告的主要部分,根据调研的第一手资料、数据,运用科学的方法对调研事项的特点、原因、相互关系等进行分析和论证,提出主要理论观点,做出结论,并提出建设性意见,同时也要指出调研过程中存在的不足、局限性与改进方法。
⑥ 附件:包括一些过于复杂、专业性的内容,通常将调查问卷、抽样名单、地址、分布地图、统计检验计算结果、表格、制图等作为附件内容,每一内容要编号,以便查询。

2.4 汽车市场预测

2.4.1 汽车市场预测的含义

所谓市场预测,就是运用科学的方法,对影响市场供求变化的诸因素进行调查研究,分析和预见其发展趋势,掌握市场供求变化的规律,为经营决策提供可靠的依据。

市场预测产生的历史悠久。根据我国《史记》记载,"论其存余不足,则知贵贱,贵上极则反贱,贱下极则反贵。"早在公元前6世纪到5世纪,范蠡就懂得市场预测。严格地说,市场预测是从19世纪后期开始的。一方面,资本主义经济中的市场变化极其复杂,只要能获取利润,减小经营风险,就要把握经济周期的变化规律;另一方面,数理经济学对现象数量关系的研究已经逐步深入,各国统计资料的积累也日益丰富,适用于处理经济问题,包括市场预测的统计方法也逐步完善。学术界关于市场预测的里程碑是从奥地利经济学家兼统计学家斯帕拉特·尼曼算起的。

预测为决策服务,是为了提高管理的科学水平,减少决策的盲目性,通过预测可以把握经济发展或者未来市场变化的有关动态,减少未来的不确定性,降低决策可能遇到的风险,使决策目标得以顺利实现。汽车市场预测可以预判市场未来发展趋势,为汽车相关企业确定生产、经营方向提供有参考意义的依据。

从我国当前汽车市场预测的情况来看,还存在一些问题:统计工作薄弱,缺乏历史数据的积累;汽车市场不是太成熟,受宏观环境影响很大,预测结果往往有较大偏差;预测、统计工作缺乏系统性和持续性等。目前,汽车市场营销十分重视服务环节,这对市场预测提出了更高要求,我国汽车市场预测能力只有不断提高,方能满足行业发展的需要。

汽车市场预测的内容十分广泛,可以预测汽车市场需求量和销量及变化,也可以预测汽车市场价格的变化。预测方法也多种多样,但总的来说,预测方法可分为两大类:一类是定性预测方法,另一类是定量预测方法。在汽车市场预测中,两种方法往往结合运用,用定性分析指导定量预测,用定量预测来对问题进一步分析,以便更好地把握汽车市场的变化趋势。

2.4.2　定性预测方法

定性预测方法是通过预测人员的主观经验和分析问题的能力,对事物未来的发展趋势做出预测。这种方法主要用来预测和判断未来的发展趋势,适用于缺乏数据的场合。预测结果的准确度依赖于预测人员的经验、知识和素质。定性预测方法简单易用,应用范围很广。下面介绍最常用的专家预测法:头脑风暴法和德尔菲法。

1. 头脑风暴法

头脑风暴法是指邀请有关方面的专家,通过面对面的形式,结合被预测问题的现状及发展前景,对该问题的发展趋势做出量的预测。

(1) 专家的选取

头脑风暴法的预测效果好坏,在很大程度上取决于专家选取是否适当。在专家的选取过程中,要注意以下几个问题:

① 专家要具有代表性。专家应来自于预测项目有关的各方面,具有较好代表性且最好相互不认识。

② 专家要有丰富经验,有较长的相关工作经历,良好的个人表达能力。

③ 专家要具备一定的市场调研与预测方面的知识和经验。

④ 专家的数量要合适。专家多一些,可以使问题讨论充分和深入一些,但人数太多,组织工作就较困难,而且归纳意见也较费事。

(2) 预测的流程

① 召开征询意见会议。邀请出席会议的专家一般以 5～11 人为宜。

② 会议主持人提出题目,要求大家充分发言,提出各种各样的方案。方案多多益善,对专家提出的方案和意见,不持否定态度。

③ 会议结束后,主持人再对各种方案进行比较、评价和归纳,最后确定预测方案。

(3) 头脑风暴法的优缺点

头脑风暴法属于集体经验判断法,它的优点是由专家做出的判断和估计具有更高的准确性,该方法也可以使专家自由辩论、充分讨论、广开思路,从而提高预测的准确性。但是,该方法存在受专家个性和心理因素或其他专家意见的左右,也受到参加人数和讨论时间的制约,这些将影响预测的科学性和准确性。

2. 德尔菲法

德尔菲法是20世纪40年代末期由美国兰德公司首创的,又叫专家函询调查法或通信调查法,是专家会议法的一种改进,由预测主持者反复向专家寄发调查表,经过综合整理,形成最终的预测结论。

(1) 德尔菲法的特点

德尔菲法弥补了专家会议法的不足,能够使被调查专家的知识和经验得到充分发挥。它具有以下特点:

① 匿名性:专家由主持人选定,互不见面,不沟通信息,保证专家之间不相互影响,这样有利于创造性地发表意见。

② 反馈性:对各位专家的意见要进行几次综合整理,每轮预测结果经过整理后再反馈给各位专家,作为下一轮预测参考。

③ 收敛性:预测的结果是专家意见统一评定得到的,专家意见经几轮反馈后趋于一致。

(2) 德尔菲法的预测程序

德尔菲法的预测过程和营销调研的过程基本相似。主要分为以下步骤:

① 准备阶段:确定预测的目标和内容,准备资料,选取专家,拟定调查问题,设计调查表。

② 征询阶段:发出调查表向专家征询,把结果整理后再反馈给专家,进行下一轮征询,反复进行,直到结论趋于稳定。

③ 分析处理阶段:对各专家的预测结果进行综合,得出最终预测结果。

④ 预测结果的处理和表达,其方式取决于预测的种类和要求。常用中位数和四分点处理和表达预测结果。中位数代表专家预测结果,上下四分点表示预测结果的分散程度。为方便确定中位数和四分点,专家人数最好为奇数。

定性预测方法还有综合业务人员意见法(综合销售或其他业务人员意见)、领先指标法(通过将经济指标分为领先指标、同步指标和滞后指标,并根据这三类指标之间的关系进行分析预测)、主观概率法(预测人员凭经验或预感而对未来事件的发生进行概率估算)、相互影响法(从分析各个事件之间由于相互影响而引起的变化,以及变化发生的概率,来研究各个事件在未来发生的可能性的一种预测方法)、情景预测法(一种新兴的预测法,由于它不受任何条件限制,应用起来灵活,能充分调动预测人员的想象力,考虑较全面,有利于决策者更客观地进行决策,在制定经济政策、公司战略等方面有很好的应用)。

【例2-1】 某空调压缩机厂对某型号压缩机投放市场后的年销售量进行预测,聘请9位专家应用德尔菲法,进行四轮的征询、反馈、修改汇总后得到如表2-1所列的数据。

表 2 - 1　销售量德尔菲法预测表

单位:万台

征询次数	专　家										
	1	2	3	4	5	6	7	8	9	中位数	极差
1	50	45	23	52	27	24	30	22	19	27	31
2	46	45	25	43	26	24	29	24	23	26	23
3	35	45	26	40	26	25	27	24	23	26	22
4	35	45	26	40	26	25	27	24	23	26	22

从表 2 - 1 中可以看出,专家的第一轮意见汇总得出的中位数为 27,极差为 31。数据表明,专家的意见相当分散。专家根据反馈意见,大多数人修改了自己的意见并向中位数靠拢,因此,第二轮意见汇总后极差变小。但第四轮征询时,每位专家都不再修改自己的意见了,于是可以得出最终的预测值,认为年销售量将达到 26 万台,但极差达 22 万台。

2.4.3　定量预测方法

定量预测方法是使用历史数据或因素变量来预测需求的数学模型,是根据已掌握的比较完备的历史统计数据,运用一定的数学方法进行科学的加工整理,来揭示有关变量之间的规律性联系,用于预测和推测未来发展变化情况的一类预测方法。汽车市场定量预测常用的方法主要有以下几种。

1. 时间序列预测法

时间序列预测法是以时间序列所能反映的社会经济现象的发展过程和规律性,进行引申外推,预测其发展趋势的方法。它可用于短期、中期和长期预测。根据对资料分析方法的不同,又可分为简单序时平均数法、加权序时平均数法、移动平均法、加权移动平均法、趋势预测法、指数平滑法、季节性趋势预测法、市场寿命周期预测法等。

（1）移动平均法

移动平均法是对时间序列观察值由远及近按一定时段长计算平均值的一种方法,它保持平均的时段长不变。

移动平均预测法适用于既有趋势变动又有波动的时间序列,主要有一次移动平均、二次移动平均法和加权移动平均法。

一次移动平均法是指将观察期的数据由远而近按一定跨越期进行一次移动平均,以最后一个移动平均值为确定预测值的依据的一种预测方法。其过程可表述为:

① 计算观察期的移动平均值;

② 分别以上年的移动平均值为基准,计算各年移动平均值的趋势变动值;

③ 将最后一年的移动平均值加上趋势增长值求出预测期的预测值。

一次移动平均法的应用模型如下:

$$\widehat{X}_{t+1} = \frac{1}{n}(X_t + X_{t-1} + \cdots + X_{t-n+1})$$

$$= \frac{1}{n}\sum_{k=1}^{n} X_{t-n+1}$$

式中：n——跨越期；

X_{t+1}——$t+1$ 期的移动平均预测值；

X_t——t 期的实际值。

【例 2-2】 某汽车零配件企业某年 1～10 月的月销售额如表 2-2 所列。试用 $n=3$ 和 $n=5$ 分别预测第 11 月的销售额。

表 2-2　某零配件企业月销售额

单位：万元

月　份	1	2	3	4	5	6	7	8	9	10
销售额	190.1	220	188.1	198	210	207	238	241	220	250

计算如表 2-3 所列。

表 2-3　一次移动平均计算表

月　份	实际销量 (X_t)	移动平均值 $n=3$	预测误差 ($\widehat{X}_{t+1}-X_{t+1}$)	移动平均值 $n=5$	预测误差 ($\widehat{X}_{t+1}-X_{t+1}$)
1	190.1				
2	220				
3	188.1				
4	198	199.4	1.4		
5	210	202.0	−8.0		
6	207	198.7	−8.3	201.2	−5.8
7	238	205.0	−33.0	204.6	−33.4
8	241	218.3	−22.7	208.2	−32.8
9	220	228.7	8.7	218.8	−1.2
10	250	233.0	−17.0	223.2	−26.8
		237.0		231.2	

当 $n=3$ 时，预测第 11 月的销售额为 237 万元；当 $n=5$ 时，预测第 11 月的销售额为 231.2 万元。

二次移动平均法是对一次移动平均数再进行第二次移动平均，再以一次移动平均值和二次移动平均值为基础建立预测模型，从而计算预测值的方法。

运用一次移动平均法求得的移动平均值，存在滞后偏差。特别是在时间序列数据呈现线性趋势时，移动平均值总是落后于观察值数据的变化。二次移动平均法正是要纠正这一滞后偏差，建立预测目标的线性时间关系数学模型，求得预测值。二次移动平均预测法解决了预测值滞后于实际观察值的矛盾，适用于有明显趋势变动的市场现象时间序列的预测，同时它还保留了一次移动平均法的优点。二次移动平均法适用于时间序列，呈现线性趋势变化的预测。

除此之外，经常在实际工作中还会用到加权移动平均法，它就是在计算移动平均值时，对各序列值 X_t 不同等对待，而给每个序列值一个权重因子。加权移动平均法计算公式如下：

$$\widehat{X}_{t+1}=\frac{\alpha_1 X_t+\alpha_2 X_{t-1}+\cdots+\alpha_n X_{t-n+1}}{n}$$

式中：$\alpha_1,\alpha_2,\cdots,\alpha_{t-n+1}$——权重因子，并满足条件

$$\sum_{i=1}^{n} \alpha_i = 1$$

（2）指数平滑法

移动平均法中预测值仅包含了 n 个数据的信息，不能反映更多的历史数据的信息。指数平滑法能较好地克服以上的不足，用指数平滑法得到的预测值既能较好地反映最新观察值信息，又能反映很多的历史数据信息。指数平滑法由布朗（Robert G. Brown）提出，布朗认为时间序列的态势具有稳定性或规则性，所以时间序列可被合理地顺势推延；他认为最近的过去态势在某种程度上会持续向未来发展，所以将较大的权数放在最近的资料。

假设历史数据为 $X_i, i = 1, 2, \cdots, n$。F_i 为预测值，则一次指数平滑法计算公式如下：

$$F_i = \alpha X_{i-1} + (1 - \alpha) F_{i-1}$$

式中，α 为平滑系数，$0 < \alpha < 1$。

$$X_1 = F_1$$

指数平滑法的预测结果依赖于平滑系数 α 的选择。α 选得小一些，预测值趋向于平稳；反之，则变化较大。如果实际图形波动较大，就要求模型的灵敏度高一些，这时 α 应取值大一些。一般来说，对于水平型历史数据一般可取较小的平滑系数 $0 < \alpha < 0.3$；对于水平型和斜坡趋势型混合的历史数据，一般可取适中的平滑系数 $0.3 \leq \alpha \leq 0.6$；对于斜坡趋势型的历史数据，一般可取较大的平滑系数 $0.6 < \alpha < 1$。

如对例 2 - 2 的数据，取 $\alpha = 0.3$，采用指数平滑法则计算如表 2 - 4 所列。

表 2 - 4　采用指数平滑法计算

月　份	实际销量 （X_t）	指数平滑值	预测误差 （$F_{t+1} - X_{t+1}$）
1	190.1	190.1	
2	220	190.1	−29.9
3	188.1	199.1	11.0
4	198	195.8	−2.2
5	210	196.4	−13.6
6	207	200.5	−6.5
7	238	202.5	−35.5
8	241	213.1	−27.9
9	220	221.5	1.5
10	250	221.0	−29.0
11		229.7	

综上，11 月的预计额为 229.7 万元。

二次指数平滑法与二次移动平均类似，就是对一次指数平滑法的结果再做一次指数平滑计算。

2．回归预测法

回归预测法是基于相关原理的统计学模型的，这是最常用的预测模型之一。回归预测有一个自变量的一元回归预测和多个自变量的多元回归预测,下面仅讲述一元线性回归模型。

$$\hat{Y}_i = A + BX_i$$

式中:$\hat{Y}_i$——预测值;

X_i——自变量;

A,B——回归系数。

经过计算后,回归系数为:

$$B = \frac{\frac{1}{n}\sum\limits_{i=1}^{n}(X_iY_i) - \overline{X}\,\overline{Y}}{\frac{1}{n}\sum\limits_{i=1}^{n}X_1^2 - (\overline{X})^2} = \frac{n\sum\limits_{i=1}^{n}X_iY_i - \sum\limits_{i=1}^{n}X_i\sum\limits_{i=1}^{n}Y_i}{n\sum\limits_{i=1}^{n}X_i^2 - (\sum\limits_{i=1}^{n}X_i)^2}$$

$$A = \overline{Y} - \overline{B}\,\overline{X} = \frac{1}{n}\sum\limits_{i=1}^{n}Y_i - \frac{B}{n}\sum\limits_{i=1}^{n}X_i$$

其中,$\overline{X} = \frac{1}{n}\sum\limits_{i=1}^{n}X_i$

$$\overline{Y} = \frac{1}{n}\sum\limits_{i=1}^{n}Y_i$$

式中:X_i,Y_i——分别为自变量和因变量的原始观察值;

n——观察值的组数。

3. 市场细分集成法

市场细分集成法的基本原理是对某商品的使用对象按其特征进行细划分类,确定出若干细分市场——子目标,然后对各子目标分别采用适当的方法进行测算,最后汇总集成。其模型如下:

$$Y_t = \sum\limits_{i=1}^{n}Y_{ti}$$

式中:Y_t——第 t 年的预测值;

Y_{ti}——第 t 年的第 i 个分量的预测值,$i=1,2,\cdots$;

n——子目标个数。

以轿车为例,我国轿车市场需求可以划分为县级以上企事业单位、县级以下企事业单位、乡镇企业、出租旅游业、私人家庭 5 个主要细分市场。其预测过程如表 2-5 所列。

表 2-5 轿车市场预测表

市场划分	主要影响因素	需求预测模型
县级以上企事业单位	单位配车比	(单位数)×(配车比)
县级以下企事业单位	单位配车比	(单位数)×(配车比)
乡镇企业	经济发展速度	需求量=ϕ(乡镇企业产值)
出租旅游业	城市规模及旅游业发展	Σ(各类城市人口)×(各类城市人口配车比)
私人家庭	人均国民收入	需求弹性分析

4. 需求弹性法

需求弹性法的数学模型如下：

$$y_t = y_0(1+i)^t$$
$$i = E_s q = qi'/q'$$

式中：y_t——第 t 年预测对象预测值；

　　y_0——预测对象目前的观察值；

　　i',i——分别为预测对象在过去和未来的平均增长率；

　　t——预测年份与目前的时期；

　　E_s——弹性系数，如过去年份汽车保有量的增长率与工农业增长速度之比；

　　q',q——分别表示对比指标过去和未来的数值，如工农业增长速度。

如过去几年内甲地区的汽车保有量平均增长率为 15%，工业增长速度为 10%，两者之间的弹性系数为 1.5，若未来 t 年内工农业增长速度为 8%，则汽车保有量的增长率为 12%，代入上式即可预测第 t 年的汽车保有量。

除以上定量分析方法外，还有一些其他方法，如生命周期预测模型等。在实际工作中，营销人员可以根据自己的经验来选择合适的方法，保证预测结果尽量准确。

2.4.4　汽车市场预测实践

在汽车市场预测实际操作中，预测人员可以对同一预测对象采用多种预测模型进行预测，也可以对同一模型采用不同的自变量，这种采用多种途径进行预测的组合预测方法是现代预测科学理论的发展方向，只有采用多种途径进行预测，才能更全面地反映汽车市场未来发展的变化规律。在汽车市场预测的实际操作中，把定性预测方法和定量预测方法结合起来，既有利于把握事物发展的质，也有利于把握事物发展的量。在实际操作过程中，由于涉及因素的不稳定性和模型的局限性，定量预测一定要接受定性分析的指导。

随着计算机运用领域的不断扩大，一些专业分析软件也被运用到汽车市场预测中，如SPSS（Statistical Product and Service Solutions）、SAS（Statistical Analysis System）。SPSS推出了 Windows 版本后，由于其操作简单，已经在我国汽车行业的各个领域发挥了巨大作用，该软件更是被广州丰田等多家汽车企业作为市场分析的基本软件工具。这也对未来的汽车市场营销人员提出了应熟练掌握这些基本操作软件的要求。

同时，在汽车市场预测活动中，也应注意以下问题：

① 政策变量。汽车市场受国家经济政策和非经济政策的影响很大。在进行汽车市场预测时，政策变量常常影响到模型曲线的拐点和走势，影响到曲线的突变点。政策变量虽然不是很好把握，但并不是不可预测的。政策的制定总有其目的性，它往往是针对某些经济或社会问题制定的，最终目的是要促进经济和社会的稳定发展。只要预测人员加强对经济运行和政策的研究，便可以通过对未来经济运行的预知达到政策预知的目的。

② 预测的方案。实际预测活动中，应尽可能多做几个预测方案，以增加决策的适应性，避免单个方案造成的决策刚性。

③ 预测的期限。预测按预测时间的长短可分为长期预测和中短期预测。一般来说，对短

期预测较好的模型,不一定对长期预测也较好;反之亦然。

④ 预测模型。现在有将模型复杂化、多因素化的趋势,虽然这种发展趋势一般有利于提高预测的精度,因为这包括了更多因素的影响。但有时复杂模型不一定比简单模型的预测精度好,而且因素过多,对这些因素的未来走势有时不易判断。

⑤ 想象与实际。很多预测人员在预测活动开始时,就对预测对象的未来作了想象,并以此想象来不断地修正预测结果。其实这是一种本末倒置的做法,尤其是中间预测值的取舍,应力求避免这一易犯的错误。

2.5 典型案例分析

【案例 2-1】 大学毕业生购车问卷调查表

社会学专家认为,现代大学生这个特殊群体,不能再以传统和单纯的眼光来看待他们,他们创造性的思维和前瞻性的生活方式,已经成为汽车消费群体中一个必不可少的成分;他们自信、时尚,对于生活有更多的追求与梦想。能够拥有一辆汽车是他们走出大学校园后的第一个人生目标。因为拥有了汽车,平常的生活半径至少可以扩大 10 倍,社交圈子广了,生活节奏快了,能给他们带来更多发展和创造财富的机会。

即日起,华西都市报联合四川在线和天府早报等实力媒体,推出以"寻找汽车新锐消费群体"为主题的大型系列调查活动,本次调查活动主要从大学毕业生消费心理、消费结构以及汽车消费意向等各个方面,全方位深入细致地了解和掌握未来大学生汽车消费市场的发展与趋势,帮助广大刚刚走出校门的大学生尽早完成自己的汽车梦想,为他们提供更加便利、快捷和优惠的购车环境,寻找真正属于或真正适合他们的车型。同时也为广大汽车厂商寻找汽车新锐消费群体。本次活动将于今日起全面启动,7 月 31 日结束。您可以通过信函、传真、电子邮件以及四川在线汽车网参与本次调查活动。

主办单位:华西都市报、新浪网、四川在线、天府早报

技术支持:北京可瑞德市场咨询公司

调查时间:2009 年 7 月 10~31 日

1. 请问您是在校大学生还是刚毕业的大学生?
   □A 在校大学生　　　　　　　□B 刚毕业的大学生
2. 请问您在校/毕业的主要生活来源是?
   □A 父母的工资　　　　　　　□B 自己打工的工钱
   □C 工资　　　　　　　　　　□D 助学贷款
3. 请问您觉得在校大学生/刚毕业的大学生是否该拥有一辆汽车?
   □A 是　　　　□B 否　　　　□C 没有考虑
4. 请问您是否拥有一辆自己的汽车?
   □A 是　　　　　　　　　　　□B 否
5. 假如现在给您 10 万块钱,您是选择先买车还是先买房?
   □A 先买车　　　　　　　　　□B 先买房
6. 请问您选择先购买车/房的理由是?

　　□A 能为您提供现阶段的生活便利　　□B 能为您的投资增值

　　□C 能使您的投资回报率达到最大值

7. 请问您是否愿意贷款买车？

　　□A 是　　　　　□B 否　　　　　□C 还需要考虑

（不愿意买车的读者可不填以下几项）

8. 请问您想购买什么样的汽车？

　　□A 经济型汽车　　　　　　　□B 颜色亮丽的汽车

　　□C 外观较好的汽车　　　　　□D 性能较好的汽车

9. 请根据您现在的经济状况选择你能够购买的汽车价位

　　□A 5 万元以下　　　　　　　□B 5 万～10 万元

　　□C 10 万～15 万元　　　　　□D 15 万以上

10. 请选择您想购买的车型（本次活动主要针对经济型车）

　　□A 奇瑞 QQ　　□B SPARK　　　□C 吉利豪情　　□D 吉利自由舰

　　□E 哈飞路宝　　□F 爱迪尔　　　□G 幸福使者　　□H 众泰 2008

　　□I 飞碟 UFO　　□J 其他（请注明）_____

11. 请选择汽车于您而言所代表的意义？

　　□A 方便快捷　　□B 时尚生活　　　□C 浪漫精致　　　□D 与众不同

请您留下您的姓名与联系方式，以便我们联系您参与团购活动，对于您的资料我们将严格
保密！

请问您的性别是

□男　　　□女

姓名：_____　　联系电话：_____

联系电话：028 -××××传真：028 -××××

邮箱：×××@sina.com

联系人：×××

联系地址：中国四川省成都市红星路二段 70 号华西都市报汽车事业部

邮编：610012

【案例 2 - 2】　网络用户购车问卷调查

尊敬的朋友，您好！

非常感谢您能阅读并填写此问卷，本次调查问卷旨在调查购车人群对网络的使用习惯。
仅用于车天下汽车网探索未来网站发展模式及相应的学术研究。您所填写的相关内容，均将
被严格保密，不用做商业用途！

这次调查将花费您大约 5 分钟的时间，再次感谢您的合作！

（注：为了表示对参与问卷的朋友感谢，参与本次问卷的所有网友均将获得车天下社区小
礼品自行车一辆，以示谢意！）

一、问卷内容

1. 您目前是否已经购买了一辆汽车？

　　□是　□否,正准备购买汽车　□否,还未列入计划;

2. 如果您已经购买了一辆汽车(或准备购买一辆),您购买汽车的渠道是什么?

　　□通过 4S 店或汽车销售商　□通过网络(团购)　□通过厂家网站直接购买

　　如果你是通过"网络购买",请问你对此的满意度?

　　□非常满意　□满意　□不确定　□不满意　□非常不满意

3. 在您的想象中,哪种购买方式能提供给客户最大的满意度:

　　□厂家网上直销　□汽车网站销售　□传统的 4S 店

4. 您感觉在您购买汽车所使用的方式上是否便捷?

　　□非常方便　□方便　□不确定　□不方便　□非常不方便

5. 如果您购买了或正准备购买汽车,您认为互联网上汽车销售的价格会低于传统 4S 店
　　销售的价格吗?

　　□是　□不是

　　如果您回答"是",那您认为互联网上的汽车价格与传统 4S 店相比能低到什么程度?

　　□非常便宜　□便宜　□不确定　□不便宜　□非常不便宜

6. 您认为传统销售店中销售人员的介绍对您在了解以下几个购车因素时的重要程度是:

　　比较品牌:□非常重要　□重要　□不确定　□不重要　□非常不重要

　　比较车型:□非常重要　□重要　□不确定　□不重要　□非常不重要

　　比较配置:□非常重要　□重要　□不确定　□不重要　□非常不重要

　　比较价格:□非常重要　□重要　□不确定　□不重要　□非常不重要

7. 您认为互联网对您在了解以下几个购车因素时的重要程度:

　　比较品牌:□非常重要　□重要　□不确定　□不重要　□非常不重要

　　比较车型:□非常重要　□重要　□不确定　□不重要　□非常不重要

　　比较配置:□非常重要　□重要　□不确定　□不重要　□非常不重要

　　比较价格:□非常重要　□重要　□不确定　□不重要　□非常不重要

8. 你认为传统媒体对您在了解以下几个购车因素时的重要程度:

　　比较品牌:□非常重要　□重要　□不确定　□不重要　□非常不重要

　　比较车型:□非常重要　□重要　□不确定　□不重要　□非常不重要

　　比较配置:□非常重要　□重要　□不确定　□不重要　□非常不重要

　　比较价格:□非常重要　□重要　□不确定　□不重要　□非常不重要

9. 您认为厂家宣传册对您在了解以下几个购车因素时的重要程度:

　　比较品牌:□非常重要　□重要　□不确定　□不重要　□非常不重要

　　比较车型:□非常重要　□重要　□不确定　□不重要　□非常不重要

　　比较配置:□非常重要　□重要　□不确定　□不重要　□非常不重要

　　比较价格:□非常重要　□重要　□不确定　□不重要　□非常不重要

10. 您认为口碑宣传(亲朋介绍)对您在了解以下几个购车因素时的重要程度:

　　比较品牌:□非常重要　□重要　□不确定　□不重要　□非常不重要

　　比较车型:□非常重要　□重要　□不确定　□不重要　□非常不重要

　　比较配置:□非常重要　□重要　□不确定　□不重要　□非常不重要

　　比较价格:□非常重要　□重要　□不确定　□不重要　□非常不重要

11. 您认为汽车能否定制/改装(如天窗、音响、空调等)对您选购汽车时影响重要吗?
    □非常重要　□重要　□不确定　□不重要　□非常不重要

12. 您认为国内将来在线购买汽车会有可能实现吗?
    □可能性极大　□有可能　□不确定　□不可能　□肯定不可能

13. 如果您现在要购买一辆新车,您会通过互联网络在网站中购买吗?
    □会　□不会　□如果网站在价格上有优势的话,可以考虑

14. 如果您将来(2~3年内)要购买一辆新车,您认为在以下几种可能购买的方式下可能性有多大?
    通过网络购买:□可能性极大　□有可能　□不确定　□不可能　□肯定不可能
    通过4S店购买:□可能性极大　□有可能　□不确定　□不可能　□肯定不可能
    通过厂家网站直接购买:□可能性极大　□有可能　□不确定　□不可能　□肯定不可能

15. 您认为互联网络购买汽车会影响传统4S店的销售吗?
    □肯定会　□会　□不确定　□不会　□肯定不会

16. 您经常游览汽车网站的哪些内容?
    □汽车新闻　□最新的车价信息　□最新市场促销信息
    □车型信息　□车友论坛
    □厂家或经销商信息

17. 您认为目前的汽车网站能提供你哪方面的需求?
    □车价参考　　□了解行业动向　□了解自己所关注车型的评论
    □实际感受汽车　□参加汽车团购

18. 您认为目前4S店销售的优势是什么?
    □可靠　□服务好　□唯一的销售渠道

19. 您认为网站的优势是什么?
    □信息更新速度快　□受众广,能形成群体的优势
    □能解决购车、用车的实际问题

20. 您认为汽车网站还有哪些不足?(可多选)
    □新闻信息不及时　□栏目分类太少　□栏目名称不够明确　□版面结构混乱
    □文章数量太少　　□互动内容少　　□实用信息少　　　　□图片质量差
    □内容不够专业　　□更新速度慢　　□重复使用内容多　　□搜索功能弱
    □其他

二、个人资料

1. 您家庭年收入大约为多少?
   □3万元以下　□3万~5万元　□5万~10万元　□10万~20万元　□20万元以上

2. 您的年龄有多大?
   □20岁以下　□20~25岁　□25~35岁　□35~50岁　□50岁以上

3. 您的教育程度是怎么样的?
   □大专以下　□大专　□本科　□研究生及以上

4. 您的性别?

　　□男　□女

5. 您一周大约会有多少时间在网上?

　　□5 小时以下　□10 小时左右　□20 小时左右　□40 小时及以上

三、车天下社区的注册 ID

请输入你在车天下汽车网社区的注册 ID(此注册 ID 将在赠送礼物时使用)

用户名:

　　案例分析:通过以上两个案例的对比,应该弄清楚:①什么是一份有效的调查问卷?②现实问卷调查和当前比较流行的网络问卷调查有什么区别?③在问卷问题的设置上,要注意哪些问题?④对于问卷的结果,怎样进行处理和分析?

　　以上问题,由于篇幅原因,在此就不一一展开,请大家结合其他课程的知识,逐一进行了解。

 本章小结

　　了解和清楚汽车市场营销环境是汽车市场营销工作成败的关键。本章讲解了汽车市场营销环境的内涵和怎样通过调研、预测来掌控营销环境两大部分。首先讲述了汽车市场营销的微观环境和宏观环境,详细介绍了微观环境的六个要素:企业内部环境、生产供应商、营销中介机构、顾客、竞争对手和公众;介绍了宏观环境的六个方面:人口环境、经济环境、政策与法律环境、自然环境、科学技术环境和社会文化环境。第二部分重点讲述了汽车市场调研的方法,在汽车市场预测这部分,介绍了定量预测方法,如移动平均法、指数平滑法、回归预测法等。最后通过问卷调查和网络调查两个实际调查问卷案例让读者进一步掌握如何开展汽车市场调研。

习　题

一、简答题

1. 汽车市场营销的微观环境有哪些要素?

2. 汽车市场营销的宏观环境有哪些要素?

3. 影响我国现阶段的汽车法规有哪些?

4. 移动平均法和指数平滑法有什么区别和联系?

5. 论述汽车市场调研的步骤。

6. 在汽车市场预测中要注意什么问题?

二、能力训练

　　2000 年国内轿车市场需求呈多样化发展格局,20 万～50 万元中高档轿车市场竞争日益激烈。国产轿车在 30 万元以上的奥迪 A6 和上海别克两款,1999 年产销量均在 3 万辆左右。2000 年这两家的计划产量为 85 万辆。尤其是随着广州本田新款雅阁 3.0L 排量的投放,给本就竞争白热化的市场又浇了一桶热油。

　　在 20 万～30 万元轿车市场中,2000 年各品牌的计划产销量为:帕萨特 B5 为 6 万辆;广州本田为 5 万辆;红旗轿车为 2 万辆;风神蓝鸟 2 万辆。据专家当时预测,该档次轿车的市场需求量为 8 万辆左右,而各生产厂家的计划总和却达到 15 万辆。由此分析,中高档轿车是各大汽车厂商奋争抢夺的重点。

从竞争态势分析,上海别克的竞争压力颇大,其强劲的竞争对手应是广州本田雅阁,而上海大众帕萨特则是后来居上,已经成为上海别克的梦中杀手。从国内中高档轿车几大品牌的历年销量及市场占有率分析,广州本田已远远超越上海别克,上海大众帕萨特则直逼上海别克。

在这样的背景下,上海大众进行了一次市场调研。调研内容涉及:中高档轿车用户消费趋向及消费行为分析;中高档轿车用户结构及购买能力分析;上海别克与国内中高档轿车广告投入费用分析;上海别克竞争优劣势分析等方面。

请根据表 2-6 所列的"中高档轿车用户消费趋向及消费行为"的一些调查数据:

1. 用适当的图形(如柱图、饼图、线条图、散点图等),直观地表示这些调查数据。

2. 利用这些调查数据,编写"中高档轿车用户消费趋向分析"。

3. 如果希望使"中高档轿车用户消费趋向"更加系统、完整和有说服力,你认为还应该调查哪些方面的数据,试进行简要说明或策划。

表 2-6　中高档轿车用户消费趋向及消费行为调查

	帕萨特	雅阁	红旗	别克	奥迪	风神	其他
用户最喜欢的品牌(%)	26.6	16	0.5	11.3	23.6	1.6	20.4
用户最有可能购买的品牌(%)	22	19	3	19	34	3	0
用户换车最有可能选购的品牌(%)	18	14	1	14	12	5	36

模块3　汽车消费者购车行为分析

【知识目标】

① 掌握购车行为的影响因素；

② 了解消费者的购车动机种类；

③ 了解消费者购车行为模式和类型；

④ 掌握个人与集体组织汽车消费市场的特征；

⑤ 掌握个人与集体组织购车购买决策过程。

【能力目标】

① 能够分析汽车用户的购车行为；

② 能够根据消费者的市场表现进行营销分析，便于做出下一步的营销策略；

③ 能够制订相应的分析报告。

汽车消费者是指购买、使用汽车消费品或服务的个人或集体组织。消费者行为是指消费者为获取、使用、处置消费品或服务所采取的各种行为，包括先于购买或决定购买这些行为的决策过程。消费者行为是与产品或服务的交换密切联系在一起的。在当前市场经济环境下，汽车企业研究消费者行为是着眼于与消费者建立和发展长期的交换关系，所以不仅要了解消费者如何获取产品与服务，也需要了解消费者是如何消费产品，以及顾客在购买使用产品后的感受。随着对消费者行为研究的深入，学者也越来越意识到消费者行为是一个整体过程，购买仅仅是这一过程的一个阶段。因此，研究消费者行为既要调查、了解消费者在获取产品、服务之前的购买动机和购买决策过程，也要重视消费者使用后的感受和评价。

在汽车市场中，根据汽车的使用目的是乘坐用途还是营运用途，把汽车分为乘用车和商用车，家用轿车等就是乘用车，而卡车等就是商用车。由于乘用车和商用车的使用目的不同，也直接导致用户在购车过程中考虑的问题不一样，从而使其购车行为不同，本章主要针对乘用车中的轿车这一类车型进行分析。

3.1　消费者购车行为影响因素

3.1.1　文化因素

1. 文化与消费者购买行为

(1) 文　化

文化一般是指人类在社会发展过程中所创造的物质财富和精神财富的总和，表明人类所创造的社会历史的发展水平、程度和质量的状态。这里的文化，主要是指观念形态的文化（精神文化），包括思想、道德、科学、哲学、艺术、宗教、价值观、审美观、信仰、风俗习惯等方面的内容。文化是一种社会现象,是在一定的物质基础上形成的,是一定的政治和经济的反映。由于不同社会或国家的文化通常是围绕着不同的因素在不同的物质基础上建立起来并与之相适应的,因而不同社会或国家的文化往往存在着较大的差异。社会文化通过各种方式和途径向社会成员传输着社会规范和价值准则,影响着社会成员的行为模式。大部分人尊重他们的文化,接受他们文化中共同的价值准则,遵循其中的道德规范和风俗习惯。所以,文化对消费者的需求和购买行为具有强烈而广泛的影响。这种影响表现为,处于同一社会文化环境中的人们在消费需求和购买行为等方面具有许多相似之处,处在不同社会文化环境中的人们则在消费需求与购买行为等方面具有很大的差异。

(2) 亚文化

亚文化是一个不同于文化类型的概念。所谓亚文化,是指某一文化群体所属次级群体的成员共有的独特信念、价值观和生活习惯。每一个亚文化都会坚持其所在的更大社会群体中大多数主要的文化信念、价值观和行为模式。同时,每一个亚文化都包含着能为其成员提供更为具体的认同感和社会化的较小的亚文化。亚文化一般可分为以下四种:

① 种族亚文化。如白种人、黄种人、黑种人等,各有不同的文化传统。

② 民族亚文化。各个民族的人们都有各自不同的民族习惯和生活方式,如我国除汉族外还有众多的少数民族,他们都有各自的特点。

③ 宗教亚文化。如天主教徒、基督教徒、伊斯兰教徒和佛教徒等,各自都有其宗教的尊崇和禁忌,形成一定的宗教文化。

④ 地理亚文化。我国幅员辽阔,人口众多,各地区都有不同的习俗和爱好,比如饮食习惯、语言等。

(3) 消费者的文化价值观

价值观是关于理想的最终状态和行为方式的持久信念,它代表着一个社会或群体对理想的最终状态和行为方式的某种共同看法。因此,文化价值观为社会成员提供了关于什么是重要的、什么是正确的以及大家应该追求一个什么样的最终状态的共同信念。它是人们用于指导其行为、态度和判断的标准,而人们对特定事物的态度一般也是反映和支持其自身价值观的。

(4) 影响非语言沟通的文化因素

不同国家、地区或不同群体之间所存在的语言上的差异是比较容易察觉的,容易被人们所忽视的往往是那些影响非语言沟通的文化因素,包括时间观念、空间概念、礼仪、象征、契约和友谊等。如果忽视这些非语言沟通的文化因素,就容易在营销中遭遇失败。

2. 社会阶层与消费者购买行为

消费者均处于一定的社会阶层。同一阶层的消费者在社会经济地位、日常表现行为、态度和价值观念等方面具有同质性,不同阶层的消费者在这些方面存在较大的差异。因此,弄清社会阶层对于了解消费者行为具有特别重要的意义。

(1) 社会阶层的含义

社会阶层是由具有相同或类似社会地位的社会成员组成的相对持久的群体。每一个群体都会在社会中占据一定的位置,这种社会地位的差别,使社会成员分成高低有序的层次或阶层。

社会阶层是一种普遍存在的社会现象,其产生的最直接原因是个体获取社会资源的能力和机会的差别。所谓社会资源,是人们所能占有的经济利益、政治权力、职业声望、生活质量、知识技能以及各种能够发挥能力的机会和可能性,也就是能够帮助人们满足社会需求、获取社会利益的各种社会条件。产生不同社会阶层的根本原因是社会分工和财产的个人所有。由于社会分工,形成了不同的行业和职业,并且在同一行业和职业内形成了领导和被领导、管理和被管理等错综复杂的关系。当这类关系与个人的所得、声望和权力联系起来时,就会在社会水平分化的基础上形成垂直分化,从而造成社会分层。

(2) 社会阶层的特征

社会阶层能够反映一个人特定的社会地位。一个人的社会阶层是和他特定的社会地位相联系的。处于较高社会阶层的人,必定是拥有较多的社会资源、在社会生活中具有较高地位的人;反之,处于较低社会阶层的人拥有的社会资源则较少,在社会生活中的地位也相对较低。

① 社会阶层具有多维性。社会阶层并不是单纯由某一个变量如收入或职业所决定,而是由多个因素共同决定。吉尔伯特和卡尔将决定社会阶层的因素分为 3 类:经济变量、社会互动变量和政治变量。经济变量包括职业、收入和财富;社会互动变量包括个人声望、社会联系和社会化;政治变量则包括权力、阶层意识和流动性。

② 社会阶层具有层级性。从最低的地位到最高的地位,使社会形成一个地位连续体。不管愿意与否,社会中的每一员都处于这一连续体的某一位置上。那些处于较高位置上的人被归入较高层级,反之则被归入较低层级。

③ 社会阶层对行为的限定性。大多数人在和自己处于类似水平和层次的人交往时会感到很自在,而在与自己处于不同层次的人交往时会感到拘谨甚至不安。因此,社会交往较多地发生在同一社会阶层之内。一方面,同一阶层内社会成员有更多的互动,会强化共有的规范与价值观,从而使阶层内成员间的相互影响增强;另一方面,不同阶层之间较少互动,会限制产品、广告和其他营销信息在不同阶层人们间的流动,使得彼此的行为呈现更多的差异性。

④ 社会阶层的同质性。社会阶层的同质性是指同一阶层的社会成员在价值观和行为模式上具有共同点和类似性。这种同质性在很大程度上由他们共同的社会经济地位所决定,同时也和他们彼此之间更频繁的互动有关。对营销者来说,同质性意味着处于同一社会阶层的消费者会订阅相同或类似的报纸、观看类似的电视节目、购买类似的产品、到类似的商店购物,这为企业根据社会阶层进行市场细分提供了依据和基础。

⑤ 社会阶层的动态性。社会阶层的动态性是指随着时间的推移,同一成员所处的社会阶层会发生变化。

(3) 社会阶层与市场营销战略

对于某些产品,社会阶层提供了一种合适的细分依据或细分基础。依据社会阶层制定市场营销战略的具体步骤:第一步是决定企业的产品及消费过程在哪些方面受社会地位的影响,然后将相关的变量因素与产品消费结合起来;第二步是确定以哪一个社会阶层的消费者为目标市场,这一步既要考虑不同社会阶层作为目标市场的吸引力,也要考虑企业自身的优势和特点;第三步是根据目标消费者的需要与特点,为产品进行细分市场定位;最后是结合市场定位目标,制定营销组合策略,达到定位目的。

3.1.2   社会因素

1. 相关群体与消费者购买行为

群体指的是具有共同目标或兴趣的两个或两个以上的人联结而成的人群。个人的相关群体,指的是对一个人的态度和行为等具有直接或间接影响的一群人。群体人员之间一般经常接触和互动,从而能够相互影响。

相关群体是指能直接或间接影响一个人的态度、行为或价值观的团体。相关群体可分为直接相关群体和间接相关群体两种基本类型。

直接相关群体也称为成员群体,即一个人从属的并受其直接影响的群体。成员群体又分为首要群体和次要群体两种。首要群体是一个人经常受其影响的群体,如家庭、朋友、同学、邻居和同事等。首要群体往往是非正式组织。次要群体是一个人不经常受其影响的群体,如工会、职业协会、学生会等。次要群体多为正式组织。

间接相关群体也称为非成员群体,即一个人不是其中的成员,仅受其间接影响的群体。非成员群体又分为向往群体和厌恶群体两种。向往群体指的是一个人推崇效仿的、期望成为其中一员或与之交往并受其影响的群体。例如,电影明星、体育明星、歌星等常有一些崇拜者、追随者仿效他们的穿着打扮,这些明星就是其崇拜者、追随者的向往群体。厌恶群体指的是一个人讨厌或反对的一群人。一个人总是不愿与其厌恶群体发生任何联系,在各方面都希望与之保持一定的距离,甚至经常反其道而行之。

除了厌恶群体外,消费者通常都与其相关群体具有某些相似的态度和购买行为。群体结合得越紧密、交往过程越有效、个人对群体越尊重,它对个人的购买行为影响就越大。相关群体对消费者购买行为的影响取决于多方面的因素,可以概括为以下几个方面:

① 产品使用时的可见性。一般而言,产品或品牌的使用可见性越高,群体影响力越大,反之则越小。

② 产品的必需程度。对于生活必需品,相关群体的影响相对较小;对于非必需品,购买时受相关群体的影响较大。

③ 产品与群体的相关性。某种活动与群体功能的实现关系越密切,个体在该活动中遵守群体规范的压力就越大。

④ 产品的生命周期。当产品处于导入期时,消费者的产品购买决策受群体影响很大,但品牌决策受群体影响较小。在产品成长期,相关群体对产品及品牌选择的影响都很大。在产品成熟期,群体影响在品牌选择上大,在产品选择上小。在产品的衰退期,群体影响在产品和品牌选择上都比较小。

⑤ 个体对群体的忠诚程度。个人对群体越忠诚,就越可能遵守群体规范。

⑥ 个体在购买中的自信程度。自信心越强,群体的影响力越小。

2. 家庭与消费者购买行为

家庭是社会的基本单位,在正常情况下,人的一生大都是在家庭中度过的。家庭对个体的性格和价值观的形成,对个体的消费与决策模式均会产生非常重要的影响。

一个人一生会经历两个家庭,一个是其父母的家庭,一个是自己组成的家庭。一般来说,受父母家庭的影响比较间接,受自己家庭组员的影响比较直接。

家庭购买决策一般可以分为 4 种方式:①丈夫主导型,在决定买什么产品的问题上,丈夫起主导作用;②妻子主导型,在决定买什么产品的问题上,妻子起主导作用;③民主型,家庭组员共同协商做出购买决策;④自主型,家庭组员独立做出决定。

影响家庭决策方式的因素主要有 3 种:家庭组员对家庭的财务贡献;决策对特定家庭组员的重要性;夫妻性别角色取向。一般来说,对家庭的财务贡献越大,家庭成员在家庭购买决策中的发言权也越大。同样,某一决策对特定家庭组员越重要,该组员对决策的影响就越大。性别角色取向,是指家庭组员多大程度上会按照传统的关于男、女性别角色行动。除了上述因素,通常认为影响家庭购买决策的因素还包括文化和亚文化、角色专门化分工、个人特征等。

3. 角色与购买行为

每一个人都在社会群体中占据一定的位置,围绕这一位置,社会对个体有一定的要求或期待。当个体依照社会的期待去履行义务、行使权力时,他就在扮演一定的角色。

角色指个体在特定社会或群体中占有的位置和被社会或群体所规定的行为模式。虽然角色直接与社会地位相联系,而且必须由处于一定社会地位的人来承担,但它建立在位置或地位的基础上。对于特定的角色,不论是由谁来承担,人们对其行为都有相同或类似的期待。

特定的角色总是会与特定的产品相关联,这就是所谓的角色关联产品集,即承担某一角色所需要的一系列产品。这些产品或者有助于角色扮演,或者具有重要的象征意义。

角色关联产品集规定了哪些产品适合某一角色,哪些产品不适合某一角色。营销者的主要任务就是确保其产品能满足目标角色的实用或象征性需要,从而使人们认为其产品适用于该角色。人们对某种角色行为的期待会随着时代和社会的发展而发生变化,这就是所谓的角色演化。例如,随着越来越多的女性参加工作和女性在家庭中地位的上升,传统的男、女角色行为已经或正在发生改变。角色的演化既给营销者带来机会,同时也提出了挑战。

3.1.3 个人因素

消费者购买决策也受其个人特征的影响,特别是受其年龄、所处的家庭生命周期阶段、职业、经济状况、个性以及生活方式的影响。

当消费者处在不同家庭生命周期阶段时,会表现出不同的特点。家庭生命周期分为 8 个阶段,每个阶段的行为和特点也不相同,如表 3-1 所列。

表 3-1 家庭生命周期 8 个阶段及其购买特点

家庭生命周期周期阶段		行为和购买模式
第一阶段	单身阶段(bachelor stage)	无财务负担,追逐潮流,崇尚娱乐和休闲,不少年轻人在此阶段开始购车
第二阶段	新婚(newly married couples)	财务状况较好,购买力强,耐用品购买力高
第三阶段 满巢一期(full nest Ⅰ) 最小的孩子小于六岁		孩子的需求成为家庭消费的中心,家庭需要购买婴儿食品、服装、玩具等很多与小孩相关的产品,对新产品有浓厚兴趣,对财务状况不满意

家庭生命周期周期阶段	行为和购买模式
第四阶段　　满巢二期(full nest Ⅱ) 最小的孩子已超过六岁	用于孩子教育的支出会大幅度上升,财务状况较好,喜欢购买数量多的大包装商品,开始购买汽车等高档产品
第五阶段　　满巢三期(full nest Ⅲ) 中年夫妇,孩子未独立	家庭财务状况明显改善,会更新一些大件商品,购买一些更新潮的家具,还会花更多钱用在外用餐、旅游等方面。对耐用品平均购买力最高,购车的可能性较大
第六阶段　　空巢一期(empty nest Ⅰ) 子女不同住,家长仍在工作	有自己的住房,对财务状况满足,喜欢旅游,对新产品兴趣不大,一些人为出游方便购车
第七阶段　　空巢二期(empty nest Ⅱ) 子女不同住,家长年老退休	收入减少,购买医疗用品及保健用品
第八阶段　　孤独期(solitude) 夫妻一方过世,家庭进入解体阶段	生活节俭,与其他退休者类似

一个人的职业、经济状况也能影响消费模式和对汽车的需求。营销人员应设法找出那些对其所销售汽车有强烈需求兴趣的职业群体。一个人的经济状况对汽车的需求和选择影响极大。经济状况包括收入、借债能力以及对消费和储蓄的态度等。

个性是个体在多种情境下表现出来的具有一致性的反应倾向,它对消费者是否更容易受他人的影响、是否更倾向于采用创新性产品、是否对这些类型的信息更具有感受性等均有一定的预示作用。消费者具有各种各样的个性,个性的差异将导致购买行为的不同。消费者的个性还导致消费者在购买过程中的不同表现,许多消费者倾向于购买与其具有相似而独特的"个性"产品或购买那些可以强化并提高自我形象的产品。

生活方式实际上是自我观念的外在表现和反映,是指一个人在生活方面所表现出的兴趣、观念及参加的活动。个体和家庭均有生活方式,生活方式与个性既有联系又有区别。一方面,生活方式很大程度上受个性的影响,一个具有保守、拘谨性格的消费者,其生活方式不可能太多包容如越野、登山之类的活动。另一方面,生活方式侧重于人们如何生活、如何消费、如何消磨时间等外显行为,而个性则侧重于从内部来描述个体,更多反映个体思想、情感。两者是从两个不同层面来刻画个体。

3.1.4　心理因素

消费者购买行为还要受到个人需要与动机、知觉、学习与记忆等主要心理因素的影响。

1. 个人需要与动机

人类的行为动机总是为满足个体的某种需要而产生的。需要是有机体对延续和发展其生命所必需的客观条件和反应。动机是推动人们为满足某种需要而从事某种活动的意念、愿望和理想等,动机是由需要产生的,消费者是在消费需要的基础上产生购买动机,在购买动机的支配下采取购买行为的。一个人可能同时存在多种需要,但不是每一种需要都会产生动机,也不是每一种动机都会引起行为。动机之间不但有强弱之分,而且有矛盾和冲突,只有最强烈的动机才会导致行为。美国人本主义心理学家亚伯拉罕·马斯洛的需求层次论将人类需要按由低到高的顺序分为 5 种基本类型,如图 3-1 所示。

① 生理需要。维持个体生存和人类繁衍而产生的需要,如对食物、氧气、水、睡眠等的需要。

② 安全需要。在生理及心理方面免受伤害,获得保护、照顾和安全感的需要,如需求人身健康、安全有序的环境、稳定的职业和有保障的生活等。

③ 归属和爱的需要。希望给予或接受他人的友谊、关怀和爱护,得到某些群体的承认、接纳和重视。如乐于结识朋友、交流感情,表达和接受爱情,融入某些社会团体并参加他们的活动等。

④ 自尊的需要。希望获得荣誉,得到尊重和尊敬,博得好评,得到一定的社会地位的需要。自尊的需要是与个人的荣辱感紧密联系在一起的,它涉及独立、自信、自由、地位、名誉、被人尊重等多方面内容。

图 3-1　马斯洛的需求层次理论

⑤ 自我实现的需要。希望充分发挥自己的潜能,实现自己的理想和抱负需要。自我实现是人类最高级的需要,它涉及求知、审美、创造、成就等内容。

马斯洛的需求理论很适合我国当前的私家车消费市场,有汽车购买动机的人,肯定是满足生理需要后才可能去购车。而购车的群体中,又根据其所需要满足的不同目的,选择不同的品牌和不同价位的车型。这一理论可以更好地帮助营销人员识别现实和潜在的消费者。

2. 知　觉

消费者的需要引起购买动机,动机导致行为,而消费者行为又要受到认识过程的影响。所谓认识过程,是指消费者对商品、服务等刺激物的反映过程。这一过程是由感性认识和理性认识两个阶段组成的。个体通过眼、鼻、耳、舌等感觉器官对事物的外形、色彩、气味、粗糙程度等个别属性做出反映,这就是感觉。人在感觉的基础上形成知觉。所谓知觉,是人脑对刺激物各种属性和各个部分的整体反映,它是对感觉信息加工和解释的过程,属于感性过程。

由于不同消费者对同一商品的印象可能有比较大的差异,因此所形成的知觉也有很大差异。心理学认为,知觉过程是一个有选择性的心理过程,可分为三种知觉过程:选择性注意、选择性曲解和选择性记忆。

① 选择性注意。人们在日产生活中会接触很多刺激物,大部分会被过滤掉,只有少部分会引起人们的注意。一般有三种情况较能引起人们的注意:一是与目前需要有关的,如正要购买轿车的人对轿车的广告特别注意;二是预期将出现的,如早已等待观看的节目;三是变化幅度大于一般的、较为特殊的刺激物,如某款轿车降价 18% 的广告会比降价 5% 的广告引起更多的注意。

② 选择性曲解。人们面对客观事物,不一定都能正确认识,如实反映事物的真实意思,往往是按照自己的偏见或先入之见来曲解客观事物,即人们有一种将外界输入信息与头脑中原有信念系统的信息相结合的倾向。这种按个人信念曲解信息的倾向,称为选择性曲解。如消费者一旦倾向于某一汽车品牌时,即使了解到该品牌车的某些缺点,也依然很难改变对该品牌

的好感。

③ 选择性记忆。人们对所了解到的东西不可能统统记住,而主要是记住那些符合自己信念的东西。因此,汽车营销人员必须设法吸引消费者的注意,把信息有目的地传达给消费者。如现在许多汽车厂商在推出新产品时,为了引起消费者的注意,会花大量的精力举办一些大型的销售促销活动或广告宣传,一些成功的活动会使消费者留下一个美好的记忆。

3. 学习与记忆

所谓学习,是指人们在生活过程中因经验而产生的行为或行为潜能的比较持久的变化。人类的行为有些是本能的、与生俱来的,但大多数行为(包括消费行为)是从“后天的经验”中得来的,也就是通过学习实践得来的。通过学习,消费者获得了丰富的知识和经验,提高了对环境的适应能力。同时,在学习过程中,其行为也在不断调整和改变。

根据学习的效果,可将学习分为加强型学习、削弱型学习和重复型学习。消费者使用某种品牌的汽车,如果觉得满意,可能会对该品牌汽车的有关知识和信息表现出更加深厚的兴趣,对其的印象和好感也会加强,这一类型的学习就是加强型学习。削弱型学习则是通过新的观察和体验,使原有的某些知识和体验在强度上减弱直至被遗忘。消费者使用某品牌汽车后如果觉得不好,或通过他人了解该品牌汽车质量不佳,就会产生负面强化效果,减弱其购买兴趣,这一类型的学习就是削弱型学习。重复型学习则是通过学习,只是在原有水平上重复而已。

消费者的学习与记忆是紧密联系在一起的,没有记忆,学习是无法进行的。记忆是过去经验在头脑中的反映。记忆是一个复杂的过程,包括识记、保持或回忆三个基本环节。记忆过程中的三个环节是相互联系和相互制约的,没有识记就谈不上对经验的保持,没有识记和保持,就不可能有对经历过事物的再认识或回忆。

4. 消费者态度和信念

消费者态度是人们长期保持的关于某种事物或观念的是非观、好恶观。人们对任何事物都会形成一定的态度,这种态度不是天生的,是后天学习得来的。态度一旦形成,具有相对持久和稳定的特点,并逐步成为个性的一部分,使个体在反应模式上表现出一定的规则和习惯性。因为态度所表现的持久性、稳定性和一致性,使态度改变具有较大的难度。消费者一旦形成对某种品牌汽车的态度,往往不易改变,汽车企业应设法适应消费者持有的态度,而不要勉强去改变消费者的态度。一般而言,消费者态度对购买行为的影响,主要通过以下三个方面体现出来:首先,消费者态度将影响其对产品、商标的判断和评价;其次,态度影响消费者的学习兴趣与学习效果;最后,态度通过影响消费者购买意向,进而影响其购买行为。

消费者信念是指消费者对事物所持的认识。不同消费者对同一事物可能拥有不同的信念,而这种信念又影响消费者的态度。一些消费者可能认为进口汽车的质量比国产汽车的质量要好一些;但是另一些消费者反而认为国产的汽车不一定比进口汽车质量差,部分甚至远远好于进口车。显然,不同的信念就导致对不同产地汽车质量的不同态度。

在商用车的购车行为中,购车人首要考虑的就是所购车型的收益、维修成本、使用成本,进而通过初始投资额的多少、投资回报周期的长短和总收益的大小来衡量自己的选择,从而选择自己中意的车型。相对而言,它的影响因素比轿车购买的影响因素更利益化。

3.2　消费者购车动机

如前文所说,由于消费的需求与外界刺激因素的多样性,消费者的购买动机是极其复杂的。这些多样的购买动机可概括为生理性购买动机和心理性购买动机两大类。

3.2.1　生理性购买动机

生理性购买动机是指人们由于生理上的本能需要所引起的购买动机。具体表现在以下几个方面:

① 维持生命的动机。如消费者天冷欲求暖衣,口渴欲求凉饮,饥饿欲求饱食等。由于这些意念与欲望而产生的购买衣服、饮料、食物等的购买动机,就属于这一类。

② 保护生命的动机。如消费者为保护生命安全而产生的购买药品防病治病等的购买动机。在2003年"非典"期间,很多"上班公交一族"觉得乘坐公交车易感染上SARS而纷纷购买代步车,因而引起成都市场上奥拓车一度热销,就属于这一类。

③ 延续生命的动机。消费者为组织家庭、抚育子女及增强体质等意念和欲望而产生的购买动机,就属于这一类。

④ 发展生命的动机。消费者为提高自己的劳动技能和科学知识而产生的购买满足发展需要的商品的购买动机,就属于这一类。

一般来说,在生理动机驱使下的购买行为,具有经常性、重复性和习惯性的特点。为满足生理需要的商品,其伸缩性较小,多数是日常生活不可缺少的必需品。消费者对这些商品比较注重实用价值和对商品知识的了解。因此,企业要针对消费者的生理购买动机特点,合理组织生活必需品的生产、销售,更多注重商品的内在质量,力求物美价廉、使用安全。

3.2.2　心理性购买动机

心理性购买动机是指由于人们的认识、情感和意志等心理活动而引起的购买动机。它是消费者为了满足社交、友谊、娱乐、享受和事业发展的需要而产生的。例如,为了迎合时尚而购买流行服饰;为了事业更上一层楼而选择购买辅导图书学习;为了结识朋友而购买礼品等。

由于消费者心理的复杂性,心理性购买动机比生理性购买动机更为复杂。一般可分为感情动机(包括情绪动机和情感动机)、理智动机和信任动机。这是一些共性的基本的心理活动所引起的一般动机。然而,实际生活中,由于消费者各自的需要、兴趣、爱好、性格和价值观不同,在具体购买商品时心理活动要错综复杂得多。一般比较常见的具体购买动机中的心理活动,可大体归为以下几类:

① 求实心理动机。这是消费者比较普遍的一种心理动机,它以注重商品的实际使用价值为主要特征。具有这种购买动机的消费者在购买商品时,特别重视商品的实际效用、内在质量、经久耐用、使用方便等特点,而不大追求商品的外观。这类消费者以经济收入较低者和中老年人居多,是中低档商品和大众化商品的常客。他们购买商品比较慎重,认真挑选,不易受社会潮流和各种广告的影响。汽车营销人员应有针对性地为顾客推荐车型,尊重和满足他们

的这种购买愿望。

　　② 求廉心理动机。这是一种以追求廉价商品为主要特征的购买动机。这类消费者特别重视商品价格,对包装、款式、造型等不大注意,他们特别热衷特价、折扣价商品,因此是残次商品、积压处理商品的主要顾客,一般以低收入或节俭的人居多。接待这类顾客,应该实事求是地介绍商品,着重宣传同类商品的比价,以激发他们的购买欲望,促其成交。

　　③ 求名心理动机。这是一种以追求名牌优质商品为主要特征的购买动机。这类消费者特别注重商品的牌号、商标、产地和产品在社会上的声誉。他们一般信赖名牌商品的质量,也有为了显示自己购买能力比别人强,或显示自己的身份、地位,满足自己优越感的心理需要而追求名牌商品的。接待这类顾客要热情诚恳,着重介绍商品的优点和名贵之处。在名牌商品供不应求时,应耐心介绍同类优质产品,以较好地满足他们的需要。

　　④ 求新心理动机。这是一种以追求商品的时尚和新颖为主要特征的购买动机。这类消费者特别追求商品的款式、颜色、造型是否新颖别致,是否符合社会的新潮流,而对商品的实用程度和价格高低则不太计较。这类消费者以经济条件较好的青年居多,他们富于想象、追逐潮流,甚至喜欢标新立异,购买商品时往往感情用事,凭一时冲动对新上市的产品"一见钟情"。这些人易受广告和其他外界宣传的影响,是新产品、流行产品的主要消费者。接待这类顾客,要详细介绍商品的性能和优缺点,帮助他们冷静选择,尽量减少售后退货。

　　⑤ 求美心理动机。这是一种以注重商品的欣赏价值或艺术价值为特征的购买动机。这类消费者购买商品时,特别重视商品本身的造型、色彩、图案、款式和艺术性,以及消费时所能体现出来的风格和个性,而对商品本身的实用价值则挑剔不大,对价格不敏感。他们购买商品的目的不仅仅是满足使用上的需要,而且是为了对人体和环境进行美化和装饰,以陶冶自己的精神生活。这一类型的消费者多属于文艺界、知识界人士和中青年妇女。他们往往是工艺品、化妆品、装饰品的主要消费对象。接待这类顾客要耐心细致,多向他们介绍商品的特点和艺术价值。

　　此外,还有求安全心理、好奇心理、好胜心理、从众心理、习俗心理、同步心理、优先心理、时差心理、仿效心理、观望心理等心理动机。由于消费者的心理动机复杂多样,在购买某一商品时往往同时存在着好几种心理状态,因此在接待顾客时要善于观察和分析,找出起主导作用的心理动机,有针对性地介绍产品和服务,才能有效促成交易。

3.3　消费者购车行为模式

　　消费者购买行为,是指消费者为满足自己的需要,在一定的购买动机支配下,进行实际购买活动的行动过程。科特勒提出:消费者行为研究是指研究个人、集团和组织究竟怎样选择、购买、使用和处置商品、服务、创意或经验,以满足他们的需要和欲望。消费者购买行为,包括消费者的购买程序,消费者何时、何地、由谁、如何购买,以及消费者购买行为的类型。

3.3.1　消费者购买程序

　　消费者的购买活动,都是经过一定的程序来完成的。一般来说,消费者的购买程序可分为引起需要、收集资料、比较评价、购买决策、购后行动五个阶段。消费者在购买汽车时,典型的购买决策过程也包括这五个阶段。

1. 引起需要

消费者的购买过程是从引起需要开始的。需要的产生有时很简单,有时却较为复杂。一般地说,人的需要是由两种刺激引起的:一是来自身心的内在刺激,这是引起需要的驱使力;二是来自外部环境的刺激,这是引起需要的触发诱因。在这两种刺激的影响下,当消费者意识到一种需要并准备通过购买某种商品去满足它时就形成了购买动机。因此,营销人员要注意通过对上述两个方面的分析,了解那些在消费者中已经存在或可能产生的与本企业产品实际或潜在的有关联的驱使力及其强度,分析与这些驱使力有关的各种触发诱因的状况,进而适当地安排市场营销对策,以便引起对本企业产品的现实需要,诱发购买动机。

市场营销人员应注意识别引起消费者需要和兴趣的环境,并注意了解哪些因素与本公司销售的汽车有关联。消费者对某种汽车的需求强度会随着实践的推移而变动,并且被一些诱因所触发。销售公司要善于安排诱因,促使消费者对本公司经营的汽车产生强烈的需求,并立即采取购买行动。

2. 收集信息

消费者形成了购买某种商品的动机后,就要从事与购买有关的活动。在多数情况下,尤其是不熟悉这种商品的种类、特性、品牌、价格、出售地点等情况时,消费者总是在收集一定的信息资料并对其进行分析判断后才会做出购买决定,实施购买行动。这时,消费者增强了对有关信息资料的注意,其收集信息资料的积极性主要与需要的强度有关,收集信息资料的数量和内容主要与所遇到或所要解决的问题的类型和性质有关,并因购买行为类型的不同而有很大的差别。

为了有效地向目标市场传递信息,影响消费者的购买行为,企业要了解消费者获得信息的主要来源以及不同来源的信息对消费者的影响程度。

(1)消费者的信息来源

① 商业来源,即消费者从广告、销售人员的介绍、商品陈列或展示会、商品包装、产品说明书等方面得到的信息。

② 个人来源,即消费者从家庭成员、朋友、同学、邻居、同事及其他熟人等方面得到的信息。

③ 公众来源,即消费者从大众传播媒介的客观报道、消费者组织的评论等方面得到的信息。

④ 经验来源,即消费者通过接触、试验或使用商品得到的信息。

从消费者的角度看,从企业控制的商业性来源得到的信息主要起着通知性的作用,从其他非商业性来源得到的信息主要起着建议、评价和验评的作用。

(2)商品在消费者头脑中形成的三个集合

对打算购买某种商品的消费者来说,当时市场上出售的各种品牌、各种形式的这种商品就构成了一个全部的集合。消费者通过收集信息,逐渐了解了这种商品的有关情况并进行了初步评价和筛选后,这种商品就在消费者的头脑中依次形成了三个集合:

① 知道的集合,即市场上出售的各种品牌、各种形式的这种商品中消费者知道的部分。

② 考虑的集合,即知道的集合中消费者考虑购买的部分。

③ 选择的集合,即考虑的集合中消费者要进一步评价选择以便做出最后购买决定的部分。

从知道的集合到选择的集合,范围越来越小。针对这种情况,汽车企业市场营销部门的工作任务是根据实际需要设计和安排市场营销组合,开展有效的营销活动,千方百计地使自己的产品依次进入消费者知道的集合、考虑的集合以至选择的集合,否则,汽车企业将失去向顾客提供自己产品的机会。

3. 比较评价

在这一阶段中,消费者将根据所掌握的信息对选择集合中的几种品牌的商品进行评价和比较,从中选择和确定自己所偏好的品牌的商品形成购买意向。对企业来说,这里的主要问题是消费者如何评价选择集合中的各个品牌的商品,以及消费者如何选择本企业生产经营的商品。

消费者评价和选择商品的方法很多,其中主要有理想品牌法、最高期望值法等。所谓理想品牌法,就是消费者首先根据自己的购买目的构想出一种理想产品,并大致确定出该产品几种主要特性的理想水平或可以接受的水平值,然后将选择集合中的几种品牌的实际产品作为购买对象。在实际运用理想品牌法时,消费者有时会根据情况调整要考察的产品主要特性的种数及其水平值的标准。理想品牌法是消费者评价和选择商品的方法中最基本、最常用的一种方法。所谓最高期望值法,就是消费者首先对选择集合中各品牌产品的若干主要特性分别进行评分,得出各自的特性值;然后分别确定每一特性的权数,再用权数与对应的特性值相乘后加总,分别求出每一品牌产品的期望值;最后将期望值最高的某一品牌的产品作为购买对象。实际上,消费者在评价和选择商品时很少进行这样复杂的量化分析。

在消费者对进入选择集合的各品牌的产品进行评价比较后,每个品牌的产品的生产经营者大体会遇到下述两种情况:一是所有的产品都与消费者的理想产品相同或相接近,这时每个企业都面临着如何开展工作来影响消费者以使其选择本企业的产品;二是部分产品与消费者的理想产品相同或相近,这时与消费者的理想产品不同或不相接近的产品的生产经营者就面临着如何开展工作来影响消费者,以使其选择本企业的产品。对此,企业可以采取以下策略来影响消费者的购买选择:

① 现实重新定位策略,即企业通过改变现有产品的某些属性的特征,以使其符合消费者理想产品的标准或要求。

② 心理换位策略,即在消费者低估了本企业产品的特性水平或产品某些较优的特性尚未被注意到的情况下,企业通过实事求是地宣传和积极地引导,改变消费者对本企业现有产品的信念。

③ 竞争换位策略,即在消费者高估了本企业竞争者产品特性水平的情况下,企业通过比较广告等形式,设法改变消费者对竞争者产品的信念。

④ 心理重新定位策略,即企业设法改变消费者对理想产品的构想,或使其调整对现实产品的评价角度,以及对产品某些特性的水平标准要求,从而接受本企业的现有产品。

4. 购买决策

消费者经过对选择集合中各品牌产品的评价比较后就会形成购买意向,在正常情况下便会购买他最喜欢的某个品牌的产品。但是,在购买意向与决定购买这两者之间往往会介入某些因素的影响和干扰,从而使消费者不一定实现或不马上实现其购买意向。这些影响因素有:

① 其他人的态度。如周围关系密切的人坚决反对购买这种产品、在购买现场听到对这种产品的不利议论等,这些都可能使消费者重新考虑、放弃或改变原先的购买意向。

② 意外事件。包括消费者个人、家庭、企业、市场及其他外部环境等方面突然出现的一些有关的新情况,如家庭中出现了其他方面的紧迫开支、产品生产企业出现了重大的质量问题、市场上出现了新产品、经济形势出现了较大的变化等,这些都可能造成上一个方面所述的后果。如 2008 年的全球"金融危机"造成我国股市大跌,使很多已交付定金准备购车的客户资产大幅缩水,从而取消购车计划。

③ 预期风险的大小。在对欲购商品预期风险较大的情况下,消费者可能采取一些防范或减少风险的习惯性做法,如暂不实现购买意向、改变购买意向等。

因此,企业完全依据消费者对品牌的偏好和购买意向来判断其购买决定与实际购买不是十分可靠的。对于决定实施购买意向的消费者来说,在实施购买某一品牌产品的行动之前,一般还要做出一系列相关的购买决策,包括何时买、在何处买、如何买等。需要注意的是,企业对于决定实施购买自己品牌产品的消费者,应尽可能提供良好的销售服务,以避免顾客在这一阶段的流失。

5. 购后行动

消费者购买和使用了汽车产品后,必然会产生某种程度的满意或不满意感。消费者购买后的满意程度,是消费者的预期与产品的实际觉察性能的函数。产品的实际觉察性能若符合预期,消费者就会基本满意,若超过预期就会感到十分满意,若达不到预期就会感到失望和不满。

消费者是否满意会直接影响其购买后的行为。如果感到满意,以后就可能重复购买,并向他人称赞和推荐这种产品,而这种称赞和建议往往比企业为促进产品销售而进行的广告宣传更有效;如果感到不满意,以后就不会再购买这种产品,而且会采取公开或私下的行动来发泄不满,这势必会抵消企业为赢得顾客而开展的许多宣传工作。

消费者购买后的感觉和行为与企业关系极大。企业的营销部门必须注意采取各种有效措施千方百计地增加顾客购买后的满意感,如切实保证产品质量、同购买者保持各种可能的联系、经常征求顾客的意见、加强售后服务工作等。此外,企业在产品宣传中如实地反映产品的性能或适当留有余地,也有助于增加顾客购买后的满足感。

3.3.2　消费者购买行为类型

消费者的购买行为有多种类型,可从不同角度划分。

1. 根据消费者性格分析划分

从一般的意义来分析，不同的人有不同的性格，不同的性格就有不同的消费购买行为。

① 习惯型购买行为。习惯型购买行为是由信任动机产生的。消费者对某种品牌或对某个企业产生良好的信任感，忠于某一种或某几种品牌，有固定的消费习惯和偏好，购买时心中有数、目标明确。

② 理智型购买行为。理智型购买行为是理智型消费者发生的购买行为。他们在做出购买决策之前一般经过仔细比较和考虑，胸有成竹，不容易被打动，不轻率做出决定，决定之后也不轻易反悔。企业一定要真诚地提供令顾客感到可信的决策信息，如果企业提供的信息可信，消费者就会对企业产生信任而再度光临。如果企业提供的信息不可信，那么消费者下次可能就对企业敬而远之。所以，企业一定要真诚地提供给顾客所需要的各种有关信息。我国现阶段的私人汽车消费者大多属于这种类型，对于这类顾客，营销人员应制定策略帮助他们掌握汽车产品知识，使消费者知道产品更多的优点，促使他们选择自己销售的产品。

③ 经济型购买行为。经济型消费者特别重视价格，一心寻求经济划算的商品，并由此得到心理上的满足。针对这种购买行为，在促销中要使消费者相信他所选中的商品是最物美价廉的、最划算的，要称赞他很内行，是很善于选购的顾客。

④ 冲动型购买行为。冲动型消费者往往是由情绪引发的，以年轻人居多，他们血气方刚，容易受产品外观、广告宣传或相关人员的影响，决定轻率，易于动摇和反悔。这是在促销过程中可以大力争取的对象，但要注意做好售后工作，让他们确信自己的选择是正确的。

⑤ 想象型购买行为。这种类型的消费者往往有一定的艺术细胞，善于联想。针对这种行为，可以在包装设计上、在产品的造型上下功夫，让消费者产生美好的联想，或在促销活动中注入一些内涵。比如耐克和乔丹，乔丹穿着耐克鞋驰骋在 NBA 球场上，使崇拜乔丹的球迷感觉到，穿上了耐克就离乔丹近了一步；又如商务通跟濮存昕，成功地塑造了中年男人的形象，使得拥有商务通的人感到离成功男人的形象又近了一步等。要努力让消费者产生联想，这些人实现了联想，营销就达到了目标。

⑥ 不定型购买行为。不定型消费者常常是那些没有明确购买目的的消费者，表现形式常常是三五成群、步履蹒跚、哪儿有卖的东西往哪儿看，问得多、看得多、选得多、买得少。他们往往是一些年轻的、新近开始独立购物的消费者，易于接受新的东西，消费习惯和消费心理正在形成之中但尚不稳定，缺乏主见、没有固定的偏好。对于这样的顾客，首先要满足他问、选、看的要求，即便这次他不购买，也不应反唇相讥，要想到今天的观望者可能就是明天的顾客，今天不买肯定有诸多理由，可能今天没带足钱，可能真的不需要，但是你以热情周到的服务给他留下了很深刻的印象，以后需要的话，他可能首先会想到你。这是营销人员必须考虑到的。

2. 根据消费者行为的复杂程度和所购商品本身的差异划分

① 复杂型。消费者初次购买差异性很大的耐用消费品时发生的购买行为。购买这类商品时，通常要经过一个认真考虑的过程，广泛收集各种有关信息，对可供选择的品牌反复评估，在此基础上建立起品牌信念，形成对各个品牌的态度，最后慎重地做出购买选择。

② 和谐型。消费者购买差异性不大的商品时发生的一种购买行为。由于商品本身的差异不明显，消费者一般不必花费很多时间去收集并评估不同品牌的各种信息，而主要关心价格

是否优惠,购买时间、地点是否便利等。因此,和谐型购买行为从引起需要、产生动机到决定购买,所用的时间比较短。

③ 习惯型。这一种简单的购买行为,属于一种常规反应行为。消费者已熟知商品特性和各主要品牌特点,并已形成品牌偏好,因而不需要寻找、收集有关信息。

④ 多变型。消费者为了使消费多样化而常常变换品牌的一种购买行为,一般是指购买牌号差别虽大但较易于选择的商品,如饮料等。同上述习惯型一样,这也是一种简单的购买行为。

【例 3-1】 如何把消费者的潜在需求转化为现实需求

赵先生夫妇都是 40 岁左右的大学教师,现在月收入 8 000 元左右,他们的儿子刚满 10 周岁。目前一家三口刚买了新房,新房有三室一厅,110 多平方米。买新房花去了夫妻俩多年的积蓄,但尚无任何债务,只是新房在市郊,离单位路程较远,小孩上学也不是很方便。夫妻生活稳定,无其他后顾之忧。

夫妻俩从网络、报纸、电视及各方面信息分析,认为从 2001 年起国家将大力鼓励私人汽车消费,以往限制汽车消费的各项不利因素将得以有效解除,诸如各项汽车消费费用将降低,汽车私牌限制也将放开。因此,夫妻俩很想买一辆私家车,以解决上班路远和小孩上学不便的问题。但又觉得目前车价太高,自己又不懂汽车方面的专业知识,怕上当受骗,故一直犹豫不决。如果你是一位汽车营销人员,你打算如何说服这一家庭购买你的汽车?

① 试从潜在需求和现实需求的关系分析孙先生一家的汽车消费需求。

② 试从激发消费者的购买动机角度分析怎样才能说服孙先生一家购买你店的汽车。

案例分析:

① 用户的一般购买行为过程是包括引起需要、收集资料、比较评价、购买决策、购后感受五个阶段的过程。需要由刺激引起,既可由用户的内部刺激引起,也可由外界因素刺激产生,是购买行为过程的第一个阶段。案例中,"新房在市郊,离单位路程较远,小孩上学也不是很方便",以及"夫妻生活稳定,无其他后顾之忧"等均为用户的内部刺激,形成了对汽车的需求和购买愿望。于是,夫妻俩从网络、报纸、电视及各方面信息分析(收集资料),认为从 2001 年起国家将大力鼓励私人汽车消费,以往限制汽车消费的各项不利因素将得以有效解除,诸如各项汽车消费费用将降低,汽车私牌限制也将放开(也是外部刺激)。"但又觉得目前车价太高,自己又不懂汽车方面的专业知识,怕上当受骗,故一直犹豫不决"说明孙先生夫妇已经进入"比较评价"阶段,现在的问题就是,如何帮助已有购车需求的孙先生夫妇,进行一系列的理性决策,并最终实施购买行为,即将他们对汽车的潜在需求转变为现实需求。

② 从案例介绍看,孙先生夫妇属于以求实购买动机居支配地位的理智型购买者。这类购买者的特点是,以追求商品或服务的使用价值为其主导购买动机,并且从产品长期使用的角度出发,经过一系列深思熟虑之后才会做出购买决定。根据这一判断及孙先生的疑虑,说服孙先生要从以下几方面入手:

● 产品质量和购买价格,强调产品的实用性和优良的性价比;

● 使用成本,强调产品的节油性、配件价格低等;

● 产品的可靠性和故障率,强调产品质量好、故障率低;

● 售后服务,强调售后服务的便利性和低价格。此外,还可从促销优惠上进一步激发孙先生的购买动机。

3.3.3　汽车消费者购买行为研究方法

消费者购买汽车的过程基本上可分为三个阶段:购买前、购买中、购买后。通过实践和经验,作为一名汽车营销人员,如果能够将以下几个问题(即 6W2H)解决了。6W2H 可以直接反映出消费者的购买行为,通过 6W2H 分析可以了解消费者购买行为的规律性及变化趋势,以便制定和实施相应的市场营销策略。

6W2H,即 Who、What、Which、Why、When、Where、How、How much。

(1) Who

区域市场由谁构成? 谁是竞争者? 谁做得最好? 谁做得不好? 谁需要? 谁会购买? 谁参与购买? 谁决定购买? 谁使用所购产品? 谁是购买的发起者? 谁影响购买? 作为营销人员,既要了解市场,又要熟悉对手,还要知道潜在顾客在哪里、谁有购买决策权等。如 2008 年北京国际车展期间,2 500 万元的布加迪豪华轿车第二天就被神秘客户买走。谁是买主这个问题好像比 2 500 万元的高价更引人关注。

(2) What

顾客追求什么? 顾客的需求和欲望是什么? 对顾客最有吸引力的产品是什么? 满足顾客购买愿望的效用是什么? 顾客追求的核心利益是什么? 顾客购买什么品牌或型号的汽车? 作为营销人员必须了解顾客的内心,顾客追求安全? 操控性? 还是经济性? 顾客看中产品的哪些方面? 还有哪些问题致使顾客不能下定决心? 等等。例如,2 500 万元的布加迪轿车被一位中国富翁买走,这事放在哪儿都是新闻。那么,这位车主看中的是汽车的哪些方面? 只是炫耀自己的经济实力吗? 还是为了保持媒体曝光率、成功制造全民性话题、有意识地塑造具有传奇性质的个人品牌?

(3) Which

顾客准备购买哪种型号的汽车产品? 在多家经销商中顾客会到哪家经销商购买产品? 在多个品牌中购买哪个品牌的产品? 购买著名品牌还是非著名品牌的产品? 在有多种替代品的产品中决定购买哪种?

(4) Why

为何要购买汽车(其购买汽车的真正目的是什么)? 为何喜欢这个品牌? 为何喜欢这个型号? 为何讨厌? 为何不购买或不愿意购买? 为何买这不买那? 为何选择到本公司购买汽车而不到竞争对手那里购买? 为何选择到竞争者的店里购买汽车,而不选择本公司? 等等。例如,富康和普桑价位、性能差不多,用户为什么买富康而放弃普桑? 用户为什么不喜欢日系汽车?

(5) When

顾客何时产生需求? 准备何时购买? 什么季节购买? 何时需要? 何时使用? 曾经何时购买过? 何时重复购买? 何时换代购买? 顾客需求何时发生变化? 顾客何时过生日? 什么时刻可以促成交易? 等等。

(6) Where

消费者在哪里上班? 家住哪个小区? 上班习惯走哪条路? 计划到哪里购买? 配偶在哪里上班? 孩子在哪里上学? 喜欢到哪家 4S 店进行爱车保养? 喜欢到哪里维修车辆? 等等。

（7）How

如何购买？如何决定购买行为？以什么方式购买？消费者对产品及其广告如何反应？消费者对这个品牌的汽车质量如何评价？如何服务才能满足顾客需要？如何与顾客进行交流沟通？如何提高用户满意度？等等。

（8）How much

消费者家庭收入多少？计划购买什么价位的汽车？顾客的每月娱乐花费多少？年支配资金多少？每月驾车出游多少次？什么价位的车畅销？市场占有率多高？等等。

3.4　个人与集体组织购车行为比较

3.4.1　个人与集体组织汽车消费市场特征

1. 个人汽车消费市场的特征

个人汽车消费市场受到经济、社会、文化等诸多因素的影响，表现出多种形态。但总体来说，具有以下特点：

① 可诱导性。消费者在决定购买汽车时，具有自发性、感情冲动性；由于他们缺乏足够的汽车知识，购买行为易受到周围环境、人际关系、广告宣传等的影响。例如，经常在一个小区域范围内，最初购买了某款轿车的用户如感觉该车质量、性能、价格、操控性等都不错，会直接导致在该区域范围内又有不少人购买该车。所以汽车经销商应注意做好所销售汽车的宣传广告，一方面当好消费者的参谋，另一方面也可有效地引导消费者的购买行为。

② 多样性。消费者在购买汽车时，其收入水平、文化素质、职业、年龄、性格、生活习惯等具有差异，因而在消费需求上也表现出不同的特点。例如，年轻人喜欢运动型的轿车，老年人喜欢舒适型的轿车。

③ 层次性。消费者由于在社会上所处地位不同，或者由于收入与消费能力不同，对汽车的需求档次也就不同。一般普通人购车的主要目的是作为代步工具，多购买经济型轿车。但是私企老板、社会成功人士，购买的汽车多为豪华型或中高级轿车，以体现他们的消费能力或社会地位。

④ 伸缩性。一方面，汽车作为一种高档耐用商品具有较强的价格弹性；另一方面，这种需求的结构是可变的。当客观条件限制了这种需求时，它可以被抑制或转化为其他需求；反之，当条件允许时，个人消费需求不仅会得以实现，甚至会发展成为流行消费。

⑤ 购买地点的不确定性。消费者会根据各经销商的口碑、促销力度、服务质量等多因素选择购车地点，甚至会出现跨省购车的行为。随着汽车行业反垄断制度的实行，异地购车也许会成为未来的一种新现象。

⑥ 注重售后服务。汽车是属于寿命较长的耐用消费品，根据世界汽车的平均报废标准计算，一般轿车的平均报废年限在 15 年左右。所以消费者在购车过程中非常看中售后服务环节，在购买汽车时非常关心日常保养成本、零部件价格、售后服务质量的好坏和便利性。

2. 集体组织汽车消费市场的特征

汽车企业面对的消费市场除了广大个人消费者外,也包括各类组织机构,这部分群体通常被称为集体组织汽车消费市场。它一般分为 3 种类型:产业市场、转卖者市场和政府市场。由于政府市场具有一定的特殊性,在本书中提到的集体组织市场以前两种为主。与个人汽车消费市场相比,集体组织汽车消费市场的总体特点如下。

① 集体组织汽车消费市场上的购买者数量较少,但是购买规模较大。如在产业市场上,购买者绝大多数都是企业单位,购买者的数量必然比个人消费者市场少得多,但是购买的规模却大得多。由于资本和生产集中,许多行业的产业市场都由少数几家或一家大公司的大买主所垄断。例如,美国固特异轮胎公司在产业市场上的购买者主要是通用、福特和克莱斯勒三家汽车公司;在个人消费者市场上,它的购买者是 1 亿多汽车用户。

② 集体组织汽车消费市场上的购买者集中在少数地区。例如,美国半数以上的集体购买者都集中在纽约、加利福尼亚、宾夕法尼亚、俄亥俄、新泽西、密执安和伊利诺斯这 7 个州(石油、橡胶、钢铁在这些地区更为集中)。正因为如此,企业把产业用品卖给产业购买者的费用就可以降低。在我国,产业集群不断在形成,也是同样的原因。

③ 短期内缺乏价格需求弹性。在集体组织市场上,汽车和相关服务的需求受价格变动的影响不大。汽车再生产型购买者由于其制造工艺不可能在短期内进行重大改革,不会因汽车零部件或中间型产品的价格上涨而减少购买。但是,在个人消费市场上,如果汽车价格上涨,消费者就可能延后或放弃购车计划。

④ 集体组织市场的需求波动大而快。由于受到政策法规、政治形势、宏观经济运行状况、企业领导人变更等因素影响,集体组织购买者对于汽车和相关服务的需求比消费者的需求更容易发生变化。如 2008 年底全球的金融危机,使很多集体组织消费市场骤然降温,海外汽车零部件在国内的订单迅速下滑。

⑤ 专业人员购买。由于汽车产品的技术性强,而且数量较多的情况下更需要内行人士负责采购工作。集体组织消费市场一般都有专门的采购部门来负责完成相关的采购工作。

⑥ 购买方式比较特殊。相对于个人购买者而言,购买方式上有区别,主要体现在:第一,直接购买,集体组织购买者往往直接向生产厂家采购所需的汽车产品,而不通过中间环节;第二,互惠采购,即在汽车供应厂商与采购者之间存在互购产品项目时,各自向对方提供优惠,实施互惠采购;第三,租赁,即在不占有所有权的条件下,通过支付租金来取得产品使用权的采购方式。如我国每年两会期间用车采用的就是租赁方式。

⑦ 购买实现具有明显的政策特征和关系特征。集体组织购买者在选择汽车产品时,受政策因素和个人因素的影响非常明显。如我国的公务购车,购买者会寻找价格标准内的轿车。各地方的出租公司购车都会或多或少受到地区政策的导向。

3.4.2　影响集体组织购车购买行为的主要因素

同个人消费者购买行为一样,集体组织购买行为也同样受到各种因素的影响。总体来看,受到环境因素、组织因素、人际因素和个人因素四个主要因素的影响。

① 环境因素。环境因素是影响集体购买行为的重要外部因素。首要的环境因素是经济

因素,汽车购买者受当前经济状况和预期经济状况的严重影响,当经济不景气或前景不佳时,集体组织购买者就会缩减投资、减少购买。另一个重要的环境因素就是政策法规因素,如政府公务用车购买均要符合有关政策和制度的要求;各地对城市出租车也或明或暗地出台了车型规定。此外,集体组织购买汽车还会受到科技环境、自然环境等其他因素的影响。

② 组织因素。每个组织的采购部门都会有自己的目标、政策、工作程序和组织结构及制度,营销人员必须了解并掌握购买者内部的采购部门在企业里处于什么地位:是一般的参谋部门,还是专门职能部门;他们的购买决策权是集中的还是分散的;在决定购买的过程中,哪些部门参与最后的决策等。营销人员只有对这些问题了如指掌,才能使自己的营销有的放矢。

③ 人际因素。这是集体内部的人事关系因素,即汽车购买的决定是由集体组织中的哪些人员做出的。集体组织的购买中心由相互影响的众多成员组成,由于他们在组织中的地位、职权以及相互关系各不相同,因而对购买决策的影响力也不相同。营销人员必须了解购买决策的主要人员、其决策方式和评价标准、决策中心成员间相互影响的程度等,以便采取有效的营销措施。

④ 个人因素。集体组织购买行为虽为理性活动,但参加采购决策的仍然是一个个具体的人,每个人在做出决定和采取行动时,都不可避免地受其年龄、收入、文化程度、职位、个人喜好,以及对风险的态度的影响。在产品和服务同质现象明显的时候,采购人员的个人情感因素对集体组织购买行为的影响尤为显著。

3.4.3 集体组织汽车消费市场的购买类型和购买决策过程

1. 集体组织汽车消费市场的购买类型

① 直接重购。即在供应者、购买对象、购买方式都不变的情况下,购买以前曾经购买过的汽车。这是一种最为简单的购买类型,购买者需做的决策最少。面对这种情况,原有的汽车供应者不必重复推销,而应努力使产品的质量和服务保持一定的水平,减少购买者花费的时间,争取稳定的合作关系。

② 修正重购。即购买者想对汽车产品的规格、价格、交货条件等进行一定调整。与直接重购相比,修正重购涉及更多的决策参与者。对于这样的购买类型,原有的供应者要清醒地认识面临的挑战,积极改进产品规格和服务质量,尽可能地保持现有客户;未被认可的汽车供应厂商则力图推出新产品或改进买方不满意的环节,以争取更多的业务。

③ 全新采购。即首次购买某种汽车或服务。由于是第一次购买,买方对新购汽车心中无数,因而在做出购买决策前,要收集大量的信息,制定决策花费时间较长。首次购买的成本越大,风险就越大,参与购买决策的人员就越多。在全新采购中,集体组织购买者必须在汽车产品型号、性能、汽车供应厂商情况、价格、付款条件、订货数量、交货时间及售后服务约定等方面分别进行决策。对汽车供应厂商来说,这是机会也是挑战,他们应采取多种办法尽可能多地向集体组织购买者提供市场信息,帮助其解决疑难问题。对于大型的全新采购机会,许多汽车供应厂商都会派出自己的推销使团,大的汽车公司还设立专门的机构来负责对全新采购用户的营销。

需要指出的是,许多集体组织购买者倾向于从一个汽车供应厂商那里购买一揽子解决方案,也叫系统购买。现在,系统销售已成为汽车厂商的一种重要营销手段。

2. 集体组织汽车消费市场的购买决策过程

市场营销学将集体组织汽车消费市场的购买决策过程划分为 8 个阶段,全新采购包括这 8 个购买决策阶段,属于完整的购买决策过程;而对于修正重购和直接重购而言,所包括的决策阶段要少一些,尤其是直接重购包括的决策阶段最少,这两种决策过程属于不完整购买决策过程。各类决策模式所包括的决策过程的阶段见表 3-2。

表 3-2 集体组织汽车消费市场的购买决策过程阶段

采购阶段	购买决策模式		
	全新采购	修正重购	直接重购
1. 确认需要	是	可能	否
2. 描述基本要求	是	可能	否
3. 确定产品性能	是	是	否
4. 寻求供应厂商	是	可能	否
5. 提出方案	是	可能	否
6. 选择供应商	是	可能	否
7. 签订合同	是	可能	否
8. 检查评估	是	是	是

① 确认需求。确认需求阶段是集体组织消费者购买过程的起点,即集体组织购买者意识到某种需求。这种需求可能来源于两个方面:一是组织内部因素,如集体组织决定购买新的汽车;二是外部因素,如汽车展销会、汽车广告宣传等,这两种因素都可能刺激集体购买者的需求。

② 描述基本要求。在确定需求后进一步明确所需要的产品的数量及各项性能要求。汽车是一种技术较为复杂的产品,采购人员通常会与技术人员和实际使用者共同研究确定产品的品牌、型号及其他特征。

③ 确定产品性能。通过说明书对所需产品进行详细描述。其主要工作是确定产品的技术规格,一般需要专家小组进行价值分析。价值分析方法是美国通用电气公司的采购经理迈尔斯发明的,目的是消耗最少的资源成本取得最大的功能,以提高经营效益。在价值分析的基础上,由专家小组负责撰写所需产品的技术说明书,作为采购人员取舍的标准。

④ 寻求供应厂商。集体组织购买者可以通过多种渠道寻求供应厂商,如汽车目录、电话查询、网络查询等,在此基础上列出一份合格的汽车供应厂商名单。汽车供应厂商应通过广告等方式,努力提高企业及其品牌在市场上的知名度。

⑤ 提出方案。集体组织购买者邀请相关的供应厂商,让他们提供具体产品目录和报价表,并描述其产品质量、性能、型号、技术参数、服务等方面的详细情况。对营销人员来说,这种书面材料既是技术文件,也是营销文件,在文件中必须突出强调其企业的生产能力、技术和资源优势,从而增加成交的可能性。

⑥ 选择供应商。在选择供应厂商阶段,购买中心通常会制作一个表格,列出满意的供应厂商的主要特征,如产品质量、售后服务、交货及时性、价格竞争性、企业的资质和信誉等,对待

选的供应厂商进行分类评估。在做出最后决定之前,购买中心还可能与预选中的供应厂商就价格或其他条款进行谈判。

⑦ 签订合同。在选定供应厂商后,供需双方要正式签订合同,并在其中详细规定交货数量、技术标准、交货时间、质量保证、后续服务等具体内容。

⑧ 检查评估。采购者对特定供应厂商的合同履行状况进行检查和评估。集体组织购买者可以直接向实际使用者了解其对所购汽车产品的满意度,在此基础上,涉及不同的评估标准,再通过加权计算的方法来评价供应厂商,根据评估的结果,决定对供应厂商的取舍。

 本章小结

本章对消费者购车行为进行了分析研究,这是进行汽车营销工作非常重要的一环,只有对消费对象了如指掌,才能更好地做好营销工作。本章讲解了消费者购车行为的4个主要影响因素:文化因素、社会因素、个人因素和心理因素,并分别进行了展开介绍;讲解了消费者购车的生理性动机和心理性动机;同时也对消费者购车行为程序的5步进行了介绍;最后针对集体组织的购车行为进行了分析介绍,讲解了影响集体组织购车的主要因素和集体组织购车的8步程序。这些基本理论对于进一步了解消费者十分有帮助。

习　题

一、简答题

1. 影响一般消费者的购买行为的因素主要有哪些?

2. 针对当前社会上的主流消费人群,分析他们在购车时具有哪些特点?

3. 结合消费者购买行为研究方法分析理智型客户的购车行为。

4. 针对冲动型客户,营销人员在实际工作中需要注意什么?

5. 影响集体组织购车行为的主要因素有哪些?

6. 集体组织与个人消费者在购买决策过程中有哪些区别?

二、能力训练

2000年国内轿车市场需求呈多样化发展格局,20万~50万元中高档轿车市场竞争日益激烈。国产轿车在30万元以上的奥迪A6和上海别克两款,1999年产销量均在3万辆左右。2000年这两家的计划产量为85万辆。尤其是随着广州本田新款雅阁3.0升排量的投放,给本就竞争白热化的市场又浇了一桶热油。

在20万~30万元轿车市场中,2000年各品牌的计划产销量为:帕萨特B5为6万辆;广州本田为5万辆;红旗轿车为2万辆;风神蓝鸟2万辆。据专家当时预测,该档次轿车的市场需求量为8万辆左右,而各生产厂家的计划总和却达到15万辆。由此分析,中高档轿车是各大汽车厂商奋争抢夺的重点。

从竞争态势分析,上海别克的竞争压力颇大,其强劲的竞争对手应是广州本田雅阁,而上海大众帕萨特则后来居上,已经成为上海别克的梦中杀手。从国内中高档轿车几大品牌的历年销量及市场占有率分析,广州本田已远远超越上海别克,上海大众帕萨特则直逼上海别克。

在这样的背景下,上海大众进行了一次市场调研。调研内容涉及:中高档轿车用户消费趋向及消费行为分析;中高档轿车用户结构及购买能力分析;上海别克与国内中高档轿车广告投入费用分析;上海别克竞争优劣势分析等方面。

请根据"中高档轿车用户消费趋向及消费行为"的一些调查数据,如表 3-3、表 3-4 所列:

1. 用适当的图形(如柱图、饼图、线条图、散点图等),直观地表示这些调查数据。

2. 利用这些调查数据,编写"中高档轿车用户消费趋向分析"。

3. 如果希望使"中高档轿车用户消费趋向"更加系统、完整和有说服力,你认为还应该调查哪些方面的数据,试进行简要说明或策划。

表 3-3　中高档轿车集团用户与家庭用户购车数据

	购买量(辆)	占有率(%)
集团用户	8 156	37.3
家庭用户	15 755	62.7

表 3-4　中高档轿车集团用户与家庭用户按品牌购车数据

	帕萨特	雅阁	红旗	别克	奥迪	风神
集团用户购买比例/%	26.6	16	0.5	11.3	23.6	1.6
家庭用户购买比例/%	22	19	3	19	34	3

模块 4　汽车营销策略

【知识目标】

① 掌握 4P 策略；

② 掌握整体产品概念；

③ 掌握产品生命周期理论；

④ 掌握汽车定价目标、定价方法及定价策略；

⑤ 掌握汽车分销渠道的选择；

⑥ 掌握汽车促销策略的制定；

⑦ 了解 4P、4C、4R 理论的异同。

【能力目标】

① 能利用 4P 策略理论进行营销策划；

② 能对企业的整体产品开发策略提出建议；

③ 能利用产品生命周期理论对企业的产品研发和销售提出建议；

④ 能对汽车产品进行市场营销策略策划；

⑤ 能对汽车分销渠道的进行选择；

⑥ 能够制定汽车促销策略。

4.1　4P 策略

4P 理论(也称 4P 策略)产生于 20 世纪 60 年代的美国，它是随着营销组合理论的提出而出现的。1953 年，尼尔·博登(Neil Borden)在美国市场营销学会的就职演说中创造了"市场营销组合"(Marketing Mix)这一术语，意思是指市场需求或多或少地在某种程度上受到所谓"营销变量"或者"营销要素"的影响。为了寻求一定的市场反应，企业要对这些要素进行有效的组合，从而满足市场需求，获得最大利润。营销组合实际上有几十个要素(博登提出的市场营销组合原本就包括 12 个要素)，杰罗姆·麦卡锡(McCarthy)于 1960 年在其《基础营销》(Basic Marketing)一书中将这些要素概括为 4 类：产品(Product)、价格(Price)、渠道(Place)、促销(Promotion)，即著名的 4P 理论。1967 年，菲利普·科特勒在其畅销书《营销管理：分析、规划与控制》第一版进一步确认了以 4P 理论为核心的营销组合方法，即：

- 产品：注重开发的功能，要求产品有独特的卖点，把产品的功能诉求放在第一位。

- 价格：根据不同的市场定位，制定不同的价格策略，产品的定价依据是企业的品牌战略，注重品牌的含金量。

- 分销：企业并不直接面对消费者，而是注重经销商的培育和销售网络的建立，企业与消费者的联系是通过分销商来进行的。

- 促销：企业注重销售行为的改变来刺激消费者，以短期的行为(如让利、买车送装具等)促成消费，吸引其他品牌的消费者或引导提前消费来促进销售的增长。

　　4P 理论的提出奠定了管理营销的基础理论框架。该理论以单个企业作为分析单位,认为影响企业营销活动效果的因素有两种:一种是企业不能够控制的,如政治、法律、经济、人文、地理等环境因素,称之为不可控因素,这也是企业所面临的外部环境;一种是企业可以控制的,如生产、定价、分销、促销等营销因素,称为企业可控因素。企业营销活动的实质是一个利用内部可控因素适应外部环境的过程,即通过对产品、价格、分销、促销的计划和实施,对外部不可控因素做出积极动态的反应,从而促成交易的实现和满足个人与组织的目标,用科特勒的话说就是"如果公司生产出适当的产品,定出适当的价格,利用适当的分销渠道,并辅之以适当的促销活动,那么该公司就会获得成功"。所以市场营销活动的核心就在于制定并实施有效的市场营销策略组合。

4.1.1　汽车产品策略

　　汽车产品是汽车市场营销的物质基础,是汽车市场营销组合中最重要的因素。营销组合中的其他三个因素,也必须以汽车产品为基础进行决策,因此,汽车产品策略是整个营销组合策略的基石。汽车企业在制定营销组合时,首先需要回答的问题是:应该设计、制造和销售什么样的汽车产品来满足目标市场需求和消费者的欲望,因为消费者对产品的需求是复杂的。例如,某人购买汽车首先是为了代步,从这一基本需要出发,只要能为其解决交通出行问题的汽车就可以称为符合其要求的产品。然而即使是针对汽车的代步属性而言,人们对汽车的动力性、经济性、外观、颜色等也会有不同偏好,人们还会关心汽车的售后服务、二手车残值等问题。因此,从这个角度来看,人们对于同一产品的需求是会不断延伸的。那么哪种产品对于这些延伸需求的满意程度越高,其被消费者接受的可能性就越大。因此,企业在进行汽车产品的设计和开发时,应尽可能探求消费者对产品的各种层次的需求,评估各种需求的价值,以使产品具有较强的市场竞争力。

　　总之,汽车产品开发不只是脱离市场营销的纯技术问题,也是一个市场营销问题。

1. 产品及整体产品概念

(1) 产品的概念

　　产品概念具有宽广的外延和丰富的内涵,不仅包括有形的实物,还包括无形的信息、知识、版权、实施过程及劳动服务等内容。从市场营销学的角度来讲,产品就是能够满足一定消费需求并能够通过交换实现其价值的物品和服务。产品包括有形产品和无形产品两大类。

(2) 整体产品概念

　　以往,学术界曾用三个层次来表述产品整体概念,即产品整体分为核心产品、有形产品和附加产品。当代产品的概念,应是一个包含多层次内容的整体概念,而不单是指某种具体的、有形的东西,汽车产品更是如此。近年来,菲利普·科特勒等学者使用 5 个层次来表述产品整体概念,产品整体概念的 5 个基本层次(见图 4-1)如下:

　　① 核心产品。核心产品是指向顾客提供的产品的基本效用或利益。人们购买汽车不是为了获取装有某些零部件的物体,而是为了满足交通或其他方面的需求。

　　② 形式产品。形式产品是指核心产品借以实现的形式或对某一需求的特定满足形式。形式产品由五个特征所构成,即品质、式样、特征、商标及包装。即使是纯粹的劳务产品,也具

有相类似的形式特点。

③ 期望产品。期望产品是指购买者购买产品时期望得到的与产品密切相关的一整套属性和条件。如汽车消费者对经销店产品的期望,包括品质卓越的汽车、舒适的购物环境、完善的售后服务等。

④ 延伸产品。延伸产品是指顾客购买形式产品和期望产品时,附带获得的各种利益的总和,包括产品说明书、保证、安装、维修、送货、技术培训等。

⑤ 潜在产品。潜在产品是指现有产品,包括所有附加产品在内的,可能发展成为未来最终产品的潜在状态产品。潜在产品指出了现有产品可能的演变趋势和前景。如彩色电视机可发展为录放影机、电脑终端机;汽车可以发展成为水陆空一体的交通工具等。

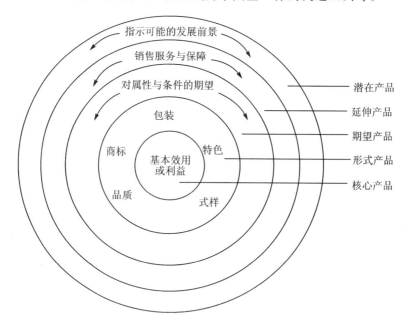

图 4 - 1　整体产品概念的 5 个层次

例如,碳酸饮料的代表——可口可乐的产品整体概念的 5 个层次表现如下:

① 核心产品层次:供顾客饮用解渴。

② 形式产品层次:设计独特的瓶身、醒目的商标、优良的品质等。

③ 期望产品层次:时尚、品牌感、随处可得、口感好等。

④ 延伸产品层次:送货上门、结算便利、保证温度等。

⑤ 潜在产品层次:引领潮流趋势。

产品整体概念的 5 个层次,十分清晰地体现了以顾客为中心的现代营销观念。这一概念的内涵和外延都是以消费者需求为标准,由消费者的需求来决定的。没有产品整体概念,就不可能真正贯彻现代营销观念。

【例 4 - 1】 猎豹汽车品牌策划

20 世纪 90 年代后期,湖南古城永州,一座现代化的汽车工业城市已具雏形,被国家经贸委有关领导称为"冷水滩模式"的湖南长丰汽车制造股份有限公司在经过 3 年默无声息的快速发展后,开始走向全国,面向世界。

一、寻找品牌价值认同

1998 年之前,"潇洒骄傲,唯我猎豹"作为长丰首推猎豹汽车形象广告语,并未充分体现品牌与产品的个性,更不能展现企业的内涵。因此广告语推出之后,反响平平。1998 年,长丰开始在中央电视台推出企业形象与产品形象广告——"长丰集团猎豹汽车"。凭借中央媒体的权威性,猎豹汽车知名度开始上升,但因广告缺乏鲜明的视觉冲击力与记忆点,观众心中并未留下太多的印象。此后,猎豹又推出了"三菱品质,中国制造"的广告语,但使用时间较短。

过多的主张,频频变换的定位,使猎豹品牌形象模糊不清。对于猎豹汽车,策划的第一项任务便是对品牌进行整合,准确定位。品牌不只是名称,更多的是品牌的精神文化以及理念追求,只有深层次地挖掘品牌的内涵,才能创造出品牌的价值。为此,策划者们确定了体现企业理念和建立可持续发展的强势品牌的品牌策略原则,决定从品牌价值认同中寻找突破

考虑到汽车是一种相对昂贵的产品,其表现品牌应具有综合性,因而策划者放弃了差异化诉求策略,转向从"高品质"与"技术来源"寻求突破。"三菱技术"在世界轻型越野车工业史中是最为完善与先进者之一,而猎豹汽车正是沿袭这种技术,在中国造就了高品质的轻型越野车。事实上,在国内几家屈指可数的越野车生产企业当中,猎豹无论从技术上还是品质上都遥遥领先。猎豹品牌的技术被确定为"世界一流技术","中国越野之王"被确定为品牌的形象内容。

二、品牌策略思路设计

1998 年 7 月,营销策划公司、企业管理层、日方代表在经过充分讨论后,确定"世界一流技术,中国越野之王"为企业定位广告语。广告语一经推出,就以品牌宣言的形式迅速提升了猎豹品牌的价值形象。

而后策划者又根据企业战略目标,确定了猎豹品牌形象策略的基本构架,包括四个阶段:

第一阶段进行猎豹品牌定位。传播"世界一流技术,中国越野之王"的理念,以战略概念的定位与品质内涵的推广,对猎豹品牌加以整合和升华。

第二阶段进行猎豹汽车品质定位。以"安全舒适""奔放豪华""成功信任"为猎豹汽车品质上的诉求点,根据国内汽车市场的走向,在猎豹汽车原有的营销基础上,完善更加有效的整合传播,以"基于产品,立足形象,建立双向信息交流"逐步完善猎豹汽车市场营销的基础。

第三阶段强化猎豹品牌形象。实现猎豹品牌形象的统一规范,植入猎豹品牌价值观,创造一种较为浓厚的越野车文化氛围。

第四阶段树立长丰企业形象。以品牌的良好经营加强对企业形象的塑造,逐步实现内部与外部的统一。

三、品牌形象广告创意

确定了基本策略之后,另一项任务就是创意出既体现战略思想,又满足企业现实需要的广告。在品牌形象的塑造过程中,随着市场的变化,宣传主题也应有所变化。但不论怎样变,应该都是基本主题的深化和延伸。万变不离其宗的原则要求品牌广告不能仅仅拘泥于产品本身,应有更广阔的延伸空间。

画面:

① (远景)晨曦,红日初升之时,在丛林的灌木丛中,猎豹的徽标闪闪发光(音乐渐起)。

② (镜头推近)徽标在慢慢地蜕变,首先徽标的首部蜕变成一只眼睛。外椭圆变成了若隐若现的猎豹斑纹,最后徽标变成了一头猎豹,傲然屹立在丛林中。

③ 猎豹冲出树丛,以矫健的身姿在丛林中狂奔。树木、落叶飞舞(猎豹发出一声慑人的吼声)。

④ 猎豹腾空飞跃中,逐渐演变成一头金属猎豹。

⑤ 金属猎豹变成了汽车。猎豹车在泥地狂奔,泥花飞溅(泥花飞溅的"啪啪"声,汽车转弯的摩擦声)。

⑥ 汽车辗过小溪,水花四射。

⑦ 汽车正面朝镜头冲过来,前面的徽标闪闪发光。

⑧ 汽车冲上山崖,岿然屹立(轻音读出:世界一流技术,中国越野之王)。

⑨ 汽车隐去,画面定格微标(重音读:长丰集团猎豹汽车)。

案例问题:通过以上案例分析整体产品的概念,以及品牌与整体产品之间的关系。

分析:广义上来讲,汽车产品的概念,不仅仅指汽车的实物产品,而是指向汽车市场提供的能够满足汽车消费者某种欲望和需要的任何事物,包括汽车实物、汽车服务、汽车保险、汽车品牌等各种形式。广义的汽车产品概念引出汽车产品的整体概念,即汽车产品由五个层次构成:核心产品层、形式产品层、期望产品层、延伸产品层和潜在产品层。

汽车的品牌属于汽车的形式产品层范畴。由于汽车产品不仅能够满足人们运输或交通的需要,还能够满足人们心理和精神上的需要,如表明身份、地位、富贵等的需要,而汽车的品牌则是满足人们这些需要的非常重要的方面。

案例中,长丰集团重视猎豹汽车品牌形象的塑造,正是基于对汽车产品整体概念的认识,把品牌作为汽车产品的重要组成部分来看待的。

2. 产品的分类

(1) 按照产品的用途划分

按照产品的用途划分产品,产品可分为消费品和工业品两大类。消费品主要用于个人和家庭消费;工业品主要用于组织市场。汽车产品既可作为私人消费品,也可作为生产资料进行生产经营。

(2) 按照产品的有形性划分

按照产品的有形性划分产品,产品可分为有形产品和无形产品。有形产品即实体产品,即看得见摸得着的产品。无形产品即服务。服务是无形的、不可分离的、可变的和易消失的,如酒店服务、教育、银行业务、旅游等。作为结果,它们一般要求更多的质量控制。

汽车产品属于高档耐用消费品或生产资料,购买后很长一段时间里,需要汽车企业不断地提高各种售后服务,是一个典型的有形产品和无形产品的结合体。

(3) 按照产品的耐用性划分

按照消费品的耐用性即使用时间长短划分,产品可分为耐用品、半耐用品和非耐用品三类。

① 耐用品。产品使用时间长、价格比较昂贵,如房产、高档首饰、家电等。耐用品一般需要较多的人员推销和服务。

② 半耐用品。产品能使用一段时间,消费者不需要经常购买,但消费者在购买时,会对产品的实用性、颜色、质量、价格、服务等基本信息进行有针对性的比较和挑选,如服装、鞋帽等。消费者在购买此类产品时会进行细致的挑选,然后才会购买。

③ 非耐用品。非耐用品即消费品,一般有一种或者多种消费用途,产品消费快,购买频繁,如烟酒、食品、日用品等。这类产品一般采用密集分销方式,产品随处都可以买到,可通过大力的广告宣传吸引顾客使用并形成消费偏好。

3. 产品组合

(1) 产品组合及其相关概念

① 产品项目。产品项目是产品线中的一个明确的产品单位,它可以根据尺寸、价格、外形、型号等属性来区分,也可以根据品牌来区分。对于汽车产品而言,产品项目即汽车品种。

② 产品线。产品线是指一组密切相关的产品项目。它可以从多方面加以理解:满足同类需求的产品项目,如不同型号的电视机等;互补的产品项目,如计算机的硬件、软件等。对于汽车产品而言,产品线即车型系列。

③ 产品组合。产品组合(又称产品搭配)是指一个企业提供给市场的全部产品线和产品项目的组合或结构,即企业的业务经营范围。企业为了实现营销目标,充分有效地满足目标市场的需求,必须设计一个优化的产品组合。

图 4-2 所示为某汽车生产厂家的汽车产品组合示意图。

表 4-1 所列为奥迪产品组合。

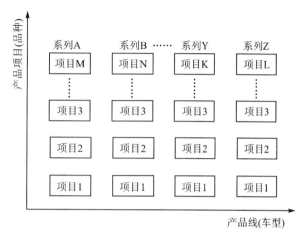

图 4-2 汽车产品组合示意图

表 4-1 奥迪产品组合(部分)

	汽车产品线:宽度				
	A 系列 轿车	Q 系列 越野车	S 系列 运动车	RS 系列 高性能运动车	TT 系列 跑车
汽车产品品种:深度	A1	Q1	S1	RS2	TT Coupe TT Roadster
	A2	Q2	S3	RS3	
	A3	Q3	S4	RS4	
	A4	Q4	S5	RS5	
	A5	Q5	S6	RS6	
	A6	Q6	S7	RS7	
	A7	Q7	S8		
	A8	Q8			
		Q9			

(2) 产品组合策略

产品组合策略就是指企业如何根据消费市场实际合理进行产品组合决策。在进行产品组合决策时,应该注意以下 4 个方面:一是企业所拥有的资源条件的限制;二是市场基本需求情况的限制;三是竞争条件的限制;四是政府法律法规以及相关行业政策的限制。

常采取的策略有以下几个方面:

① 产品项目(汽车品种)发展策略。企业如果增加汽车产品品种可增加利润,那就表明产

品线太短;如果减少汽车品种可增加利润,那就表示产品线太长。产品线长度以多少为宜,则主要取决于企业的经营目标。目前,我国汽车买方市场的格局已经形成,为了提高市场占有率,使自己的产品覆盖更多的用户群体,各汽车企业纷纷增加产品线长度,不断丰富产品品种,以增强本企业的市场竞争力。

②　产品线(车型系列)发展策略。当企业预测现有产品线的销售额和盈利率在未来可能下降时,或其他经营条件(如市场竞争、企业经营目标等)发生改变时,就必须考虑在现有产品组合中增加产品线,或加强其中有发展潜力的产品线。

③　产品线延伸策略。产品线延伸策略指全部或部分地改变原有产品的市场定位,具体有向下延伸(在高档产品线中增加中低档产品项目)、向上延伸(在中档产品线中增加高档产品项目)和双向延伸三种实现方式。

- 向下延伸。公司最初位于高端市场,随后将产品线向下延伸,即在高档产品线中增加中低档产品项目,以扩大市场占有率和销售增长率,补充企业的产品线空白。例如,中国重汽的黄河王子,就是在斯太尔重型车平台的基础上向下延伸,进入中重型市场开发出来的产品。

- 向上延伸。在原有的产品线内增加高档产品项目,以占领更高层次的市场份额。如2003年,中国重汽在斯太尔产品线基础上开发出斯太尔王作为提升产品,在重卡市场上一举获得成功。

- 双向延伸。即原定于中档产品市场的企业获得了市场优势后,向产品线的上、下两个方向延伸,一方面可以获得更多的市场份额,另一方面也可以向不同的市场领域进军。

4. 汽车产品生命周期

(1) 产品生命周期的概念

产品从完成试制、投放到市场开始,直到最后被淘汰退出市场为止的全部过程所经历的时间,称为产品的生命周期(Product Life Cycle)。汽车产品的生命周期可以理解为某种车型从试制成功上市到被新车型替代而淘汰所经历的时间。

(2) 汽车产品生命周期的形态划分

根据产品销售量、销售增长率和利润等变化曲线的拐点,可以定性地把汽车产品生命周期划分为4个典型时期,如图4-3所示。

①　市场导入期。市场导入期是指在市场上推出新产品,产品销售呈缓慢增长状态的阶段。在这个阶段中,新产品刚刚投入市场,顾客对产品还不了解,只有少数追求新奇的顾客购买,销售量低。为打开销路,企业一般需要投入大量的广告、促销费用,为产品做宣传。这一阶段,由于新产品产量小、成本高,销售额增长缓慢,企业利润较小,甚至有可能亏损。

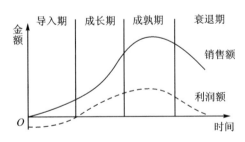

图4-3　产品的生命周期

②　市场成长期。市场成长期是指该产品在市场上迅速为顾客所接受、销售额迅速上升阶段。在这个阶段中,顾客对产品已经熟悉,大量顾客开始购买,市场份额逐步扩大。此时,企业也已经具备大量生产的条件,随着产量的增加,生产成本逐步降低,企业的销售额迅速上升,利

润也随之迅速增长。与此同时,同行业竞争者看到有利可图,纷纷进入该领域抢占市场份额,使同类产品的供给量增加,价格随之呈下降趋势。

③ 市场成熟期。市场成熟期是指大多数购买者已经接受该车型,市场销售额缓慢增长或下降的阶段。在这个阶段中,销售额和利润已经达到最大值,市场占有率也趋于稳定,市场保有量基本饱和。

④ 市场衰退期。市场衰退期是指销售额急剧下降、利润渐趋于零甚至负值的阶段。在这个阶段中,企业产品已经陈旧老化,销售额快速下降,利润大幅度下降,运营成本及制造费用增加,有时出现亏损,产品的市场竞争力极弱,即将被市场淘汰。

产品生命周期各阶段的特点见表 4 - 2。

表 4 - 2　产品生命周期各阶段特点

特　点　＼　阶　段	导入期	成长期	成熟期	衰退期
销售额	低	快速上升	缓慢上升或下降	下降
利润	低	快速增长	降低	低或无
单位成本	高	低	下降	回升
顾客	少数	多数	多数	少数保守者
竞争者	很少	增多	最多	减少
价格	高或低	适当	降低	降低

5. 汽车产品组合策略的运用

汽车产品组合策略,就是根据汽车企业的市场经营目标,对汽车产品组合的广度、深度和相容度进行决策,确定一个最佳的汽车产品组合。

(1) 产品组合扩展策略

产品组合扩展策略即扩大产品组合的宽度,增大产品组合的深度,增加产品组合的相容度。

扩大产品组合策略是开拓产品组合的广度和加强产品组合的深度。开拓产品组合广度是指增添一条或几条产品线,扩展产品经营范围;加强产品组合深度是指在原有的产品线内增加新的产品项目。具体方式如下:

① 在维持原产品品质和价格的前提下,增加同一产品的规格、型号和款式。

② 增加不同品质和不同价格的同一种产品。

③ 增加与原产品相类似的产品。

④ 增加与原产品毫不相关的产品。

例如,松下公司本是著名的家用电器厂商,现在还生产大型集成电路和精密陶瓷;丰田公司不仅生产汽车,还生产预制房屋,经营房地产业务;精工除大力发展钟表新品种以保持全球最大钟表商的地位外,还投资于机械、计算机、半导体等行业;索尼公司的经营范围也逐步由电子产品扩展到保险业和体育用品业。

(2) 缩减汽车产品组合策略

该策略也同样有缩减汽车产品组合广度、深度、相容度三种方式。

① 可集中精力与技术,对少数汽车产品改进品质、降低成本。

② 对留存的汽车产品可以进一步改进设计、提高质量,从而增强竞争力。

③ 使脱销情况减少至最低限度。

④ 使汽车企业的促销目标集中,效果更佳。

(3) 高档汽车产品策略与低档汽车产品策略

① 高档汽车产品策略,是在一种汽车产品线内增加高档汽车产品,以提高汽车企业现有的声望。

② 低档汽车产品策略,是在高档汽车产品线中增加物美价廉的汽车产品项目,目的是利用高档名牌汽车产品的声誉,吸引购买力较低的消费者,使其慕名来购买廉价汽车产品。

4.1.2 汽车价格策略

汽车价格策略是指汽车生产企业通过市场调研,对顾客的需求和企业的生产成本及市场竞争状况进行分析,从而选择一种能吸引顾客、实现营销组合的价格策略。

在市场营销活动中,汽车产品的价格不仅是汽车商品价值的货币表现形式,而且会随着市场需求、市场竞争状况的变化而变化。在我国汽车市场竞争日益激烈的今天,价格策略成为国内汽车企业重要的营销手段。

1. 影响汽车价格的因素

汽车价格的高低,主要是由汽车中包含的价值量的大小决定的。但是,从市场营销角度来看,汽车的价格除了受价值量的影响外,还要受以下几种因素的影响和制约:

(1) 汽车生产与流通成本

汽车在生产与流通过程中耗费的一定数量的物化劳动和活劳动就是汽车的成本。成本是影响汽车价格的实体因素。汽车成本包括汽车生产成本、汽车销售成本和汽车储运成本。汽车生产企业为了保证再生产的顺利实现,通过市场销售,既要收回汽车成本,同时也要保证一定的盈利。

(2) 消费者需求

消费者的需求对汽车定价的影响,主要通过汽车消费者的需求能力、需求强度、需求层次反映出来。汽车定价首先要考虑汽车价格是否适应汽车消费者的需求能力,如果消费者的需求能力强,企业在定价时可以定得高一些,反之则应低一些;其次要考虑消费者的需求强度,如果消费者对某品牌汽车的需求比较迫切,且对价格不敏感,企业在定价时可定得高一些,反之则应低一些;另外,不同的需求层次对汽车定价也有影响,对于能满足较高层次需求的汽车,其价格可定得高一些,反之则应低一些。

(3) 汽车产品的特征

汽车产品的特征是汽车自身所形成的特色。一般指汽车造型、质量、性能、服务、商标和装饰等,它能反映汽车对消费者的吸引力。汽车特征好,该汽车就有可能成为名牌汽车、时尚汽车、高档汽车,就会对消费者产生较强的吸引力。这种汽车产品往往会供不应求,因而在定价时即使比同类汽车高一些,消费者也能够接受。

（4）市场竞争者的行为

汽车定价是一种挑战性行为，任何一次汽车价格的制定与调整都会引起竞争对手的关注，并导致竞争对手采取相应的对策。在这种对抗中，竞争力强的汽车企业定价自由度较大，竞争力弱的汽车企业定价的自由度相对较小。

（5）汽车市场结构

根据汽车市场的竞争程度，汽车市场结构可分为四种不同的汽车市场类型。

① 完全垄断市场。完全垄断市场又称独占市场，它是指汽车市场或某区域市场完全被某个汽车品牌所垄断。

② 寡头垄断市场。它是指整个汽车市场由少数几家大的汽车公司所垄断，是介于完全垄断和垄断竞争之间的一种汽车市场形式。在这种汽车市场中，汽车的市场价格不是由市场供求关系决定的，而往往是由这几家汽车公司通过协议或默契规定的。

③ 垄断竞争市场。它是指既有垄断倾向又有竞争成分的汽车市场。其主要特点是：同类汽车在市场上有较多的生产者，市场竞争比较激烈；不同企业生产的汽车既有同质性又存在差异性。

④ 完全竞争市场。完全竞争市场又称自由竞争市场，在这种市场下，汽车产品同质化程度较高，汽车价格主要受市场供求关系影响，其他因素影响相对较弱。

（6）政府干预

为了维护国家与消费者的利益，维护正常的汽车市场竞争秩序，国家制定相关法律法规约束汽车企业的定价行为。

（7）社会经济状况

一个国家或地区经济发展水平越高，发展速度越快，人们的收入水平增长就越快，购买力就越强，汽车企业为汽车定价的自由度就比较大。反之，一个国家或地区经济发展水平越低，发展速度越慢，人们的收入水平增长就越慢，购买力就越弱，企业为汽车定价的自由度也就越小。

2. 汽车定价目标

一般来讲，汽车企业可供选择的汽车定价目标有以下六大类：

（1）利润导向的汽车定价目标

企业进行市场经营的根本目的就是追求效益。利润是企业发展的前提，汽车企业也不例外，因此，企业常把利润作为重要的定价目标。以利润为导向的定价目标有 3 种：

① 利润最大化目标。以最大利润为汽车定价目标，是指汽车企业期望获取尽可能大的销售利润。具有竞争优势的中小汽车企业通常用这种目标。最大利润既有长期和短期之分，又有汽车企业全部汽车产品和单个汽车产品之别。

② 目标利润。以预期利润为汽车定价目标，就是汽车企业把产品或投资的预期利润水平作为汽车销售额或投资额的一定比例，即汽车销售利润率或汽车投资利润率。以目标利润定价就是在成本的基础上加上目标利润。根据实现目标利润的要求，汽车企业要估算汽车按什么价格销售、销量达到多少才能实现预期的目标利润。一般来说，在行业中具有较强的实力、竞争力比较强、处于汽车行业领导地位的企业可以采用目标利润作为汽车定价目标。

③ 适当利润目标。有些汽车企业限于实力不足，为了保全自己、降低市场风险，以满足适

当利润作为汽车定价目标。这种情况多见于处于市场追随者地位的中小汽车企业。

（2）销量导向的汽车定价目标

以市场销量为导向的汽车定价目标是指汽车生产企业期望达到某一汽车销售量或市场占有率而确定的价格目标。

① 保持或扩大汽车市场占有率。汽车市场占有率是汽车企业经营状况和汽车产品在汽车市场上的竞争能力的直接反映，对于企业的生存和发展具有重要的战略意义。因此，汽车企业非常重视保持或扩大汽车市场占有率。

资金雄厚的汽车大公司，往往喜欢以低价渗透的方式来保持一定的汽车市场占有率；一些中小企业为了在某一细分汽车市场获得一定优势，也十分注重扩大汽车市场占有率。一般来讲，只有当汽车企业处于以下几种情况下，才适合采用该种汽车定价目标。

- 该汽车的价格需求弹性较大，降低价格能够增加市场需求，提高销量，促使汽车市场份额的提高。
- 汽车生产成本和流通成本随着销量增加而下降，利润呈现上升的趋势。
- 低价可以阻止现有的和可能出现的潜在竞争者进入。
- 汽车企业有雄厚的经济实力承受低价所造成的经济损失。
- 采用进攻型经营策略的汽车企业。

② 增加汽车销售量。这种方式以提高汽车销售量为定价目标，一般适用于汽车的价格需求弹性较大、企业开工不足、生产能力过剩的情况。

（3）竞争导向的汽车定价目标

以竞争为导向的汽车定价目标是指在激烈的汽车市场竞争中，企业以应付或避免竞争为导向而采取的定价目标。在激烈的市场竞争中，竞争对手对汽车价格都很敏感，在对汽车产品进行定价前，一般要广泛收集市场信息，把本企业的汽车性能、质量和成本与竞争者的同类车型相比较，然后制定本企业的汽车价格。通常采用的方法如下：

① 与竞争者产品同价。

② 高于竞争者产品的价格。

③ 低于竞争者产品的价格。

汽车企业在遇到同行进行价格竞争时，常常会被迫采取相应对策。主要包括：竞相降价，压倒对方；及时调价，价位对等；提高价格，树立威望。在现代市场竞争中，价格战极易导致两败俱伤，风险较大。所以，企业往往会避开价格战，而在汽车质量、促销、分销和服务等方面下功夫，以巩固和扩大自己的汽车市场份额。

（4）汽车质量导向的定价目标

汽车质量导向的定价目标是指汽车企业在市场上树立以质量领先的目标，从而在汽车价格上做出相应的决策。优质优价是一般的市场准则，从完善的汽车市场体系来看，高价格的汽车自然代表或反映着汽车的高性能、高质量及其优质服务。采取这一目标的汽车企业必须具备以下两个条件：一是拥有高性能、高质量的汽车；二是能够为用户提供完善、优质的服务。

（5）汽车企业生存导向的定价目标

当汽车企业遇到生产能力过剩或在激烈的市场竞争中处于劣势时，企业要把维持生存作为自己的首要目标——生存比利润固然更重要。对于这类汽车企业来讲，只要他们的汽车价格能够弥补变动成本和一部分固定成本，即汽车单价大于汽车企业变动成本，他们就能够维持运营。

（6）汽车销售渠道导向的定价目标

对于通过经销商销售汽车的汽车企业来说,保持汽车销售渠道畅通无阻,是保证汽车企业生产、销售顺利进行并获得良好经营效果的重要条件之一。

为了使得销售渠道畅通,汽车企业必须研究汽车价格对经销商的影响,充分考虑经销商的利益,保证经销商有合理的利润空间,从而提高经销商的销售积极性。

在现代汽车市场经济中,经销商对企业的产品宣传、提高汽车企业知名度有着举足轻重的作用。汽车企业在激烈的汽车市场竞争中,有时为了保住完整的汽车销售网络,保持渠道的畅通,促进汽车销售,必须让利于经销商。

3. 汽车定价方法

汽车定价方法是指汽车企业为了在目标市场上实现定价目标,而给汽车产品制定一个基本价格或浮动范围的方法。影响汽车价格的因素比较多,但在制定汽车价格时主要考虑的因素是汽车产品的成本、汽车市场的需求和竞争对手的价格。成本决定了汽车价格的最低基数,市场需求决定了汽车需求的价格弹性,竞争对手的价格提供了制定汽车价格时的参照点。在实际操作中,企业往往侧重于选择影响因素中的一个或几个因素来确定定价方法。由此产生了汽车成本导向定价法、汽车需求导向定价法和汽车竞争导向定价法 3 种汽车定价方法。

（1）汽车成本导向定价法

顾名思义,汽车成本导向定价法就是以汽车生产成本为基础,加上一定的利润和应纳税金来制定汽车价格的方法。这是一种按卖方意图定价的方法。以汽车成本为基础的定价方法主要有以下 3 种:

① 汽车成本加成定价法。汽车成本加成定价法是最简单的汽车定价方法,即在单辆汽车成本的基础上,加上一定比例的预期利润作为汽车产品的市场售价。售价与成本之间的差额就是利润。由于利润的多少是按一定比例反映的,这种比例习惯上称为"几成",所以这种方法被称为汽车成本加成定价法。

② 汽车加工成本定价法。汽车加工成本定价法是将汽车企业成本分为外购成本与新增成本后分别进行处理,并根据汽车企业新增成本来加成定价的方法。对于外购成本,企业只垫付资金,只有企业内部生产过程中的新增成本才是企业自身的劳动耗费。因此,按汽车企业内部新增成本的一定比例计算自身劳动耗费和利润,使预期利润同汽车企业自身的劳动耗费成正比,是汽车加工成本定价法的要求。

③ 汽车目标成本定价法。汽车目标成本定价法是指汽车企业以预期能达到的目标成本为定价依据,加上一定的目标利润和应纳税金来制定汽车价格的方法。汽车目标成本的确定要同时受到价格、税率和利润要求的多重制约。即汽车价格应确保市场能容纳目标产销量,扣税后销售总收入在补偿目标产销量计算的全部成本后能为汽车企业提供预期的利润。此外,汽车目标成本还要充分考虑原材料、工资等成本价格变化的因素。

（2）市场需求导向定价法

市场需求导向定价法是以市场需求为中心,汽车企业依据消费者对汽车价值的理解和对汽车需求的差别来定价。其主要包括以下内容:

① 对汽车价值的理解定价法。所谓对汽车价值的理解定价法,就是汽车企业根据消费者

对汽车价值的理解(或对汽车价值的认可程度)来制定汽车价格的方法。

②　对汽车需求的差别定价法。对汽车需求的差别定价法指企业根据消费者对汽车的需求差别来制定汽车的价格。其主要有以下三种情况:

- 按汽车的目标消费者制定价格。因为同一商品对于不同消费者,其需求弹性不一样。有的消费者对价格敏感,适当给予优惠可诱其购买;有的消费者则不敏感,可照价收款。

- 按汽车的颜色、款式等确定价格。由于消费者对同一品牌、同一规格的汽车的不同颜色、款式偏好程度不同,需求量也就不同,因此,不同的价格可以吸引不同需求的消费者。

- 按销售时间(季节)制定价格。同一种车型因销售时间(季节)的不同,市场需求量也不同。汽车企业可据此采取不同的价格,争取最大销售量。

(3) 汽车竞争导向定价法

汽车竞争导向定价法是指企业不完全考虑自己企业的产品成本,而主要是参考竞争产品的价格来制定本企业产品的价格,使本企业的汽车价格与竞争产品价格接近或保持一定的差距的方法。这是汽车企业根据市场竞争的需要而采取的特殊的定价方法。其主要有以下3种方式:

①　随行就市定价法。随行就市定价法,即以同类汽车产品的平均价格作为本企业定价的基础。这种方法适合汽车企业在难以对顾客和竞争者的反应做出准确的估计,而且难以确定定价方法时运用。在实践中,采用随行就市定价可较准确地体现汽车价值和供求情况,获得合理的利润。同时,也有利于协调同行业的步调,融洽与竞争者的关系。此外,采用随行就市定价法,其产品的成本与利润受行业平均成本的制约,因此,汽车企业只有通过提高企业的管理水平,降低生产成本和管理成本,才能获得更多的利润。

②　相关车型比价法。相关车型比价法,即以同类汽车产品中消费者认可的某品牌汽车的价格作为依据,结合本企业产品与消费者认可的汽车成本差率或质量差率来制定汽车价格。

③　竞争投标定价法。在汽车交易中,采用招标、投标的方式,由一个卖主(或买主)对两个或两个以上相互竞争的潜在买主(或卖主)出价(或要价)、择优成交的定价方法,称为竞争投标定价法。其显著特点是招标方只有一个,处于相对垄断的地位;而投标方有多个,处于相互竞争的地位。成交的关键在于投标者的出价能否战胜其他竞争对手而中标,中标者与卖方(买方)签约成交。此定价法主要在政府集中采购,处理走私、没收汽车,以及企业处理库存产品时采用,如上海市对机动车牌照的竞拍就属于这种形式。

4. 汽车定价策略

在激烈的汽车市场竞争中,企业为了实现自己的营销战略和目标,必须根据产品的特点、市场需求及竞争情况,采取灵活多变的汽车定价策略,使汽车定价策略与其他策略更好地结合,促进汽车销售,提高汽车企业的整体效益。因此,采用正确的汽车定价策略是企业取得竞争优势的重要手段。

(1) 汽车新产品定价策略

在激烈的市场竞争中,企业开发的汽车新产品能否及时打开销路、占领市场和获得满意的利润,除了汽车新产品本身的性能、质量及必要的营销策略之外,还取决于汽车企业能否选择正确的定价策略。汽车新产品定价有 3 种基本策略。

1）撇脂定价策略

这是一种高价保利策略,在汽车新产品投放市场的初期,企业将新车价格定得较高,以便在较短的时期内获得较高的利润,尽快收回投资。

撇脂定价策略的优点是:新车刚投放市场,需求弹性小,尚未有竞争者。因此,只要汽车新品有新意、质量过硬,就可以制定较高价格,满足那些高端消费者求新、求异的消费心理。由于价格(利润)较高,企业可以在较短时期内取得较大利润同时留有降价空间,可以在竞争者大量进入该市场时主动降价,打压竞争者,提高市场竞争能力,同时也符合价格由高到低的消费心理。

撇脂定价策略的缺点是:在新车尚未树立市场声誉时,高价不利于开拓市场,一旦销售遇阻,新产品就有夭折的风险。另外,高价投放市场时如果销路旺盛,也很容易引来竞争者,导致竞争加剧。

撇脂定价策略一般适于以下情况:

① 企业研制开发的汽车新产品技术新、难度大、开发周期长。

② 新产品市场需求较大,产品供不应求。

③ 企业为了树立产品性能高、质量优的高档品牌形象。

2）渗透定价策略

这是一种汽车低价促销策略,在汽车新产品投放市场时,直接将汽车价格定得较低,使消费者易于接受,便于打开和占领市场。

渗透定价策略的优点:一是可以利用较低价位迅速打开新产品的市场销路,占领市场,实现薄利多销;二是可以有效阻止竞争者进入,有利于控制市场。其缺点是:投资的回收期较长,一旦渗透失利,企业就会一败涂地。

渗透定价策略一般适于以下几种情况:

① 新产品所采用的技术、工艺等已经公开,或者易于仿制,竞争者容易进入该产品市场领域。利用低价可以排斥竞争者,占领市场。

② 本公司上市的汽车新产品在市场上已有同类产品,但是本公司比生产同类汽车产品的其他企业拥有更大的生产能力,并且该产品的规模效益显著,可以通过规模生产降低成本、提高效益。

③ 该类汽车产品市场供求基本平衡,市场需求对价格比较敏感,低价可以吸引顾客,扩大市场份额。

3）满意定价策略

这是一种介于撇脂定价策略和渗透定价策略之间的汽车定价策略,制定的价格比撇脂价格低,比渗透价格高,是一种中间价格。这种汽车定价策略能使汽车生产者和消费者都比较满意,比前两种定价策略的风险小,成功的可能性大,但也要根据市场需求、竞争情况等因素进行具体分析。

4）按汽车产品生命周期定价策略

在汽车产品生命周期的不同阶段,汽车定价的三个要素(即成本、消费者和竞争者)都会发生变化,汽车定价策略也要适时、有效地随之进行调整。

① 导入期:在新产品导入期,没有其他品牌的汽车可进行比较,大多数消费者习惯把汽车

价格作为衡量其质量的标志,对新产品的价格敏感性相对较低,企业可以制定较高的价格。就像我国汽车企业的新车型往往在上市后的第一年采取较高的价格一样。

② 成长期:在成长期,消费者的注意力不再单纯地停留在汽车产品的效用上,开始比较不同汽车品牌的性价比,企业可以采取汽车产品差异化和成本领先的策略。一般来说,由于消费者对产品更加熟悉,价格敏感性提高,故成长期的汽车价格要比导入期的价格低。

③ 成熟期:成熟期的汽车定价目标不是为了提高市场份额,而是尽可能地创造竞争优势,提高规模效益。此阶段不宜再使用捆绑式销售,否则会导致产品组合中一个或几个性能较好的汽车产品难以打开市场,但可以通过销售更有利可图的辅助产品或提供优质的服务来稳固市场地位。

④ 衰退期:衰退期中很多汽车企业会选择降价。但是,此时降价往往不能刺激起足够的需求,结果反而降低了企业的盈利能力。衰退期的汽车定价目标不是赢得利润或市场占有率,而是应在损失最小的情况下退出该细分市场,或者是维护企业的竞争地位。有 3 种策略可供衰退期选择:紧缩策略(将资金紧缩到竞争力最强、生产能力最大的汽车生产线上)、收缩策略(通过汽车定价,获得最大现金收入,退出整个市场)和巩固策略(巩固竞争优势,通过降价打败弱小的竞争者,占领他们的市场)。

(2) 折扣和折让定价策略

在汽车市场营销中,企业为了竞争和实现经营战略,经常对汽车价格采取折扣和折让策略,直接或间接地降低汽车价格,以争取更多的消费者,扩大汽车销量。灵活运用折扣和折让策略,可以提高企业经济效益。具体来说,常见的折扣和折让策略有以下几种:

① 数量折扣。数量折扣一般用在与集团客户交易的过程中,根据用户购买汽车数量的多少,分别给予不同的折扣。用户购买的汽车数量越多,折扣越大。数量折扣分为累计数量折扣和非累计数量折扣。前者指在一定时期内,用户购买汽车达到一定程度的数量或金额时,企业按总量给予一定折扣的优惠,目的在于使集团用户与企业保持长期的合作,从而维持企业的市场占有率;后者指按每次购买汽车的数量多少给予用户一定的折扣优惠,可以刺激用户大量购买,减少库存和资金占压,往往是汽车企业给予经代销商的购车优惠策略。

② 现金折扣。现金折扣是对按约定提前付款或一次付清款项的买主给予一定的优惠。目的是鼓励买主尽早付款,以利于企业的资金周转。

③ 季节折扣。季节折扣是指在汽车销售淡季时,给购买者一定的价格优惠。目的在于鼓励经销商进货和消费者购买汽车,减少库存,节约管理费,加速资金周转。

④ 运费让价。为了调动经销商的积极性,汽车企业对经销商的运输费用给予一定的补贴,支付一部分甚至全部运费。汽车运费让价一般不采用打折的方法,而采用回扣的方法。因为同样是降价,经销商在支出了很大一笔费用以后能够收到回扣的感受比仅仅得到一种降价的产品要好一些。

(3) 心理定价策略

每一品牌的汽车都能满足汽车消费者某一方面的需求,汽车价值与消费者的心理感受有着很大的关系。这为汽车心理定价策略的运用提供了市场空间,企业在定价时可以利用消费者的心理因素,有意识地将汽车价格定得高或低,以满足消费者心理的、物质的和精神的多方面需求,通过消费者对汽车产品的偏爱或忠诚,引导消费者的消费观念,扩大市场销售量(销售额),从而获得最大效益。常见的心理定价策略如下:

① 整数定价策略。在高档汽车定价时,往往把汽车价格定成整数,不带尾数。凭借整数价格来给消费者造成高档消费品的印象,提高汽车品牌形象,满足汽车消费者的某种心理需求。整数定价策略适用于汽车档次较高、需求价格弹性较小的汽车产品。

② 尾数定价策略。尾数定价策略是与整数定价策略相反的定价策略,指企业利用汽车消费者求廉的心理,在汽车定价时,不采用整数报价,而是采用带尾数的定价策略。带尾数的汽车价格直观上给汽车消费者一种便宜的感觉,消费者还会认为企业是经过了认真的成本核算才制定的价格,可以提高消费者对该定价的信任度,从而激起消费者的购买欲望。尾数定价策略一般适用于汽车档次较低的经济型汽车。

③ 声望定价策略。声望定价策略是企业根据汽车产品在消费者心目中的声望、美誉度、信任度和社会地位来确定汽车价格的一种定价策略。声望定价策略可以满足某些消费者心里的特殊欲望,如地位、身份、财富、名望和自我形象的展示等,还可以通过高价格显示汽车的名贵优质。例如,在美国市场上,质高价低的中国货通常竞争不过相对质次价高的韩国货,其原因就在于在美国人眼中低价就意味着低档次。声望定价策略一般适用于知名度高、市场影响力大的著名品牌的汽车。

④ 招徕定价策略。招徕定价策略是企业将某种车型的价格定得非常高或非常低,以引起消费者的好奇心理和驻足观望行为,吸引消费者,从而带动其他车型销售的汽车定价策略。如企业在某一时期推出某款车型降价出售,过段时间又换另一种车型降价,吸引顾客时常关注该企业的产品,促进降价产品的销售,同时带动其他正常价格的汽车产品的销售。招徕定价策略常为汽车超市、汽车专卖店所采用。

⑤ 分级定价策略。分级定价策略是在定价时,把企业的所有汽车产品分为几个等级,不同等级的汽车采用不同价格的一种汽车定价策略。这种定价策略能使消费者产生货真价实、按质论价的感觉,容易被消费者接受。而且,这些不同等级的汽车若同时提价,对消费者的质价观冲击不会太大。企业在采用分级定价策略时应注意,产品等级的划分要适当,级差不能太大或太小,否则起不到应有的效果。

(4) 针对汽车产品组合的定价策略

一个汽车企业往往会有多个系列的多种产品同时生产和销售,这些汽车产品之间的需求和成本既相互联系,又存在一定程度的"自相竞争"。定价时应结合关联的产品组合制定产品的价格系列,使产品组合的利润最大化。这种定价策略主要有以下两种情况:

① 同系列汽车产品组合定价策略。这种定价策略是把一个企业生产的同一系列的汽车作为一个产品组合来定价。为了吸引消费者,可以选定某一车型将其价格定得较低;同时又选定某一车型将其价格定得较高,在该系列汽车产品中充当品牌价格,以提高该系列汽车的品牌效应。同系列汽车产品组合定价策略与分级定价策略有些相似,但前者更注重系列产品作为产品组合的整体化,强调产品组合中各汽车产品的内在关联性。

② 附带选装配置的汽车产品组合定价策略。这种定价策略是指汽车产品的配置可以由用户进行某些选择时,把汽车产品与可供选装的配置看作产品组合来定价的策略。这种情况在企业中应用较多。企业首先要确定产品组合中应包含的可选装的配置,其次再对汽车及选装配置进行合理的定价。

【例 4 - 2】 上海大众"帕萨特"的定价策略

2002 年秋季,汽车价格成了国内媒体报道的热点,同时也是汽车生产厂家避讳的话题。

因为在汽车产品越来越同质化的今天,能生产汽车已不再是一个厂家的核心竞争力,而会不会卖车则是充分体现厂家核心竞争力的重要方面。

上海大众是德国大众与上海汽车工业集团总公司成立的合资企业,在品牌营销方面基本上继承发扬了德国大众的策略。而德国大众是世界知名的跨国公司,其制定出的定价策略,是保证公司目标实现的重要条件。通常,这类公司产品价格会受到三个制约因素——生产成本、竞争产品的价格和消费者的购买能力的影响,其中产品的生产成本决定了产品的最低定价,而竞争产品的定价和消费者的购买能力则制约着产品的最高定价。

2003年1月21日,上海大众正式向媒体展示了刚刚推出的帕萨特2.8V6。其打出的品牌定义为"一个真正内涵的人,并非矫揉造作"。营销目标是"成为中高档轿车的领导品牌""成为高档轿车的选择之一"。无疑,上海大众希望传播这样一个目标:帕萨特是中高档轿车的首选品牌;在品牌形象方面是典范;要凌驾于竞争对手别克、雅阁和风神蓝鸟之上;缩小与高档品牌(如奥迪、宝马、奔驰)之间的差距。

上海大众为了达到上述目标,在分析了自己的优劣势后进行了定价决策,并围绕着营销目标和所制定的价格进行了一系列行之有效的广告宣传。

(一)定　价

为了制定出有竞争优势的市场价格,上海大众从以下几个方面分析了自己的优势:

(1)生产成本

由于该车系在上海大众已于2000年就开始生产了,而且产销量每年递增,所以生产成本自然会随着规模的增加而降低。

(2)竞争品牌技术差异

① 在与市场同档次产品(如奥迪A6、本田雅阁、通用别克等)相比,虽然帕萨特的长度排名最后一位,但是帕萨特最高,达到1.47 m;轴距为2.803 m,远远高于雅阁、别克。帕萨特的乘坐空间和乘坐舒适性在同类轿车中为最好水平,尤其对后排乘员来说,腿部和头部空间尤显宽敞。

② 帕萨特和奥迪A6所用的2.8V6发动机技术水平处于领先地位。

③ 空气阻力影响汽车的最高车速和油耗。帕萨特的风阻系数仅为0.28,在同类轿车中处于最好水平。

④ 和帕萨特及奥迪A6的周密防盗系统相比,雅阁没有发动机电子防盗系统和防盗报警系统,别克轿车没有防盗报警系统。

⑤ 帕萨特的长度虽然在四种车型中名列最末,但由于其卓越的设计,帕萨特的行李厢容积却超过了广州本田雅阁和上海通用别克。

(3)售后服务是汽车厂商重点宣传的部分,而维修站的数量则是个硬指标。上海大众建厂最早,售后服务维修站的数量自然居于首位。

在对经销商的培训及消费者的宣传中,上海大众用了这样的语言:上海大众便捷的售后服务、价平质优的纯正配件,使帕萨特的维护费用在国产中高级轿车中最低,用户耽搁时间最短,真正实现"高兴而来,满意而归"。很明显,上海大众抓住了消费者的需求心理:高质量、低价位、短时间。

在对职工的全员培训中,上海大众非常明确地描绘出了帕萨特的品牌定位:感性表达——帕萨特宣告了你人生的成就;理性描述——帕萨特是轿车工业的典范。最后一句"帕萨特

2.8V6 是上述品牌定位的最好例证",显示了新产品的卖点和竞争力。

整个营销方案的最后,打出了帕萨特 2.8V6 的定价:35.9 万元人民币。

(二)广告宣传

为了树立帕萨特清晰、独特的品牌性格,上海大众策划并实施了一系列递进的广告宣传活动。

2000 年 6 月,上海大众引进了在国际车坛屡获殊荣、与世界同步的帕萨特。这一年,帕萨特的广告宣传语"惊世之美,天地共造化"一度脍炙人口,也将帕萨特的优雅外观、完美工艺形象烙进了人们心中。

然而,随着市场的发展,奥迪、别克、雅阁等国际品牌竞争对手的成长,使得中高档轿车的品牌宣传越来越需要一个清晰的市场定位与独特的品牌性格。在分析研究了竞争对手的情况后,上海大众对帕萨特进行了重新描述——"一部有内涵的车",博大精深,从容不迫,优秀却不张扬。

2001 年 7 月,帕萨特的主题电视广告"里程篇"投播,以对人生成功道路的回顾和思索,把品牌与成功联结在了一起,同时为该品牌积淀了丰富的人文内涵。

2003 年 1 月,上海大众推出了帕萨特 2.8V6,配备了 2.8V6 发动机和诸多全新装备,是大众中高档产品在我国市场的最高配置。该车将帕萨特的尊贵与卓尔不凡乃至整个上海大众的形象推向了一个新的层面。在电视广告宣传中,上海大众利用了"里程篇"所奠定的"成功"基础,将"成功"提升到了更高境界。在这部广告片中,我们可以看到山、水、湖泊、森林、平原、沙漠变换中蕴藏着无限生命力,无疑创意者在表现帕萨特 2.8V6 的动力。在平面媒体中,上海大众加强了对帕萨特 2.8V6"内在力量"的宣传,与电视宣传形成内外呼应、整体配合的效果。但是所有的广告宣传背景都贯穿了一条线索——"修身、齐家、治业、行天下",该线索借用深入人心的"儒家"思想,概括了中国人的人生态度和抱负,使得"成功"的境界登峰造极。经过了修、齐、治、行四个递进阶段后,帕萨特智慧、尊贵、大气、进取的品牌个性也就毫不张扬地得到了印证。

除电视广告、平面广告等大众媒体外,消费者的宣传手册也很重要。上海大众的做法是详细介绍了帕萨特 2.8V6 的新技术、新功能。如 2.8 升 V 型 6 缸 5 气门发动机、侧面安全气囊、电动可调带记忆电动加热前座椅、带雨量传感器的车内后视镜、桃木方向盘、前大灯清洗装置等。

案例问题:试分析并评论帕萨特采用的定价方法,并从营销策略的角度评价一下帕萨特的定价策略。

案例分析:文章很明显地看出,上海大众采用的是竞争导向定价法,这是跨国公司通常的做法。竞争导向定价法是企业根据竞争产品的品质和价格来确定自己产品价格的定价方法。它以市场竞争对手状况为主要依据,根据应对竞争或避免竞争的需要来制定价格,由于 35.9 万元的帕萨特 2.8V6 的价格正好低于 2.98 升别克的 36.9 万元,又稍高于或基本等于奥迪 1.8T 的 35 万元的价格。不难看出,帕萨特 2.8V6 的上市会对 2.98 升别克车型和奥迪 1.8T 车型形成直接冲击,其目的就是要应对市场竞争,且以击败某个或某些竞争对手为主要目标。

案例中,在产品价格确定之后,为了树立帕萨特清晰、独特的品牌形象,上海大众策划并实施了一系列递进的广告宣传等促销活动。这就告诉我们,从营销策略的角度看,产品、价格、分销、促销四个参数是市场营销组合的基本参数,汽车企业在运用营销策略时,应把他们视为一个整体来看待,注意四个方面的相互呼应、相互配合和相互促进,这样才能取得较好的营销效果。

4.1.3 渠道策略

1. 分销渠道的含义

分销渠道,就是产品从生产者向最终消费者或产业用户移动时,直接或间接转移所有权所经过的途径。

2. 分销渠道的分类

由于我国私人(家庭)汽车消费者与生产性用户(企业性组织)购车性质不同,消费目的与购买特点等具有差异性,即使针对同样的用户群体,各区域市场的消费环境、社会习俗、消费观念等也差异较大,企业采取的分销渠道也各有差别。

(1) 直接渠道和间接渠道

直接渠道是指没有中间商参与,产品由制造商直接销售给消费者或用户的渠道类型。直接渠道的形式是:生产者—用户。直接渠道是工业品销售的主要方式,特别是一些大型、专用、技术复杂、需要提供专门服务的产品。

1) 直接分销渠道的优点

① 有利于产、需双方直接交流沟通信息,可以按需生产,按订单生产,企业为用户量身定做,更好地满足目标顾客的需要。由于是面对面的销售,用户可以更好地掌握商品的性能、特点和使用方法;生产者能直接了解用户的需求、购买特点及其变化趋势,进而了解竞争对手的优势和劣势及其营销环境的变化,为按需生产创造了条件。

② 可以降低产品在流通过程中的损耗。省去商品流转的中间环节,可以降低流通费用,掌握价格的主动权,积极参与竞争,也能加快商品的流转。

③ 可以使购销双方在营销上相对稳定。一般来说,直接渠道进行商品交换都签订合同,数量、时间、价格、质量、服务等都按合同规定履行,购销双方的关系以法律的形式于一定时期内固定下来,使双方把精力用于其他方面的战略性谋划。

④ 可以在销售过程中直接进行促销。企业直接分销,实际上又往往是直接促销的活动。例如,企业派员直销,不仅促进了用户订货,同时也扩大了企业和产品在市场中的影响,又促进了新用户的订货。

2) 直接分销渠道的缺点

① 在产品和目标顾客方面,对于绝大多数生活资料商品,其购买呈小型化、多样化和重复性。生产者若凭自己的力量去广设销售网点,需要牵涉大量的人力、物力、财力,往往力不从心,甚至事与愿违,很难使产品在短期内广泛分销,很难迅速占领或巩固市场,企业目标顾客的需要得不到及时满足,势必导致部分客户转移方向去购买其他厂家的产品,这就意味着企业失去目标顾客和市场占有率。

② 在商业合作伙伴方面,商业企业在销售方面比生产企业的经验丰富,这些中间商最了解顾客的需求和购买习性,在商业流通领域起着不可缺少的桥梁作用。而生产企业自销产品,

需要企业自己去进行市场调查,加重生产者的工作负荷,分散生产者的精力。更重要的是,生产者将失去中间商在销售方面的协作,为产品价值的实现增加了困难,目标顾客的需求难以得到及时满足。

③ 在生产者与竞争对手之间,当生产者仅以直接分销渠道销售商品,致使目标顾客的需求得不到及时满足时,同行竞争对手就可能趁势进入目标市场,抢走目标顾客和合作伙伴,给企业的经营制造困境。

间接渠道是指生产者利用中间商将产品销售给消费者或用户,中间商介入交换活动。它是消费品销售的主要方式,许多工业品也采用。间接渠道的典型形式是:生产者—批发商—零售商—个人消费者(少数为团体用户)。

1)间接分销渠道的优点

① 有助于产品广泛分销。中间商在商品流转的过程中,将生产者与消费者连接起来,有利于调节生产与消费在产品品种、规格、型号、数量等方面的矛盾,既有利于满足生产厂家目标顾客的需求,也有利于生产企业产品价值的实现,更能使产品广泛地分销,巩固已有的目标市场,扩大新的市场。

② 缓解生产者人、财、物等力量的不足。中间商购买了生产者的产品并交付了款项,使生产者提前实现了产品的价值,可以开始新的资金循环和生产过程。此外,中间商还承担销售过程中的仓储、运输等费用,也承担着其他方面的人力和物力支付,弥补了生产者营销中的力量不足,节约了流通成本和时间。

③ 间接促销。消费者往往是货比数家后才购买产品,而一位中间商通常经销众多厂家的同类产品,中间商对同类产品的不同介绍和宣传,对产品的销售影响甚大。此外,实力较强的中间商还能承担一定的宣传广告费用,具有一定的售后服务能力。所以,生产者若能取得与中间商的良好协作,可以促进产品的销售,并从中间商那里及时获取市场信息。

④ 有利于企业之间的专业化协作。中间商是专业化协作发展的产物。生产者产销合一,既难以有效地组织商品的流通,又使生产精力分散。有了中间商的协作,生产者可以从烦琐的销售业务中解脱出来,集中力量进行生产,专心致志地从事技术研究和技术革新,促进生产企业之间的专业化协作,以提高生产经营的效率。

2)间接分销渠道的缺点

① 可能形成"需求滞后差"。中间商购买了产品,并不意味着产品就从中间商手中销售出去了,有可能市场销售受阻。对于某一生产者而言,一旦其多数中间商的销售受阻,就形成了"需求滞后差",即需求在时间或空间上滞后于供给。但生产规模既定,人员、机器、资金等照常运转,生产难以马上根据市场调整。当需求继续减少,就会导致产品的供给更加大于需求。若多数商品出现类似情况,便造成所谓的市场疲软现象。

② 可能加重消费者的负担,导致抵触情绪。流通环节增大储存或运输中的商品损耗或成本的增加,如果都转嫁到零售价格中,就会增加消费者的负担。此外,若中间商服务工作欠佳,可能导致顾客对商品的抵触情绪,甚至引起购买的转移。

③ 不便于直接沟通获得市场信息。如果与中间商协作不好,生产企业就难以从中间商的销售中了解和掌握消费者对产品的意见、竞争者产品的情况、企业与竞争对手的优势和劣势、目标市场状况的变化趋势等。在当今风云变幻、信息爆炸的市场中,企业信息不灵,生产经营必然会迷失方向,也难以保持较高的营销效益。

（2）长渠道和短渠道

分销渠道的长短一般是按通过流通环节的多少来划分，具体包括以下 4 层：

① 零级渠道（MC），即由制造商（Manufacturer）直接到消费者（Customer）。

② 一级渠道（MRC），即由制造商（Manufacturer）通过零售商（Retailer）到消费者（Customer）。

③ 二级渠道（MWRC），即由制造商（Manufacturer）—批发商（Wholesaler）—零售商（Retailer）—消费者（Customer），或者是制造商（Manufacturer）—代理商（Agent）—零售商（Retailer）—消费者（Customer），多见于消费品分销。

④ 三级渠道（MAWRC），即由制造商（Manufacturer）—代理商（Agent）—批发商（Wholesaler）—零售商（Retailer）—消费者（Customer）。

渠道的级数越高，渠道越长；反之，渠道越短。渠道越长，企业产品的市场扩展可能性就越大，但是企业对产品销售的控制性和信息反馈性就越差；相反，渠道越短，企业对产品销售的控制性和信息反馈性就越好，但是市场扩展性就会下降。

（3）宽渠道与窄渠道

渠道宽窄取决于渠道的每个环节中使用同类型中间商数目的多少。企业使用的同类中间商多，产品在市场上的分销面广，称为宽渠道。如一般的日用消费品，由多家批发商经销，又转卖给更多的零售商，能大量接触消费者，大批量地销售产品。

企业使用的同类中间商少、分销渠道窄，称为窄渠道，它一般适用于专业性强的产品或贵重耐用的消费品，由一家中间商统包，独家或几家经销。它使生产企业容易控制分销，但市场分销面受到限制。

3. 影响汽车分销渠道选择的因素

任何一家汽车制造企业在选择各区域市场的分销渠道时，都会受到一系列微观因素和宏观因素的制约，影响汽车分销渠道选择的因素主要如下。

① 产品因素。一般来说，汽车产品由于体积大、重量大、价值大、运输不便、储运费用高、技术服务专业性强等原因，对分销商的设施条件、技术服务能力和管理水平要求较高，因此，汽车产品的销售渠道宜采取短而宽的销售渠道类型。但不同企业的汽车产品在上述特性方面也存在某些差异，因而不同类型的汽车企业的销售渠道在渠道长短、宽窄等具体特点上也各有不同。

② 市场因素。不同企业的不同产品，其市场特性不同。从进入 21 世纪的后的 10 年看，我国汽车市场迅猛发展，特别是轻型汽车和轿车成为汽车市场的主角，其市场分布面广，这就要求汽车企业的销售渠道范围相应地宽一些，以提高市场覆盖率。而对重型汽车、专用汽车等汽车产品的生产企业而言，因其应用市场相对集中，故可以选择窄和短的销售渠道。

③ 企业因素。除产品和市场因素外，汽车企业自身的声誉和财力、销售网络的能力和经验、为顾客提供服务的程度以及要求对销售渠道控制的程度等，均影响到销售渠道的选择。

④ 环境因素。宏观经济形势对渠道的选择有较大的制约作用，如在经济不景气的情况下，制造商要控制销售成本，降低产品售价，因此必然减少流通环节，使用较短的渠道。此外，政府有关汽车产品流通的政策、法规也限制了渠道选择。例如，欧洲、日本汽车经销商的经营规模一般较大，因为他们不仅销售汽车，还提供售后服务、充当保险代理、出售汽车用具和二手

车交易,甚至还从事汽车消费贷款业务。在日本,上门服务销售占很大比例,致使销售队伍相对庞大。而在美国,由于劳动力的价值非常高,加上人口稀少,上门服务销售普及比较困难,有的州还禁止上门服务销售。因此,美国的汽车销售模式一般是顾客到汽车商店陈列室里看车、试车,然后与商店讨价还价,因此,分销商只需少量的销售队伍就可进行店面销售。

4.1.4　促销策略

1. 促销的含义

促销(Promotion)是促进产品销售的简称。从市场营销的角度看,促销是企业通过人员或非人员的方式,沟通企业与消费者之间的信息,引发、刺激消费者的消费欲望和兴趣,使其产生购买行为的活动。

① 促销工作的核心是沟通信息。没有信息的沟通,企业不把汽车产品和购买途径等信息传递给目标客户,也就谈不上购买行为的发生。因此,促销的一切活动都以信息传递为起点,完成销售,最后以信息反馈为终点。

② 促销的目的是引发、刺激消费者产生购买行为。在消费者可支配收入既定的条件下,消费者是否产生购买行为主要取决于消费者的购买欲望,而消费者购买欲望又与外界的刺激、诱导密不可分。促销就是利用这一特点,激发用户的购买兴趣,强化购买欲望,甚至创造需求来实现最终目的。

③ 促销的方式有人员促销和非人员促销两类。人员促销,小称直接促销,是企业运用推销人员向消费者推销商品或劳务的一种促销活动。它主要适用于消费者数量少且比较集中的情况下进行促销。非人员促销,又称间接促销,是企业通过一定的媒体传递产品或劳务等有关信息,以促使消费者产生购买欲望、发生购买行为的一系列促销活动,包括广告、公关和营业推广等。它适合于消费者数量多且比较分散的情况下进行促销。通常,企业在促销活动中将人员促销和非人员促销结合运用。

2. 汽车促销的作用

① 提供汽车产品信息。通过促销宣传,可以使汽车用户了解企业生产经营什么样的汽车产品、有什么特点、到什么地方购买、购买的条件是什么等,从而引起顾客的注意,激发并强化购买欲望,为实现和扩大销售作好舆论准备。

② 突出汽车产品特点,提高竞争能力。在激烈的市场竞争中,同类汽车产品中有些产品差别细微,而通过促销活动能够宣传突出企业产品特点的信息,从而激发潜在的需求,提高企业和产品的竞争力。

③ 强化企业的形象,巩固市场地位。恰当的促销活动可以树立良好的企业形象和商品形象,能使顾客对企业及其产品产生好感,从而培养和提高用户的忠诚度,形成稳定的用户群,可以不断地巩固和扩大市场占有率。

④ 刺激需求,影响用户的购买倾向,开拓市场。这种作用在企业将新汽车产品推向市场,效果更为明显。企业通过促销活动诱导需求,有利于新产品打入市场和建立声誉。促销也有利于培育潜在需要,为企业持久地挖掘潜在市场提供了可能性。

3. 各种促销方式的特点

不同的促销方式有不同的效果,各种促销方式的主要特点如下:

① 人员推销。即企业利用推销人员推销产品,也称为直接推销。对汽车企业而言,主要是派出推销人员与客户直接面谈沟通信息。人员推销方式具有直接、准确、推销过程灵活、易于与客户建立长期友好合作关系以及双向沟通的特点。但这种推销方式成本较高,对推销人员的素质要求也较高。

②广告。广告是通过报纸、杂志、广播、电视、广告牌等广告传播媒体形式向目标顾客传递信息。采用广告宣传可以使广大客户对企业的产品、商标、服务等加强认识,并产生好感。广告的特点是可以更为广泛地宣传企业及其商品,传递信息面广,不受客户分散的约束,同时广告还能起到倡导消费、引导潮流的作用。

③ 营业推广。营业推广又称销售促进,是指企业运用各种短期诱因鼓励消费者和中间商购买、经销或代理企业产品或服务的促销活动。其特点是可有效地吸引客户,刺激购买欲望,可以较好地促进销售。但它有贬低产品之意,因此只能是一种辅助性促销方式。

④ 公共关系。这一词来自英文 Public Relations,简称"公关"。它是指企业在从事市场营销活动中正确建立企业与社会公众的关系,以便树立企业良好形象,从而促进产品销售的一种活动。公共关系是一种创造"人和"的艺术,它不以短期促销效果为目标,而是通过公共关系使公众对企业及其产品产生好感,并树立良好的企业形象,并以此来激发消费者的需求。它是一种长期的活动,着眼于未来。

各种促销方式的优缺点,可以用表4-3所列来加以概括。

表4-3 各种促销方式的特点

促销方式	优 点	缺 点
人员推销	推销方法灵活,针对性强,容易促成及时成交	对人员素质要求较高,费用较大
广告	信息传播面广,易引起注意,形式多样	说服力小,不能直接成交
公共关系	影响面大,对消费者印象深刻	促销效果间接,产生促销效果所需时间长;活动开展艺术强
营业推广	吸引力大,效果明显	只能是短期使用,有贬低产品的意味

4. 促销组合策略

所谓促销组合,就是企业根据产品的特点和营销目标,综合各种影响因素,对各种促销方式的选择、编配和运用。促销组合是促销策略的前提,在促销组合的基础上,才能制定相应的促销策略。因此,促销策略也称为促销组合策略。影响促销组合策略制定的因素主要有以下几个方面。

① 产品因素。消费者对于不同类型的产品有不同的要求,而且对不同类型产品的促销方式要求也各不相同。属于购买频繁的日常用品和生活耐用品的产品,消费者倾向于品牌偏好,因此对产品知名度的宣传就显得尤为重要,采用广告、营业推广、公共关系等手段进行宣传效果较好;而对于价值较高、购买风险比较大的产品,消费者购买时通常比较理性、慎重,广告宣传无法满足其需求,利用人员推销的方式更为有效。

② 促销目标。在企业营销的不同阶段和为适应市场活动的不断变化,要求有不同的促销目标。因此,促销组合和促销策略的制定,要符合企业的促销目标,根据不同的促销目标,采用不同的促销组合和促销策略。

③ 产品生命周期。当产品处于导入期时,需要进行广泛的宣传,以提高知名度,因而广告的效果最佳,营业推广有利于鼓励消费者尽早试用。当产品处于成长期时,广告和公共关系仍需加强,营业推广则可相对减少。产品进入成熟期时,应增加营业推广、削弱广告,因为此时大多数用户已经了解这一产品,在此阶段应大力进行人员推销,以便与竞争对手争夺客户。产品进入衰退期时,某些营业推广措施仍可适当保持,广告则可以停止。

④ 促销预算。任何企业用于促销的费用总是有限的,这有限的费用自然会影响营销组合的选择。因此企业在选择促销组合时,首先要根据企业的财力及其他情况进行促销预算;其次要对各种促销方式进行比较,以尽可能低的费用取得尽可能好的促销效果;最后还要考虑到促销费用的分摊。

5. 汽车促销策略的分类

从促销活动运作的方向来分,促销策略可分为以下两种。

(1) 从上而下式策略(推式策略)

这一策略以人员推销为主,辅之以中间商销售促进,兼顾消费者的销售促进,也就是推销员把汽车产品推荐给批发商(一般是集团公司),再由批发商推荐给零售商(二级公司),最后由零售商推荐给用户,其目的是说服中间商与消费者购买企业产品,并层层渗透,最后到达消费者手中。

推式策略主要适用于以下情况:

① 企业经营规模较小,资金较少,不能进行完善的广告计划。

② 市场较集中,分销渠道短,销售队伍大。

③ 汽车产品具有很高的单位价值等。

④ 产品的使用、维修、保养方法需要进行示范。

(2) 从下而上式策略(拉式策略)

这一策略采取间接方式,以广告促销和公共宣传等措施为主,通过创意新、高投入、大规模的广告轰炸,吸引消费者,使消费者对产品产生兴趣,从而诱发消费者的购买欲望,引起需求,使消费者主动购买商品。

拉式策略主要适用于以下情况:

① 市场需求量大,车型属于大众化产品。

② 产品信息必须以最快的速度传递给消费者和潜在的顾客。

③ 用户对产品的需求呈上升趋势。

④ 产品差异化明显。

⑤ 产品能引起消费者某种特殊情感。

⑥ 企业用于广告的资金充裕。

6. 制定汽车促销策略的步骤

在制定促销策略时,通常包括以下几个步骤:

（1）确定目标受众

在进行促销活动前,汽车营销人员必须明确受众目标,这些目标可能是潜在的顾客,也可能是公司产品的使用者;既可能是个人,也可能是团体;既可能是购买决策者,也可能是受影响者等。不同的受众目标将决定不同的传播方式和传播内容。

（2）确定传播目标

传播目标是指经过营销人员与目标受众的沟通传播之后应达到的目的。目标受众的多样化决定了传播目标的不唯一性。目标受众可分为知晓、认识、喜爱、偏好、确信、购买等几个层次,根据目标受众的层次分别确定传播目标。

① 知晓。如果某企业刚开始进入某区域市场,当地的目标受众还不熟悉企业的产品,此阶段的传播任务首先应该是让当地的顾客知晓企业及产品。

② 认识。此阶段区域市场的顾客对于企业及产品已经知晓,但是不够详细、不够深入。此时,需要营销人员进行大力宣传,使顾客进一步认识企业、了解企业,熟悉企业的产品。

③ 喜爱。目标受众已经比较了解企业和产品,并且开始逐渐喜欢本企业的产品,营销人员要趁热打铁,宣传企业文化,提高顾客满意度。

④ 偏好。目标受众已经喜爱本企业的产品,但没有形成明显的偏好。此阶段,营销人员应通过各种渠道提供各种服务、宣传产品的品质、打消顾客疑虑、提高顾客满意度,设法建立顾客偏好。

⑤ 确信。对于某些已经偏好本企业产品的顾客,应增强并坚定顾客的购买信心。

⑥ 购买。已经确信本企业的产品但尚未做出购买决定的顾客,需要进一步的信心确认,营销人员可以通过各种资料、信息帮助顾客坚定购买意向,促使顾客做出购买决策。

（3）设计传播信息

设计传播信息就是营销人员根据不同的目标受众,确定信息内容、信息结构、信息格式、信息源等内容。

① 信息内容。信息内容即考虑说什么,要通过顾客的诉求点,引起受众的注意并吸引受众,这是促销的关键点。

② 信息结构。信息结构主要是考虑按照什么逻辑去传递信息。在向用户传递信息时,应考虑信息是否对称。如果顾客对信息了解不全面,就可以直接给出结论,引起顾客的注意;而对于已经了解信息的顾客,就要充分考虑各种情况,再给出结论。

③ 信息格式。不同的信息形式对顾客的吸引力差异很大。传递信息时,要选择适当的信息形式。例如,印刷品信息要设计别具一格的版面,并注意信息的长短和位置,注意颜色和形状的搭配;电台信息必须注意讲话速度、节奏、音量、音调等方面;若通过电视传播信息,除了上述因素外,还要注意宣传人员的形象,如面部表情、举止、服饰、发型等因素的设计。

④ 信息源。有吸引力的信息源发出的信息往往能够获得有效的注意和留下美好的回忆,影响力更大。

（4）选择传播渠道

传播渠道分人员传播渠道传播和非人员传播渠道。人员传播渠道是指两个或更多的人相互之间直接进行传播。非人员传播渠道主要包括印刷媒体、广播媒体、电子媒体、新闻发布会及各种庆典等。企业在选择传播渠道时,应注意以下几个方面。

① 明确区域市场的媒体状况。各区域市场的媒体状况不尽相同,企业在选择媒体时,要

考虑到媒体对本企业的市场状况及未来需要拓展区域的涵盖能力和传播效力,然后选择媒体投放形式及投放规模。

② 根据市场开发战略选择媒体。企业在不同的发展时期,应采取不同的市场战略,并据此选择相应的媒体。

③ 点点连线,点面结合。企业应结合区域市场的媒体特征和市场拓展,考虑产品的覆盖范围,选择合适的媒体,防止媒体覆盖面上的疏漏,提高目标产品对顾客的接触率。

(5) 编制传播预算

企业在编制传播预算时,要考虑企业的整体营销策略、营销目标等因素。常采用的方法有量入为出法、销售百分比法、竞争对策法、目标任务法等。

(6) 促销组合决策

促销组合决策就是把总的传播预算分配到广告、公关、销售促进、人员推广等方面的营销决策。

4.2　4C 与 4R 理论介绍

4.2.1　4C 理论概述

营销学家菲利普·科特勒认为,企业所有部门为服务于顾客利益而共同工作时,其结果就是整合营销。整合营销强调各种要素之间的关联性,要求它们成为统一的有机体。具体地讲,整合营销更要求各种营销要素的作用力统一方向,形成合力,共同为企业的营销目标服务。随着市场竞争日趋激烈,媒介传播速度越来越快,4P 理论越来越受到挑战。到 1990 年,美国劳特朋针对 4P 存在的问题提出了 4C 营销理论。

1. 4C 营销理论

4C 分别是指消费者(Consumer)、成本(Cost)、便利(Convenience)、沟通(Communication)。4C 强化了以消费者需求为中心的营销组合,其内涵如下。

① 消费者。消费者是指消费者的需要和欲望(The needs and wants of consumer)。零售企业直接面向顾客,因而更应该考虑顾客的需要和欲望,建立以顾客为中心的零售观念,将"以顾客为中心"作为主线,贯穿于市场营销活动的整个过程。零售企业应站在顾客的立场上,帮助顾客组织挑选商品货源;按照顾客的需要及购买行为的要求,组织商品销售;研究顾客的购买行为,更好地满足顾客的需要,更注重对顾客提供优质的服务。

② 成本。成本是指消费者获得满足的成本(Cost and value to satisfy consumer needs and wants),或消费者为了满足自己的需要和欲望所愿意付出的成本价格。顾客在购买某一商品时,除耗费一定的资金外,还要耗费一定的时间、精力和体力,这些构成了顾客总成本。所以,顾客总成本包括货币成本、时间成本、精神成本和体力成本等。由于顾客在购买商品时,总希望把有关成本包括货币、时间、精神和体力等降到最低限度,以使自己得到最大限度的满足,因此,零售企业应努力降低顾客购买的总成本,如通过降低商品进价成本和市场营销费用从而降低商品价格,以减少顾客的货币成本;努力提高工作效率,尽可能减少顾客的时间支出,节约

顾客的购买时间;通过多种渠道向顾客提供详尽的信息,为顾客提供良好的售后服务,减少顾客精神和体力的耗费。

③ 便利。便利是指顾客购买时的方便性(Convenience to buy)。与传统的营销渠道相比,新的观念更重视服务环节,在销售过程中,强调为顾客提供便利,让顾客既购买到商品,也购买到便利。企业要深入了解不同的消费者有哪些不同的购买方式和偏好,把便利原则贯穿于营销活动的全过程,售前做好服务,及时向消费者提供关于产品的性能、质量、价格、使用方法和效果的准确信息。售后应重视信息反馈和追踪调查,及时处理和答复顾客意见,对有问题的商品主动退换,对产品使用中出现的故障积极提供维修,大件商品甚至终身保修。

④ 沟通。沟通是指企业或营销人员与用户沟通(Communication with consumer)。企业可以通过多种营销策划与营销组合,如果未能收到理想的效果,说明企业与产品尚未完全被消费者接受。这时,不能依靠加强单向劝导顾客,要着眼于加强双向沟通,增进相互的理解,实现真正的适销对路,培养忠诚的顾客。

2. 4C 理论对 4P 理论的导向作用

目前,我国的市场经济发展还不完善,汽车企业自身的情况又各不相同,许多企业本身在产品技术、成本、服务等基本方面仍然需要进一步健全。因此,在今后的一段时期内,我国大部分汽车企业还应以 4P 理论为基本的营销框架,并把 4C 理论作为有效的参考。简单地说就是以 4P 为基础,以 4C 为导向。

① 对产品(Product)的导向。企业不是生产自己能生产的产品,而是要生产顾客需要的产品。在市场竞争激烈、消费者需求变化迅速的今天,企业只有在生产前明确消费者的真正需求,才能够决定自己研究、开发、生产的目标。企业在明确消费者需求的同时应考虑消费者愿意花费多少成本,并在开发过程中将成本控制在一定范围内。方便消费者使用、搬运、存储等也是企业在开发产品时必须要考虑的一个方面,比较典型的例子是方便面,在长途旅行或者饮食不便的情况下,方便面既方便了消费者携带,又为消费者节约了时间,因此,从方便面诞生之日起,便成为人们出差办事、旅游度假的最佳选择。

② 对价格(Price)的导向。企业在决定价格的时候,必须考虑目标顾客对价格的反应,价格的数字表示非常明了,然而,顾客对其会有各种各样的理解。另外,顾客对价格的反应也会因产品的种类而异。例如,对很难看到品质差别的汽油,消费者唯独对价格反应较敏感;相反,消费者对于品质和款式差异较大的服装,首先重视的是其产品是否符合自己的兴趣爱好,而不是价格。即使同种类的产品,其评价往往也会因品牌而异,常用一流产品和三流产品、知名品牌和非知名品牌等来加以评价,评价的差异会表现为价格的差异。市场营销管理者在制定价格时应充分了解和掌握消费者对自己产品的期望价格和能接受的价格。

③ 对渠道(Place)的导向。渠道的建设应该以 4C 为依据,企业在选择或决定渠道时,首先需要考虑什么渠道最能接近目标市场,目标顾客常用的渠道是什么。其次,对于目标顾客来说,接近该渠道不需花费较多的时间、金钱等,即成本最低。最后,企业还应利用该渠道与顾客进行有效的沟通,以保证企业及时获得顾客有用的信息,以更好地满足顾客的需求。

④ 对促销(Promotion)的导向。4C 理论应该在促销决策、促销活动中,或采取各种促销方式时都有运用。以广告为例,传统的广告创作大多基于对项目的简单了解和创作人员的瞬间灵感,将文字和图案、照片在计算机上进行合成就算完成,从而导致许多广告的面貌相似,相

互抄袭、模仿的迹象非常明显,无论广告文案,还是创意表现都大同小异,无法达到预期目标。按照 4C 理论,成功的广告创作,首先是要对目标顾客的了解和对顾客心理的深刻洞察,遵循"顾客—广告主/广告公司—顾客"的程序,即从顾客中来,再到顾客中去的完整过程。广告创作前,必须进行广泛深入的调查研究,确切掌握目标顾客的构成,以及他们的文化、社会、收入、心理等状况,并通过调查测试,确认目标顾客所关注的利益点,最后以富于创意的方式表现出来,达到与顾客进行信息的双向沟通。只有这样才能确保广告的效果,使顾客和企业都满意。

4.2.2 4R 理论概述

4R 理论由美国的唐·E. 舒尔茨(Don E Schultz)于 2001 年在 4C 理论基础上提出,根据市场成熟和竞争形势,着眼企业与顾客互动双赢,通过关联、反应、关系和回报 4 种形式,把企业与顾客联系在一起,形成竞争优势。

4R 理论以竞争为导向,展示了营销趋势,强调长期地拥有客户,重视长期利益,从单一销售转向建立友好合作关系,以产品或服务的利益为核心,重视高度承诺,把服务、质量和营销有机地结合。

1. 4R 营销观念

① 关联(Relevance)。关联是指企业以种种方式在供需之间形成价值链,与顾客建立长期的、较为固定的互需、互助、互求的关联关系。

② 反应(Reaction)。反应即市场反应速度,指企业对瞬息多变的顾客需求变化迅速做出反应,快速满足顾客需求的营销策略与能力。

③ 关系(Relationship)。关系是指关系营销,它是以系统论为基本思想,将企业置身于社会经济大环境中来考虑企业的营销活动,认为企业营销是一个与消费者、竞争者、供应者、分销商、政府机构和社会组织发生互动作用的过程。其通过建立、维护和巩固企业与顾客及其他利益群体的关系的活动,以诚实的交换及履行承诺的方式,使企业的营销目标在与各方的协调关系中得到实现。

④ 回报(Reward)。回报是指企业通过贯彻上述营销思想,以满足顾客需求为前提,在顾客满意、社会满意和员工满意的基础上来实现企业满意,企业满意在很大程度上取决于企业的回报。

2. 4R 理论的优势

① 4R 营销理论的最大特点是以竞争为导向,在新的层次上概括了营销的新框架。4R 根据市场不断成熟和竞争日趋激烈的形势,着眼于企业与顾客互动与双赢,不仅积极地适应顾客的需求,而且主动地创造需求,运用优化和系统的思想去整合营销,通过关联、关系和反应等形式与客户形成独特的关系,把企业与客户联系在一起,形成竞争优势。可以说,4R 是新世纪营销理论的创新与发展,必将对营销实践产生积极而重要的影响。

② 4R 理论体现并落实了关系营销的思想。通过关联、关系和反应,提出了如何建立关系、长期拥有客户、保证长期利益的具体的操作方式,这是一个很大的进步。

③ 反应机制为互动双赢、建立关联提供了基础和保证,同时也延伸和升华了顾客的购买

便利性。

④ "回报"兼容了成本和双赢两方面的内容。追求回报,企业必然实施低成本战略,充分考虑顾客愿意付出的成本,实现成本的最小化,并在此基础上获得更多的顾客份额,形成规模效益。这样,企业为顾客提供价值和追求回报相辅相成,相互促进,客观上达到的是一种双赢的效果。

4.2.3 4P、4C、4R 理论的比较分析

4P 理论从企业出发,以产品策略为基础。企业决定生产某一产品,制定一个可以收回成本又能获利的价格,自己掌控营销渠道并进行促销。基于 4P 的传统营销是一种由内向外的推动模式,倡导的是"消费者请注意",主要面向的是无明显差异的消费大众来销售大量制造的规模化产品,注重销售量,采用的营销方式是规模营销。由于在 4P 理论中企业处于主动地位,企业与消费者的沟通是"一对多"的沟通,缺乏互动,难以与客户建立长久合作关系,因此顾客回头率低。

4C 理论的一切活动都要以"满足消费者"为出发点,以"请注意消费者"为指导思想。营销模式由 4P 的由内向外的推动型转为由外向内的拉动型。由于明确了顾客的需求,4C 的营销策略走向细分化,采用差异化营销。其强调与消费者进行平等的"一对一"的沟通,充分听取顾客的意见,满足他们的需求,减少客户流失。

4R 理论更明确地立足于消费者,认为顾客需求已从对核心产品、延伸产品等物质需求转变为对购买和使用过程中综合服务的需求。强调以竞争为导向,要求企业在不断成熟的市场环境和日趋激烈的行业竞争中,冷静分析自己的优劣势,采用整合营销,快速响应市场,在竞争中求发展。在沟通方面比 4C 更进了一步,强调"一对一"双向或多向沟通或合作,将客户纳入企业,成为企业一员,参与产品设计生产过程,创造共同价值。

综合来看,4P 理论使市场营销理论体系化,建立了基本框架,是以后逐步发展的各种营销理论的基础。4P 理论在市场营销学中的地位,不是一成不变、不可逾越的,而是可以不断发展的。4C、4R 理论都可看作是对 4P 的延伸和发展,只是从不同的角度来看待同一个问题。目前,它们并不是完善的理论,它们之间的关系不是取代,而是完善、互补、发展的关系。因此,只有把 4P、4C、4R 相结合,扬长避短,互补应用,在了解、学习和掌握体现了新世纪市场营销的新发展的理论的同时,根据企业的实际,把三者优势结合起来指导营销实践,才是企业的长远之策。

 本章小结

4P 理论奠定了管理营销的基础理论框架。4P 策略包括产品策略、价格策略、渠道策略、促销策略。在产品策略中提出了整体产品概念,产品整体概念分为 5 个基本层次:核心产品、形式产品、期望产品、延伸产品、潜在产品。针对处在不同层次的产品(或产品不同层次的用户),企业应分别采取不同的营销策略,或者采取不同的组合策略。

汽车产品在市场销售过程中,影响其价格的因素主要有:汽车生产与流通成本、消费者需求、汽车产品的特征、市场竞争者的行为、汽车市场结构、政府干预、社会经济状况等。结合不同的影响因素,企业常用的汽车定价目标有:以利润为导向的汽车定价目标、以销量为导向的

汽车定价目标、以竞争为导向的汽车定价目标、汽车质量导向目标、汽车企业生存导向目标、汽车销售渠道导向目标,针对不同的定价目标及价格影响因素,产生了汽车成本导向定价法、汽车需求导向定价法和汽车竞争导向定价法三种汽车定价方法。

企业为了实现自己的营销战略和目标,必须根据产品的特点、市场需求及竞争情况,采取灵活多变的汽车定价策略,使汽车定价策略与其他策略更好地结合,促进汽车销售,提高汽车企业的整体效益。汽车新产品定价策略(撇脂定价策略、渗透定价策略、满意定价策略)、折扣和折让定价策略、心理定价策略以及针对汽车产品组合的定价策略等。

由于我国私人(家庭)汽车消费者与生产性用户(企业性组织)购车性质不同,消费目的与购买特点等具有差异性,即使针对同样的用户群体,各区域市场的消费环境、社会习俗、消费观念等也差异较大,企业采取的分销渠道也各有差别。

任何一家汽车制造企业在选择各区域市场的分销渠道时,都会受到一系列微观因素和宏观因素的制约,影响汽车分销渠道选择的因素主要有:产品因素、市场因素、企业因素、环境因素。根据汽车产品的特点以及渠道影响因素,企业选择合适的分销渠道。

企业通过人员和非人员的方式,沟通企业与消费者之间的信息,引发、刺激消费者的消费欲望和兴趣,使其产生购买行为的活动,也就是有针对性地进行汽车促销,促进市场销量的提高。

习　题

一、简答题

1. 简述产品的整体概念的含义。

2. 汽车定价目标有哪些?

3. 常用的汽车定价策略有哪些?

4. 汽车促销策略有哪些?

二、能力训练

1. 简单分析 4P、4C、4R 策略的异同点。

2. 阅读材料

2003 年 5 月非典肆虐,人人印象深刻。同样使人印象深刻的,还有中国车市的异常火爆。在抗"非典"的过程中,国内各大汽车厂商也不甘落后,除了捐钱捐物外,还开辟出各种促销途径,使社会效益与经济效益有机结合,我们将这些在非常时期的营销活动称之为"危机营销"。

东风雪铁龙公司在"非典"期间,为了刺激车市升温,推出降价促销,对其旗下中低档的富康系列轿车展开全国范围的促销活动,其中新自由人率先由 2003 年初的 9.78 万元调整至 8.8 万元促销价。富康系列轿车作为东风雪铁龙旗下主力车型之一,被消费者称为中国两厢车的经典。来自北京亚运村汽车交易市场的销售数据称,2003 年 5 月份"非典"以来,富康系列轿车一直处于市场同级别车型销量前三名之列,销售占有率高达 37%。

针对部分消费者对"非典"的恐慌心理,北汽福田为用户购买了专门针对"非典"设计的保险,在 2003 年 5 月 15 日~6 月 25 日期间购买奥铃汽车的用户将无偿获得中国泰康保险公司的 10 万元非典保险,除了购买非典保险外,只要有用户来电咨询,公司就立即上门联系。即使用户还未决定购车,只是提出看车要求,公司也会立刻派专人送样车上门让用户试车。同时,每一个上门销售的员工,都要在事前进行全面健康检查,确认无恙后方可出发。

　　对上门的奥铃汽车也要进行全面的消毒,在上门和陪用户试车过程中,奥铃工作人员必须执行公司要求的戴口罩、手套等防护措施。回到公司后,还要对汽车再次检查消毒。即使在"非典"一度严重的北京市场,奥铃在"非典"时期的销售量竟然是"非典"前的 3 倍,创造了奥铃在北京市场销售史上最好的销售成绩,危机营销功不可没。

　　广州风神汽车公司在"非典"时期推出了"非常健康行动"的活动。该公司承诺新车全面加装光触媒健康防护罩,所有蓝鸟车主均可回厂免费加装;免费进出厂消毒;免费检查进厂车辆空调系统;100 个品种的精品备件 9 折优惠;维修、服务工时费 9 折。不难看出风神公司非常巧妙地把预防非典与夏季营销联系起来,打出了"NISSAN 新蓝鸟率先采用纳米科技——光触媒长效健康技术,开创高级房车健康新纪元,让您拥有一个健康纯净的驾乘空间"的广告诉求,在众多竞争对手中脱颖而出。

　　"风雨过后见彩虹——南京菲亚特关爱与您同路"。在"非典"时期促销活动中,南京菲亚特采取了人性化的关怀和呵护:"编织爱的车窗,隔离病毒的侵扰,温暖呵护一路相隧"。南京菲亚特免费为新老客户提供全车消毒及清洁过滤器服务,为客户建造健康清新的车内空间,同时,南京菲亚特还适时推出三款新车型以满足消费者更多的选择。风雨过后见彩虹,无论何时,勇往直前的信念,将伴随消费者风雨同路。

　　针对"非典"对消费者的购车造成了不便这一情况,奇瑞公司从 2003 年 5 月初起在北京、广东、上海等地开展了"您买车,我接送"的活动,凡是想购买奇瑞汽车的人,只要拨通本市经销商的电话,就会有专门的"奇瑞清洁卫生服务车"将顾客接到奇瑞的经销店里进行,不论顾客当天是否订购奇瑞车,公司都会根据顾客的要求将其安全地送回住处,公司将通过广播、手机短信及电视广告等形式将活动的内容传达给消费者,并将接送名额限定每天 30～50 名,而且会根据各地"非典"的防治情况灵活调整本次活动的截止日期。奇瑞一系列的新举措令奇瑞 2003 年的销售大幅上升,1—11 月 7 万多台的销售量比上年增长了近 60%。

　　根据阅读材料,回答下面的问题。

　　1. 试讨论"非典"时期各汽车厂商采用的促销手段。

　　2. 试分析"非典"时期的车市销售情况良好的原因。

模块5　汽车推销技术

【知识目标】

① 掌握寻找潜在客户的方法；
② 掌握客户信息表的制作方法。

【能力目标】

① 全面掌握电话礼仪、登门拜访的礼仪；
② 掌握汽车产品的基本知识及以客户为中心的销售与服务理念；
③ 掌握介绍汽车产品的方法了解客户心理学基本知识；
④ 掌握与客户沟通的基本交际方法与技能；
⑤ 能分析与把握客户的心理。

5.1　寻找潜在客户

5.1.1　寻找潜在客户案例

1. 案例描述

从三种不同途径寻找客户的案例如表5-1～表5-3所列。

表5-1　从认识的人中寻找潜在客户

状　况	直接拜访朋友的邻居
时间	周二 20:00—21:00
地点	好友的邻居家
推荐车型	大众系列
被访对象年龄、职业	50 岁左右男性，某市公安局领导
被访对象家庭	一家三口，男孩子 20 多岁，已参加工作
要求	车的外形好，性价比高
访问结果	可以考虑

表5-2　从展示会寻找潜在客户

状　况	自由来店（第一次）
时间	周日 9:00—10:00
地点	经销店展厅
来店交通工具	乘出租车或自驾车前来
客户年龄	一家四口，其中有两位 30 岁左右男士

续表 5 - 2

状 况	自由来店(第一次)
展示车	长时间咨询,并关注车辆在展厅内是否有展车
要求	性价比最好,更低的价格
最终结果	没有购买,回家考虑

表 5 - 3 从周围的陌生人中寻找潜在客户

状 况	同在一个办公楼的陌生人第二次谈话
时间	周五 18:00—18:35
地点	同一电梯内
交通工具	乘公交车回家
谈话者年龄及职业	30 岁左右女职员
展示车	长时间咨询,并关注车辆在展厅内是否有展车
要求	性价比最好,更低的价格,有现货
最终结果	同意打电话进一步讨论

2. 案例分析

从上面的案例可以看出,寻找潜在客户的途径有很多种。但是,什么样的人才能称为潜在客户,判断的标准是什么呢?还有哪些途径可以用来寻找潜在客户呢?潜在客户的信息应该如何收集、保存和处理?怎样与潜在客户进行初次接触、沟通和交流?

以上问题都与实现推销目标息息相关。

5.1.2 什么是潜在客户

将车辆销售给一位客户之后,销售人员都会告诉客户:"如果您对车辆和我的服务还满意的话,请将您的朋友介绍给我,我将一如既往地竭诚为您服务,这是我的联系方式",并且递上一张自己的名片。这一过程便是在寻找潜在客户。

寻找潜在客户是销售的第一步,销售人员的大部分时间都在寻找潜在客户。在销售过程中明确了潜在客户在哪里,才能使车辆的推销更具方向性、成功率更高。因此,在寻找和确定潜在客户前,弄明白什么样的人可以成为潜在客户就至关重要。

客户即是企业产品的购买者及使用者。潜在客户就是有可能成为企业产品的购买者及使用者的个人或组织,即有可能成为事实客户,但因为种种原因还没能购买及使用企业产品的客户。潜在客户必须具备三个基本要素:有需求(愿意买)、有购买力(能够买)、有决策权(能决定是否买)。

有需求就是愿意买,或者需要这样的消费。不是所有的人都需要车辆,需要车辆者是一个具有一定特性的群体。如商务车的客户对象是集团、公司、学校、社团、企业等组织。在推销某一品牌车辆时,销售人员应首先进行市场调研,评估一下是否存在市场需求。汽车销售人员应该调查潜在客户现有汽车的品牌、生产时间、型号,对现有的车辆喜欢什么、不喜欢什么。销售人员还应该弄清潜在客户的家庭成员数,使用汽车的目的,是为娱乐还是为工作。这些问题的答案,都有助于销售人员确定自己的产品中哪种型号能最好地满足潜在客户的需求。

有购买力是能够买得起。汽车销售人员在推销之前可以询问客户的职业,不但根据客户所表达的愿望,而且要根据客户的购买能力做出估计,并对客户提供一个满意的购车计划。对于一个想买但又掏不出钱的潜在客户,再大的努力也不能使其成为事实客户,但是,可以提供一个短期贷款购车计划供客户考虑。

有决定权的人一般是企业领导人、家长等,他们有需求、有经济来源,是能够左右汽车销售最后成交的人。

具备以上这三个要素的客户即可确定为潜在客户。只要恰当地展示车辆的优点,巧解客户异议,并加以引导,使其产生信任,便可使处于观望过程中的潜在客户成为事实客户。

5.1.3　潜在客户的判断条件

既然潜在客户必须具备三个基本要素,那么如何判断其是否有需求、有购买力、有决定权就成了寻找潜在客户的关键一步。

1. 需求判断

汽车代步,只是汽车的基本属性,汽车更代表着生活质量的全面提高。目前在中国,汽车仍然是事业、身份和实力的象征,也是社会发展和进步的必然,是汽车全民消费时代来临的一个信号。有购买需求的潜在客户的特征如下。

(1) 年　龄

30～50 岁的中青年人占据了绝对的主力,此外也有很多目前租住公寓的人,大多数是外企或合资企业的高级职员。这部分人中多数人已事业有成,有较强的经济实力,且工作压力大、消费能力强、生活节奏快、闲暇时间短,因此,渴望在紧张的工作之余扩大生活半径,尽情享受生活,节省时间、提高效率。

(2) 职　业

三资企业的工作人员、各企业老板或政府公务员、律师、会计师、文教、卫生等收入较高的专业人士是购买轿车的绝对主力。这部分人有一定的社会地位,非常在乎别人对自己的评价,因而存在相互攀比的心理,他们是购买和更新车辆的潜在客户。

要准确判断潜在客户的购买需求欲望,应从以下四个方面进行观察:

① 对车辆的关心程度:比如对价格、外观、油耗、动力性能、颜色、操控性能等。

② 对能否符合各项需求的关心程度:如后备厢的储物功能、内部空间、配置状况、车内静音效果、内饰等。

③ 对产品信誉指标的关心程度:汽车品牌及安全性、售后服务的保障等。

④ 客户对销售人员及企业印象的评价也反映着客户的购买欲望。

客户对上述四个方面表示关注,则必定是你的潜在客户,关注程度越高,潜在客户变成事实客户的可能性就越大。

2. 购买力判断

一个区域的城市汽车购买能力,不仅仅是 GDP 决定的,也可根据该地区的消费文化、消费习惯、使用成本、使用环境、新车数量等来对当地区域的某品牌消费趋势做出基本的判断。首先要考察其信用状况,从职业、身份、地位、收入来源等状况,判断是否有购买能力。科技开发型企业家、三资企业的管理人员、金融行业中的中高层管理人员、各类专业技术人员,尤其是就职于中介机构的专业技术人员、个体私营企业家等中产阶层是目前我国最具购买力的一部分人。实际工作中可通过询问沟通进行了解,也可根据客户的外在特征来判断其身份地位与社会阶层。这需要不断地从实践中总结和积累经验。

香港实业家李嘉诚早年在茶楼当招待时,为了锻炼自己的工作能力,在努力干好分内工作的同时,还给自己定了两门必修功课。其一是根据顾客的容貌、举止、言语去揣测其籍贯、年龄、职业、收入和性格等,然后找机会验证;其二是揣摩顾客的消费心理,既热情服务、真诚待人,又投其所好,让顾客高兴之余多掏腰包。由于留心观察,李嘉诚很快就能对来茶楼的每一位顾客做到心中有数,对什么顾客、在什么时候提供什么服务,这一切在他心中都有一本明细账,被他招待的顾客都非常满意。

除判断潜在客户的购买能力,还应考察其支付计划。从客户期望一次付现还是要求分期付款、分期支付首期金额的多少等信息判断客户的购买能力。

判断一个地区的购买能力,难度相对较大。如根据一个地区的 GDP 水平来判断某个地区的购买能力,山西省和广东省的某些地市可能在 GDP 总量上是相当的,但山西的煤矿产值占据 GDP 贡献的主导地位,特点是财富集中度高,豪华型轿车的消费能力比较强;而广东则分布了大量的中产阶层,是中高档汽车消费的主力军。另外,每个区域不同的消费文化,会直接影响到当地消费者的购买选择。如北京人讲究大气,官车特征明显的奥迪就占据了牢固的市场位置,广州人务实、理性,受港澳的消费文化影响比较大,所以日系车和奔驰、宝马就大受欢迎。

根据消费习惯,可以判断某一群体的购买能力。一般的消费观点是先置业后买车但有些地区很有特色,如成都人追求舒适,哪怕买辆奥拓也要先过上有车族的生活。当前年轻人的消费心态跟中年人也大相径庭,分期付款消费的理念已经被广泛接受。所以,这部分人尽管经济实力不是很强,但对微型、经济型车的购买能力却比较强。

3. 购买决定权判断

当几位客户同时结伴进店时,应仔细观察最有购买决定权的客户,以达到"把握先机"的效果。一开始难以判断谁具有最终的购买决定权,但是随着选购过程的进展,当购买过程中出现犹豫不决时,销售员根据这几位客户相互之间的对话,很容易就能判断出谁是"说话算数"的客户。这时,销售员应当集中精力,舍弃外围,突破重点,针对有购买决定权的人进行说服活动,争取他的认同。销售员的针对性说服工作不仅能够影响客户促成交易,而且会因为有购买权的人感到满意而影响了其他客户的心理,从而使他们也产生了对于该店的认同感,进而实现销售。

有些销售员因为无法判断谁是具有购买决定权的客户,而漫无目的地对其中某一客户进行推销,而将有决定权的客户冷落在一旁,这样一来即使销售员劝说工作做得再彻底,也不可能达到预期的效果。

5.1.4　寻找潜在客户

寻找潜在客户是一项艰巨的工作,特别是刚刚开始从事这个行业的时候,所有的资源只是对车辆的了解而已,这就需要通过多种方法来寻找潜在客户,而且要在这上面花费很长的时间。

1. 寻找潜在客户的原则

在寻找潜在客户的过程中,可以参考以下 MAN 原则:

M:money,代表金钱。所选择的对象必须有一定的购买能力。

A:authority,代表购买决定权。所选择的对象对购买行为有决定、建议或反对的权力。

N:need,代表需求。所选择的对象有这方面(产品、服务)的需求。

潜在客户应该具备以上特征,但在实际操作中,会碰到以下状况,应根据具体情况采取具体对策。

三个字母的大小写分别代表"购买能力、购买决定权、购买需求"的程度:

M(有),A(有),N(大);

m(无),a(无),n(无)。

其中

① M＋A＋N:有希望客户,理想的销售对象。

② M＋A＋n:可以接触,配上熟练的推销技术,有成功的希望。

③ M＋a＋N:可以接触,并设法找到具有 A 之人(有决定权的人)。

④ m＋A＋N:可以接触,需调查其业务状况、信用条件等,可提供贷款购车方案。

⑤ m＋a＋N:可以接触,应长期观察、培养、建立关系,使之具备另一条件。

⑥ m＋A＋n:可以接触,应长期观察、培养,使之具备另一条件。

⑦ M＋a＋n:可以接触,应长期观察、培养,宣传和沟通,使之具备另一条件。

⑧ m＋a＋n:非客户,停止接触。

由此可见,潜在客户在欠缺了某一条件(如购买力、购买需求或购买决定权)的情况下,仍然可以开发,只要应用适当的策略,便能使其成为企业的事实客户。

2. 寻找潜在客户的方法

寻找潜在客户可以运用下面的一些方法。

(1) 从认识的人中发掘

在你所认识的人群中,可能有些人在一定程度上需要你的产品或服务,或者他们知道谁需要。这些人包括你现有的客户、过去的客户、亲戚、朋友、同事、同学、邻居、你所加入的俱乐部或组织的其他成员等。如果确信所销售的车辆是他们需要的,就要利用一切时间和他们联系。但要注意适度跟进,以免给他人造成过度打扰。向朋友或亲戚销售产品或服务,成功率很高,并且可以利用他们检验你的讲解与示范技巧。如果你的亲戚朋友不会成为你的客户,也要与他们联系。寻找潜在客户的第一条规律是不要假设某人不能帮助你建立商业关系,他们自己也许不是潜在客户,但是他们也许认识将成为你客户的人。

（2）展开商业联系

商业联系比社会联系容易得多。借助于各种交往活动，你可以更快地进行商业联系。许多行业都有自己的协会或俱乐部，在那里你可以发现绝佳的商业机会。不但要考虑在生意中认识的人，还要考虑政府职能管理部门、协会、驾驶员培训学校、俱乐部等行业组织，这些组织可能带给你的是其背后庞大的潜在客户群体。

（3）结识同行

你接触过很多的人，当然包括像你一样的销售人员。其他企业派出来的训练有素的销售人员，熟悉客户的特性，只要他们不是你的竞争对手，一般都会和你结交。即便是竞争对手，也可以成为朋友，和他们搞好关系会收获很多经验，对方拜访客户的时候会记着你，同时你有适合他们的客户一定也记得他，这样你会拥有一个非常强大的商业伙伴。

（4）从老客户中寻找潜在客户

与老客户保持良好关系，他不仅可能是你的义务宣传员，从而为你介绍客户，且在旧车即将淘汰时，他可能会由潜在客户转变为你的事实客户。因此，在恰当的时机接触老客户的销售员将获胜。

（5）在报刊中寻找潜在客户

寻找潜在客户最有效的工具可能是每天投到你那里的报纸。报纸中本地新闻版、商业版和声明版能为你提供寻找客户的机会。国家相关部门的统计报告，行业、研究机构、咨询机构发表的调查资料等都可能为你提供寻找客户的机会。

这是一条很有效的寻找潜在客户的途径。把你认为有价值的信息都摘录下来，然后进行简单归档整理，你会发现这些信息为你提供了许多重要的商业机会。

（6）直接拜访潜在客户

直接拜访能迅速地掌握客户的状况，效率极高，同时也能锻炼销售人员的销售技巧，培养选择潜在客户的能力。例如，2007 年天津市《今晚报》刊登了一则新闻：为了进一步改善市民乘车环境，本市加快了公交车辆的更新，提高车辆档次和环保水平，决定在奥运会前将再投放1 000 部新型公交车，同时完成 1 000 部发动机升级欧Ⅲ标准的任务，使绿色环保高档豪华运营车辆达到 3 600 部以上，届时市中心城区高档公交车可达到 100%。获此信息的天津某汽车销售公司的销售人员认定，这是企业一个大的潜在客户，于是设法与有关部门取得联系，并直接拜访，展开公关，最后获得几十辆车的订单。

（7）通过连锁介绍寻找潜在客户

乔·吉拉德（Joe Giard）是世界上销售汽车最多的一位超级汽车销售员，他平均每天要销售 5 辆汽车。他是怎么做到的呢？连锁介绍法是他使用的一个方法，只要任何人介绍客户向他买车，成交后，他都会付给每个介绍人 25 美元。25 美元虽不是一笔庞大的金额，但也足够吸引一些人，举手之劳即能赚到 25 美元。

哪些人能当介绍人呢？当然每一个人都能当介绍人，可是有些人的职位更容易介绍大量的客户。乔·吉拉德指出，银行的贷款员、汽车厂的修理人员、处理汽车赔损的保险公司职员，这些人几乎天天都能接触到有意购买新车的客户。每一个人都能使用介绍法，但要怎么进行才能做得成功呢？乔·吉拉德说："首先，我一定要严格规定自己'一定要守信''一定要迅速付钱'。例如，当买车的客人忘了提到介绍人时，只要有人提及'我介绍约翰向您买了部新车，怎么还没收到介绍费呢？'我一定告诉他'很抱歉，约翰没有告诉我，我立刻把钱送给您，您还有我的名片吗？麻烦您记得介绍顾客时，把您的名字写在我的名片上，这样我可立刻把钱寄给您。'有些介绍人，并无意赚取 25 美元的金额，坚决不收下这笔钱，因为他们认为收了钱心里会觉得不舒服，此时，我会送他们一份礼物或在好的饭店安排一顿免费的大餐。"

(8) 通过销售信函寻找潜在客户

有一位汽车销售员，将 300 封销售信函寄送给潜在客户。这些潜在客户对车辆都有相当的认识，基于各种原因，目前还没有购买，但他相信他们一二年内都有可能购车。他不可能每个月都亲自去追踪这 300 位潜在客户，因此他每个月针对这 300 位潜在客户都寄出一封别出心裁的卡片。卡片上不提购车的事情，只祝贺每月的代表节庆，例如一月元旦快乐、二月春节愉快……每个月的卡片颜色都不一样。潜在客户接到第四、第五封卡片时必然会对他的热诚感染，就算是自己不想立刻购车，当朋友间有人提到购车时他都会主动地介绍这位汽车销售员。

(9) 通过电话寻找潜在客户

近年来又发展出了一种全新的销售模式——电话销售。电话销售顾名思义是通过拨打大量的电话寻找潜在客户，开展互动推广和销售的方式。电话最能突破时间与空间的限制，是最经济、有效的接触客户的工具，你若能规定自己每天至少打 5 个电话给新客户，一年就能增加 1 500 多个与潜在客户接触的机会。

(10) 在展示会上寻找潜在客户

展示会是获取潜在客户的重要途径之一，事前需要准备好专门的人收集客户的资料、客户的兴趣点，并现场解答客户的问题。对于任何一个商务活动，资料收集都是至关重要的环节，有关访问者和客户的资料是分析和寻找潜在客户的基础。收集客户个人资料时应记录客户的看车次数、意向车型、职业身份、年龄、性别、商谈情况及获得信息的渠道，并设法为客户建立信息卡(或制作客户信息表)。

(11) 扩大人际关系圈，寻找潜在客户

汽车销售员扩大人际关系圈的一个重要方法是扩大销售客户基数。企业的经营也可以说是人际关系的经营，人际关系是企业的另一项重要的"产业"，销售人员的人际关系越广，接触潜在客户的机会就越多。

扩大人际关系圈可以通过参加各种社团活动，参加一项公益活动和参加同学会等活动使自己接触的人更广泛。

(12) 主动结识周围的陌生人，寻找潜在客户

如何结识周围的陌生人，这是专业销售人员必须训练的技巧。偶遇陌生人是生活中常有的事，如何有意识地去处理与别人的偶遇呢？首先，并不是每次机会都会带来售业绩，但要有意识地去尝试，尽量不让机会溜走。

当你碰到一个可能成为潜在客户的陌生人时，应寻找机会，恰当地、友好而热情地自我介绍，并询问对方的工作，以及为什么在这个地方出现。善意的对话会使对方积极回应。当他问及你的工作时，将名片递给他。这样结识陌生人的开场，几乎没有人会异议你的热情和名片，然后对方很可能开始问你的工作和你的车辆等一系列问题，你需要的不正是对方的这些问题吗？你可以根据谈话的气氛灵活应对，调整自己的谈话方向。比如，你微笑着告诉对方："我猜想，可能某一天有为您或者是您的朋友服务的机会，事先致谢"。

准确地将这些话语和当时的气氛配合起来："我猜想"听起来一切都是自发的、自然而然的,"事先致谢"说明你为人礼貌,"有可能"显示一种谦逊的态度,"某一天"使得你的车辆或服务不至于被搪塞到遥远的将来,"为您服务"把潜在的客户置于重要的位置,他们觉得自己对你很重要,这是挖掘潜在客户过程中非常重要的一步。如果过程进行得顺利,则通常会出现下面三种情况:同意打电话与你进一步讨论;同意让你给他打电话进一步谈论;他虽然不感兴趣,但将帮助你向感兴趣的人推荐。无论哪种情况,都是你主动结识周围的陌生人、寻找潜在客户成功的第一步。

3. 客户信息表的制作

对每个潜在客户,都要制作一份客户信息表。客户信息表涵盖的信息一定要全,而且应尽可能有利于分析客户的情况,以便采取进一步的行动。下面是一汽丰田汽车销售服务有限公司的客户信息表(见表 5 - 4),设计制作客户信息表时可作为参考。

表 5 - 4　汽丰田客户信息表

销售顾问:　　　　　　　日期:

相关信息	客户	①姓名,年龄,住所	李先生(32 岁),林女士(27 岁、无驾照),居住地距离经销店的车程
		②家庭构成	来店客户为男女朋友关系
		③职业	李先生为一网络游戏公司市场部经理;林女士为一外企职员
		④兴趣	李先生喜欢打网球,每周 2 次;林女士喜欢逛街购物
	保有车辆	①车型,购入年限	捷达,5 年前购入
		②主要使用者,用途	主要是李先生,上下班代步使用
		③车辆现状	车况还可以接受,但认为车辆的层次不能满足工作和提升活品质的需要
客户的想法	新车	①购车经验	第二次购车
		②主要使用者,用途	主要是李先生作为上下班代步工具及自驾游等使用
		③客户本人对新车的期待	李先生注重车辆的行驶性能、操控性能、综合性价比;同时关注外观是否时尚、有个性
			林女士更注重车辆外观是否大气、气派及乘坐舒适性和配置
		④其他关注点	关注能否降价,以及车辆是否保值
	竞争车型	①最近看过的车型	正在与 A6 进行比较,目前感到很犹豫
		②顾客认为 A6 的优点	车型知名度高,市场反应良好,车辆性能优良 车型外观大气、气派
顾客提问	(体验车辆时,林女士提问)		
	还是 A6 更好一些,外观大气、气派,里面也更宽敞		
	李先生表示赞同		
	A6 性能也很好,配置也很丰富,我以前很多朋友都开奥迪		
	商谈时,林女士提问		
	现在皇冠不都降价吗?你们能便宜多少钱		

5.1.5　与潜在客户进行沟通和交流的流程

作为销售人员,面对客户交流在所难免。就案例中提到的三种情境,有经验的销售人员,一般会遵循如下的沟通交流流程。登门拜访时,交流的流程如图 5-1 所示。在展示会上与潜在客户沟通的流程如图 5-2 所示。在偶遇陌生人的情况下,与潜在客户沟通的流程如图 5-3 所示。

图 5-1　登门拜访　　　　图 5-2　展示会上　　　　图 5-3　偶遇陌生人

注意事项:

① 在实践中,与不同类型的人打交道,其反应可能会大相径庭,因此,在尽量引导潜在客户朝我们设定的方向发展的同时,还应视实际情况灵活应对。

② 切记服务的重要性。

③ 给客户留下良好的第一印象。

④ 创造友好轻松的氛围。

5.2　客户访问

1. 客户访问案例

三种不同情境的客户访问案例如表 5-5～表 5-7 所列。

表 5-5　第一次打电话和潜在客户联系

状　况	直接给朋友打电话
时间	周二 20:00～21:00
地点	在自己家
推荐车型	大众系列
被访对象年龄、职业	50 岁左右男性,某市公安局领导
被访对象家庭	一家三口,男孩子 20 多岁,已参加工作
要求	车的外形好,性价比高
访问结果	可以考虑(约好面谈)

表5-6   第一次到客户家中访问(事先约好时间)

状　况	到客户家中访问客户
时间	周日 9:00—10:00
地点	某小区
交通工具	自驾大众系列车前往
被访问对象	一家四口,其中有两位 30 岁左右男士
携带资料	各种大众系列车销售材料

表5-7   第二次到客户家中访问(事先约好时间)

状　况	到客户公司访问客户
时间	周一 9:00—10:35
地点	某公司客户办公室
交通工具	自驾大众系列车前往
被访对象年龄、职业	40 岁左右公务员
携带资料	各种大众系列车销售材料

2. 案例分析

中国是一个汽车消费大国,特别是最近几年,汽车产销量屡创新高。作为汽车销售人员,最关键的是抓住欲购汽车的潜在客户。

要抓住潜在客户,首先要建立客户档案,经常与客户保持联系;其次是根据客户的需求,通过电话拜访获得客户的初步信任,登门拜访实现与客户的初步接触,获得客户的初步信任。

那么如何进行电话沟通、如何进行登门拜访、如何做好访问客户前的相关准备工作、如何制订访问计划、如何制作客户信息表呢?这都是作为一名汽车销售人员应该掌握的知识。

只有掌握电话沟通的技能、电话灵活应对的技能、自我介绍与交换名片的技能、交际及语言沟通的技能,同时在拜访过程中要注意职业道德和相关法律的规定,才能取得良好的销售业绩。

3. 电话访问客户前的相关准备工作

电话是目前最方便的一种沟通方式,具有省时、省力、快速沟通的优点,已成为销售工作中必不可少的工具。在电话销售的前期必须要做好以下两方面的准备,否则你的电话销售工作就是个失败的过程。

(1) 心理准备

在拨打每一个电话之前,都必须有这样一种认识,那就是这次所拨打的电话很可能就是你这一生的转折点或者是你现状的转折点。有了这种想法之后,你才可能对待所拨打的每一次电话有一个认真负责的态度,才使你的心态有一种必定成功的积极动力。

(2) 内容准备

在拨打电话之前,要先把你所要表达的内容准备好,最好是先列出几条记在手边的纸张上，以免对方接电话后，由于紧张或者是兴奋而忘了自己的讲话内容。另外，和对方沟通时，要表达的每一句话都应该有所准备，必要的话，提前演练到最佳状态。

（3）电话礼仪常识

1）重要的第一声

"您好，这里是××汽车销售公司。"当我们打电话给某单位、某客户时，若一接通，就能听到对方亲切的招呼声会很愉快，使双方对话能顺利展开，从而对该单位有了较好的印象。同样，在给客户打电话时声音清晰、悦耳、吐字清脆，给对方留下好的印象，对方才能对我们销售的汽车有好印象。

2）要有喜悦的心情

打电话时我们要保持良好的心情，这样即使对方看不见你，但是从欢快的语调中也会被你感染，给对方留下极佳的印象。由于面部表情会影响声音的变化，所以即使在电话中，也要抱着"对方看着我"的心态去应对。

3）清晰明朗的声音中

打电话过程中绝对不能吸烟、喝茶、吃零食，即使是懒散的姿势对方也能够"听"得出来。如果你打电话的时候躺在椅子上，对方听你的声音就是懒散的、无精打采的；若坐姿端正，所发出的声音也会亲切悦耳、充满活力。因此，打电话时，即使看不见对方，也要当做对方就在眼前，尽可能注意自己的姿势。

4）迅速准确地接听

现代工作人员业务繁忙，桌上往往会有两三部电话，听到电话铃声，应准确迅速地拿起听筒，最好在三声之内接听。电话铃声响一声大约 3 秒，若长时间无人接电话，或让对方久等是很不礼貌的，对方在等待时心里会十分急躁，对你也会留下不好的印象。即便电话离自己很远，听到电话铃声后，附近如果没有其他人，就应该用最快的速度拿起听筒，这样的态度是每个人都应该拥有的，特别是汽车销售人员必须应该具备的。如果电话铃响了五声才拿起听筒，应该先向对方道歉。若电话响了许久，接电话只是"喂"了一声，对方会十分不满，会给对方留下不好的印象。

5）认真清楚地记录

随时牢记 5W1H 技巧，所谓 5W1H 是指 When（何时）、Who（何人）、Where（何地）、What（何事）、Why（为什么）、How（如何进行）。

在工作中这些资料都是十分重要的，对打电话和接电话具有相同的重要性。电话记录既要简洁又要完备，有赖于 5W1H 技巧。

6）了解来电话的目的

上班时间打来的电话几乎都与工作有关，公司的每个电话都十分重要，不可敷衍，即使对方要找的人不在，切忌只说"不在"就把电话挂了。接电话时要尽可能问清事由，避免误事。首先应了解对方来电话的目的，如自己无法处理，应认真记录下来，委婉地探求对方来电话的目的，就可不误事而且赢得对方的好感。

7）挂电话前的礼貌

要结束电话交谈时，一般应当由打电话的一方提出，然后彼此客气地道别，说一声"再见"再挂电话，不可只管自己讲完就挂断电话。

（4）电话中声音的魅力

你与客户的关系从你接听电话的那一刻就开始了。你采取的沟通方法和满足客户需要愿望的程度决定了客户是否会接受、认同本公司的产品和服务，决定了客户是否会再次与你合作，最重要的是客户对公司的满意度和忠诚度。

声音质量包括：高低音、语速、节奏、音量、语调、抑扬顿挫。语调就像画图，会直接影响客户的反应。在某种意义上，声音是人的第二外貌。一个词语发音音调的细微区别远远超过我们的想象，在通电话的最初几秒钟内能"阅读"到客户声音中的许多内容。你的语音、语调以及声调变化占说话可信度的84%。因此，请给你的声音添加颜色。

（5）电话形象，你的声音名片

人们在交往中特别重视自己给别人的"第一印象"，给人的第一印象好，打起交道来心情愉快，事情也会办得更顺利。可是你是否注意到，你给别人的第一印象，往往在你们见面之前就已经存在了。因为出于礼貌，人们在见面前经常会通过电话约定见面的时间、地点等细节，所以你的第一印象已经通过你的声音传给对方了，可以说你的电话形象是你给对方客户的第一张"名片"。

打电话过程中，虽然见不着面，但电话形象是人们在使用电话时的种种外在表现，是个人形象的重要组成部分。人们常说"如闻其声，如见其人"，说的就是声音在交流中所起的重要作用。通话过程是一个人内在修养的反映，电话交流同样可以给对方和其他在场的人留下完整深刻的印象。一般认为，一个人的电话形象如何，主要由他使用电话时的语言、面容、态度、表情、举止等多种因素构成。那么怎样给人一张得体的"声音名片"呢？无论在多哪里，接听电话最重要的是传达信息，所以打电话时要目的明确，不要说无关紧要的内容，语气要热诚、亲切，声音清晰，语速平缓。电话语言要准确、简洁、得体。音调要适中，说话的态度要自然。

如果主动给对方打电话，要选择好通话时间，不要打扰对方的重要工作或休息。通话时间的长短要控制好，不要不顾对方的需要，电话聊起来没完。如果对方当时不方便接听电话，要体谅对方，及时收线，等时间合适再联络。接听电话时注意要及时，应对要谦和，语调要清晰明快。如果对方要留口信，一定问清楚姓名、电话号码等细节，免得耽误别人的事情，然后及时转达。

4. 登门访问客户前的相关准备工作

汽车营销员在访问客户时，一般在前一天晚上就会做好心理准备，设计访问的方式以及预期访问的效果。但有时出门前却往往把最不显眼然而最为重要的东西丢下，比如汽车产品画册、合同书。因为有时出门前没有注意到，直到与客户谈好生意、临到签合同时才发现没有合同书，或钢笔没有墨水了。

一个严格的企业管理者，面对这种情况的反应很可能是取消与你的这笔生意，因为他可能把你的行为看成是你的企业管理质量不高，营销员去谈生意没有带合同书，这不仅是一个笑话，对于营销工作来说，它就是一次重大责任事故。

一般而言，营销员都会将合同书、各类证书和产品画册等夹在文件夹中，出错误的概率也比较低，有时候凭记忆，考虑到它就在自己的包里，也许就懒得去查看它，在这里必须警告营销员：记忆有时候是靠不住的。因此，每次出门，应该做一次例行检查工作，这项工作非常重要，与士兵上战场之前检验枪支与弹药一样重要。区别在于士兵的错误会导致失去生命，而商场上没有这个结局。但是,完全可能导致失去一笔成功的生意,因为此等小事,岂不可惜乎?

虽然准备工作枯燥无味,但也不是什么大不了的难事,养成习惯就毫不费事。问题在于,我们往往疏忽它,因为我们总是在考虑大局而忽视小节。切记:成功与失败只差那么一点点。

(1) 收集资料

收集资料是指收集一些有关客户的资料,如客户的需要、购买欲望,这是客户购买产品的基础。限于客户的购买能力,向客户推销他购买能力之外的产品多半是不能成交的。客户是否有决策能力,要看客户的类型,客户的主要关系,对外的工作关系,对内的家庭关系等情况。

(2) 拟订访问计划

推销是一个过程,而且是一个千变万化的过程,对不同的客户,就会有不同的推销过程,事先如果没有准备好,就会在不同的客户面前乱了方寸。常常听到有的推销员焦虑地问:"我下一步该怎么做呢?"对此,推销员要明确推销程序,做到随机应变。同时,要尽量多拟订出客户可能提出的各种各样的疑问,设想出多种客户可能设置的障碍并解决好它,这样才真正地做到"有备而来"。

1) 选择好当天或第二天要访问的具体客户

视工作时间、推销产品的难度以及以往的推销经验来确定人数,从所拟订的潜在客户名单中挑选具体人物,可以根据交通和客户地点来选择几个访问方便的客户作为一个客户群。这样有利于节省时间、提高效率。

2) 确定已联系好的客户的访问时间与地点

如果已与某些客户取得了联系,那么不妨根据对方的意愿来确定访问时间与地点。一般来说,访问时间能够预约安排下来将有助于成功,而访问地点与环境应具有不易受外界干扰的特点。

3) 拟订现场作业计划

这一部分是针对一些具体细节、问题和要求来设计一些行动的提要,拟订介绍的要求。在对产品有了深入了解的情况下不妨将产品的功能、特点、交易条款以及售后服务等综合归纳为少而精的要点,作为推销时把握的中心,设想对方可能提出的问题,并设计回答。经验不丰富的推销员一定要多花一些时间在这上面,做到有备无患。

4) 准备推销工具

在推销时除了要带上自己精心准备好的汽车产品介绍材料和各种资料,如汽车照片、说明书、视频等,还要带上自我介绍的材料,如介绍信、工作证、法人委托书、项目委托证明等,带上证明企业合法性的证件或其复印件也是非常必要的。如果公司为客户准备好了纪念品也不要忘记带上。最后,当然还应带上一些达成交易所需材料,如订单、合同书、预收定金凭证等。

如果面对的是一项较为复杂的推销任务或开发新的市场,可以成立推销小组。小组推销可以将对手的注意力分散,可以给每个人留下一段思考时间,经验上相互弥补、相互促进。如果准备以推销小组来进行推销,那么必须进行小组推销的规划。

5. 共同乘电梯的礼仪

按住电梯,让客人先进。若客人较多时,可先进电梯,一手按"开",一手按住电梯侧门,对客人礼貌地说:"请进!"进入电梯后,按下客人要去的楼层数,侧身面对客人,如无旁人,可略作寒暄;如有他人,应主动询问去几楼,并帮助按下。到目的地后,一手按"开",一手做"请出"的动作,并说:"到了,您先请"。客人走出电梯后,自己立即步出电梯,在前面引导方向。

6. 如何拜访客户

在营销过程中,拜访客户可谓是最基础、最日常的工作了。很多销售代表也都有同感:只要拜访客户成功,产品销售的其他相关工作也会随之水到渠成。然而,可能是因为怀有一颗"被人求"的高高在上的心态,也可能是因为对那些每日数量众多进出频繁的销售代表们司空见惯,所以就有很多被拜访者(以采购人员、店堂经理居多)对那些来访的销售代表们爱理不理;销售代表遭白眼、受冷遇、吃闭门羹的事也多不胜举。很多销售代表也因此而觉得拜访客户工作无从下手。其实,只要切入点找准、方法用对,拜访客户工作并非想象中那样棘手,拜访成功其实很简单。

(1) 开门见山,直述来意

初次和客户见面时,在对方没有接待其他拜访者的情况下,可用简短的话语直接将此次拜访的目的向对方说明:比如向对方介绍自己是哪个汽车产品的生产厂家(代理商);是来谈供货合作事宜,还是来开展促销活动;是来签订合同,还是查询销量;需要对方提供哪些销量方面的配合和支持等。如果没有这一番道明来意的介绍,试想当拜访对象是一位终端帮助营业员时,他起初很可能会将我们当成寻常的消费者而周到的服务。当他为推荐产品、介绍功能、提醒注意事项等而大费口舌时,我们再向他说明拜访的目的,突然来一句"我们是某家供应商,不是来买产品,而是来搞促销……",对方将有一种强烈的"白忙活"甚至是被欺骗的感觉,马上就会产生反感、抵触情绪。这时,要想顺利开展下一步工作肯定就难了。

(2) 突出自我,赢得注目

① 不要吝啬名片。每次去客户那里时,除了要和直接接触的关键人物联络之外,同样应该给采购经理、财务人员、销售经理、卖场营业人员甚至是仓库收发这些相关人员,都发放一张名片,以加强对方对自己的印象。发放名片时,可以出奇制胜。比如,将名片的反面朝上,先以印在名片背面的"经营品种"来吸引对方,因为客户真正关心的不是在与谁交往,而是与之交往的人能带给他什么样的盈利品种。将名片发放一次、二次、三次,直至对方记住你的名字和你正在做的品种为止。

② 在发放产品目录或其他宣传资料时,有必要在显眼的地方标明自己的姓名、联系电话等主要联络信息,并以不同色彩的笔迹加以突出;同时对客户强调说:"只要您拨打这个电话,我们随时都可以为您服务"。

③ 以已操作成功的、销量较大的经营品种的名牌效应引起客户的关注:"你看,我们公司××这个品牌汽车销得这么好,做得这么成功,这次与我们合作,你还犹豫什么呢?"

④ 适时地表现出你与对方的上司及领导(如总经理)等关键人物的"铁关系",如当着被拜访者的面与其上司称兄道弟、开玩笑、谈私人问题等。试想,上司或领导的好朋友对方敢轻易得罪么?当然,前提是你真的和他的上司或领导有着非同一般的"铁关系";再者表现这种"铁关系"也要有度,不要给对方"拿领导来压人"的感觉。否则,效果将适得其反。

(3) 察言观色,投其所好

拜访客户时,常常会碰到这样一种情况:对方不耐烦、不热情地对我们说:"我现在没空,我正忙着呢! 你下次再来吧。"对方说这些话时,一般有几种情形:一是他确实正在忙其他工作或接待其他顾客,他们谈判的内容、返利的点数、出售的价格可能不便于让你知晓;二是他正在与其他同事或客户开展娱乐活动,如打扑克、玩麻将、看足球或是聊某一热门话题;三是他当时什么事也没有,只是因为某种原因心情不好而已。

在第一种情形之下,必须耐心等待,主动避开,或找准时机帮对方做点什么,比如,如果拜访对象是一位终端卖场的营业员,当某一个消费者为是否购买某产品而举棋不定、犹豫不决时,可以在一旁帮助营业员推介,义务地充当回对方的销售"帮手",以坚定顾客购买的决心。在第二种情形下,可以加入他们的谈话行列,以独到的见解引发对方讨论以免遭受冷遇;或者是将随身携带的小礼品(如扑克牌)送给他们,作为娱乐的工具。这时,要有能与之融为一体、打成一片的姿态。在第三种情况下,最好是改日再去拜访,不要自讨没趣。

(4) 明辨身份,找准对象

如果多次拜访同一家客户却收效甚微,如价格敲不定、协议谈不妥、促销不到位、销量不增长等,这时就要反思是否找对人了,即是否找到了对实现拜访目的有帮助的关键人物。

这就要求在拜访时必须处理好"握手"与"拥抱"的关系:与一般人员"握握手"不让对方感觉对他视而不见就行了;与关键、核心人物紧紧地"拥抱"在一起,建立起亲密关系。所以,对方的真实"身份"一定要搞清,他(她)到底是采购经理、业务经理、财务主管、企业老总还是一般的工作人员、教师。在不同的拜访目的的情况下对号入座去拜访不同职位(职务)的人。比如,要推广高档汽车品牌,最好拜访企业老总;要推广价位适中的汽车品牌,最好拜访机关公务员;要推广经济汽车品牌,最好拜访教师和个体经营者。

(5) 宣传优势,诱之以利

这个"利"字,包括两个层面的含义:"公益"和"私利";也可以简单地把它理解为"好处",只要能给客户带来某一种好处,一定能为客户所接受。首先,明确"公益"。这就要求必须有较强的介绍技巧,能将公司汽车品种齐全、价格适中、服务周到、质量可靠、经营规范等能给客户带来暂时或长远利益的优势,对客户如数家珍,让他及他所在的公司感觉到与我们做生意,既放心又舒心,还有钱赚。这种"公益"要尽可能地让对方更多的人知晓,知晓的人越多,日后的拜访工作就越顺利,因为没有谁愿意怠慢给他们公司带来利润和商机的人。其次是"私利""返点"等,如今各汽车公司在汽车销售过程中,作为一种促销手段也经常使用。

(6) 以点带面,各个击破

如果想找客户了解一下同类产品的相关信息,客户在介绍汽车产品价格、销量、返利、促销力度等情况时往往闪烁其词甚至是避而不谈,以致根本无法调查到有关产品的真实信息。这时要想击破这一道"统一战线"往往比较困难。所以,必须找到一个重点突破对象。比如,找一个年纪稍长或职位稍高、在客户中较有威信的人,根据他的喜好,开展相应的公关活动,与之建立"私交",让他把真相"告密"给我们。甚至还可以利用这个人的威信、口碑和推介旁敲侧击,来感染说服其他的人,以达到进货、收款、促销等。

(7) 端正心态,永不言败

拜访客户工作是一场持久战,很少能一次成功,也不可能一蹴而就、一劳永逸。销售代表们既要发扬"四千精神":走遍千山万水、吃尽千辛万苦、说尽千言万语、想尽千方百计为拜访成功而努力付出,还要培养"都是我的错"的最高心态境界:"客户拒绝,是我的错,因为我缺乏推销技巧;因为我预见性不强;因为我无法为客户提供良好的服务⋯⋯",为拜访失败而总结教训。只要能锻炼出对客户的拒绝"不害怕、不回避、不抱怨、不气馁"的"四不"心态,离拜访客户的成功就又近了一大步。

7．任务实施

（1）第一次电话访问时的应对

当推销员第一次对某一潜在客户进行品牌汽车推销活动时，通常需要先取得"面谈约见"的机会，然后照约定的时间去访问，同时再做好下次面谈的约见工作。这个"第一次"通常都是以电话的方式展开的，一般全部取得约见几乎是不可能的，约见被拒绝是推销员的家常便饭，但与在上门时被拒绝相比，宁可电话中被拒绝，这样不论成败，时间的损失总会少些，可将时间用于其他更有效的访问上。联系过程通常从自报家门开始，首先询问被访者是否方便接听电话，如果不方便的话另行约定通话时间。电话中要提出访问的内容，使对方有所准备，在对方同意的情况下定下具体的时间、地点。需要注意的是要避开吃饭和休息、特别是午睡的时间。

在有介绍人介绍的情况下，如果第一次在电话中约见，需要简短地告知对方介绍者的姓名、自己所属的汽车销售公司名称以及自己的姓名、打电话的事由，然后请求与他面谈。务必在短时间内给对方以良好的印象，介绍产品要从性价比和售后服务展开，通过"贵公司陈小姐购买使用之后认为很满意，希望我们能够推荐给公司的同事们"等类似的话，可以引起潜在客户的兴趣。通常在提出约见时，要强调不会占用对方太多时间。

（2）第一次到客户家中访问客户的应对

1）拜访前的准备

① 注意外表。一个成功的推销员在会见客户之前要对镜整装，穿着既非太正式也不太随便，适合自己推销的商品。美国、日本许多家大公司对雇员的服装都有严格要求：皮鞋要擦干净，衬衫的扣子要扣上，女职员裙摆不能高过膝盖，而男职员西服不要有皱纹等。

② 掌握好时间。和客户第一次约见，首先一定要掌握好时间，如果约好时间，千万不要迟到，也不能到得太早，要给对方以准备时间，最好的时机为比约定时间提前5～8分钟到达。其次，与客户交谈不要把时间拖得太长，废话少说，迅速进入你的正题。要知道，客户的时间是非常宝贵的，推销的时间稍微一长，他们就会厌烦，对商品的印象自然也就差了，这样推销往往会失败。

2）开场的方法

所有推销人员都时常遇到准客户的冷淡态度，打破冷淡气氛以顺利进行推销工作往往是令新推销员头痛的问题，甚至有较多经验的推销员也常常不能很好地解决。开场白到底如何进行才算合适，并没有一个简单概括的答案。以下两种方式可供参考，而且也可在推销时随时加以运用。

① 以提出问题开场。在这种开场白中，推销员可以找出一个对于客户的需要有关系的，同时又是所推销产品能给客户带来满足而会使客户作正面答复的问题。要小心地提出对方可能会回答"不"的问题。例如，可以问："您注重汽车的款式还是性价比？"

② 以赠送礼品开场。以赠送诸如汽车装具、汽车模型、钥匙链、保险、汽油卡等一类的礼品作为开场，所赠送的礼品一定要与所推销的汽车品牌有关系，这点很重要，因为这样一来完全可以在送礼品的同时，顺便地提到你所想进行的交易。

3）制造愉快的气氛

要消除客户的紧张感，制造轻松愉快的气氛，这是形成良好关系的要领所在。据研究表明，推销现场的轻松愉快气氛，98％取决于推销员的推销表现。

① 微笑。微笑使人心情舒畅，树立起信心和自尊。一位推销前辈曾感叹地说：“微笑是推销的第一要求。”日本服务业的优秀在全世界都是有口皆碑的，秘诀之一就是他们推崇“微笑服务”。日本电视连续剧《空中小姐》中，众多美丽的空姐学的第一课就是“微笑”，不管遇到什么事都要微笑，并且要笑得自然大方而不能僵硬或者是苦笑。

② 问候与寒暄。问候与寒暄虽然是一些单调而且简单的话语，在整个推销工作中甚至只占到 1% 的时间，但却不可忽视。因为它是交谈的润滑剂，能够在交谈者间架起一座桥梁，满足人们的亲和心理。推销员和客户见面后，谈论一些双方都关心的事，诸如天气、交通、办公室的布置等话题。推销员还可以问候对方：您工作还忙吧？ 您最近在忙什么？ 这样容易唤起对方的认同心理，消除隔阂感。当然，寒暄一定要有度，要争取主动，以自己的愉快情绪打动对方，让他得到感应。

③ 真诚的赞美。赞美是人的一种心理需要，是对他人敬重的一种表现。美国心理学家威廉·詹姆士说，“人类本性上最深的企图之一是期望被赞美、钦佩、尊重。”渴望赞美是每一个人的一种存在的潜意识。一位女士旅游过世界许多国家，她每到一个地方只学会两句话：您好！ 真漂亮！ 就是这两句话使她顺利地办完各种事情，由此可见赞美的妙用。一位推销员去见客户，第一次见面客户非常冷淡，双方僵持了一会儿推销员就告辞了。第二次见面推销员偶然发现了客户办公桌上的全家照，客户的儿子显得非常聪颖，推销员有意识地称赞道：“先生真好福气，令郎好可爱！”客户听罢，微微一笑，气氛有点缓和，推销员进一步称赞：“先生的全家福照真让人羡慕呀，先生一定有一个让人称羡的幸福家庭！”客户听到这里，再也禁不住满心欢喜，和推销员攀谈起来，最后爽快地买下了推销的商品。当然，赞美应是真诚的，虚假而过分的恭维只能导致失败。推销员应学会敏锐地发现对方的优点，给他以诚实而真挚的赞美。

④ 学会开玩笑。推销过程中开一个得体的玩笑，松弛神经、活跃气氛，也同样能创造出一个适于交谈的轻松氛围，而且这种玩笑往往能起到极好的改变环境氛围的作用。因此，许多公司对推销人员基本素质的要求之一就是具有幽默感。但是开玩笑是一门学问，推销中要注意开玩笑不能太随便，不能过分，内容要健康，态度和善而且行为不能过度。总之，要分清场合、对象，掌握好分寸。

(3) 激发客户的购买欲望

这一阶段推销员和客户进行的是一场心理战。开动脑筋，迅速而准确地把握住客户的心理，在适当的时机点破客户的疑虑是相当重要的。

1) 适度沉默，让客户说话

① 沉默在推销上有很多不同功效。在做完了产品介绍与试驾后不妨停止说话而开始聆听，这时沉默是高明的，总体来说它起到两大作用：让客户有说话机会；无形中强迫客户讲话。这样就或多或少地会谈到对产品的看法。

② 许多人对推销员的认识就是能言善辩，甚至是喋喋不休。其实在推销员之间有这样一句格言：多言之客以耳闻，少言之客以口问。这句话的意思就是推销员与客户面谈时要多用耳朵听，用嘴巴问，同时要切忌多言多语，言多必失。

③ 推销员在刚刚接触到客户时必须迅速打开局面，这时当然不能沉默了，在介绍产品时要适当地减少言语，尽量用事实说话，同时不时地引发客户参与进来。经过一段时间的交流，你已经将自我信息和产品信息输入给客户，如果前阶段的工作一切顺利，那么现在应该拿出点时间来倾听客户的意见。如果客户是属于内向型或沉默型的，要做的也只是就其兴趣集中点

进行引导。一旦他们开口,要认真倾听,如有必要还可以做做笔记。在对方讲话的过程中千万不可以打断,最好时常和对方进行眼神交流,同时要在合适的机会点头示意。对于客户所提问题一定要耐心回答,对于准备不充分或确实不了解的问题不要回避,要敢于承认"自己不了解",但一定要注意这类问题不要过多,否则客户就会对你产生不信任。对客户错误的或与己不利的说法,如果这种说法并不太重要,那么最好将其置于一边、保持沉默,切记不能正面纠正。如果客户的错误太严重,以致影响了他对产品或公司的看法,那么就要运用智慧委婉地予以纠正。冲动是推销员的大忌,一定要设法约束自己,避免与客户发生争论,尤其是正面交锋最要不得。

④ 保持沉默还有一个重要作用,那就是给自己一个缓冲的机会,整理一下思路,反省一下前一阶段的工作。如有漏洞或过失则应在下一阶段进行弥补。在整个推销过程中,推销员应该控制节奏,做到有张有弛,不要喋喋不休,那样容易使对方感到厌倦和疲劳,适时的沉默一定会有助于你成功。

2) 挖掘客户的需求

刺激客户的购买欲就是要让客户明确地认识到他的需求是什么,而你的产品正好能满足他的需求。主动找客户推销商品与客户去商店选购是不同的。客户往往是有了明确的需求才去商场里寻找需要的商品;而你带着商品上门时他们往往并没有明确地意识到自己是否需要这种产品,有许多客户或许根本就不需要。这时需要根据客户的兴趣来找出他的需求,甚至是为客户创造需求,然后再将其需求明确地指出。如有可能,向客户描述他拥有你的产品后,即需求得到满足后的快乐,激发客户的想象力。

例如,你推销的是上海通用系列的汽车,当你向客户展示产品后,客户对产品各方面都感到满意,并且表现出了兴趣。但你发现他只是有兴趣而已,并没有购买欲望,因为他没有考虑到这款汽车对他的家庭会带来什么用处,他并没有需求。在整个交谈过程中,你获知你的客户有一个正在工作的女儿,此时你不妨来为他创造一下需求,告诉他:"如果您女儿有这么一辆汽车,我想,既漂亮又能解决上班路途远的问题。"听了你这句话,客户会在心里想:"对呀我怎么没想到女儿需要一辆汽车呢?"如此一来,他就有了购买欲望。如果你再刺激他去想象女儿因为有一辆汽车而在将来的工作竞争中处于优势,那么你成功的把握就更大了。促使客户想象,就是要让他觉得眼前的商品可以给他带来许多远远超出商品价值之外的东西,一旦拥有甚至会给他带来一个新的世界、新的生活。当然你启发客户想象应该是基于现实的可能,不应是胡思乱想。为客户指出他的需求时应注意委婉,不可过于直截了当,最好不要用诸如:"我想您一定需要……"或"买一辆吧,不会有错的。"这样的话会使对方感到你强加于人,容易引起逆反心理。

3) 用言语说服顾客

当指出客户的需求,而客户表现依然不是很积极,购买的欲望仍不是很强,这时不妨再略施小计,刺激他的购买欲望,语言技巧此时当然尤其重要。引用别人的话试试,有时你说一百句也顶不上引用第三者的话来评价商品的效果好。这种方法的效果是不容置疑的,但是如果你说谎而又被识破的话那就很难堪了,所以应该尽量引用真实的评价。一般来说引用第三者的评价会使客户产生安全感,在相当程度上消除戒心,认为购买你的商品要放心得多了。最有说服力的引言莫过于客户周围某位值得人们信赖的人所讲的话。可以先向这样的人物推销你的商品,只要够机灵,从他的口中得到几句称赞不会太难,而这几句称赞将是在他的影响力所及的范围内进行推销的通行证。如果某个"大人物"曾盛赞或者使用了你的汽车产品,那么这将使你的推销变得比原来容易得多。"大人物"可以是电影明星、体育明星、政界要人等人们比较熟悉的人物,因为他们往往比你容易受到人们的信赖,和他们相比你陌生了许多,自然说服力也就不那么强了。当然这也是广告惯用的手法,在此不妨搬来试试。如果上述人物都无法利用,客户对不了解也不认识的人的话并不一定完全不信任,此时就要注意这些话一定要言之有理,而客户往往又并未在意,那么他会感到颇有启发而欣然接受。用广告语言来形容你的产品可收到独特效果。广告语言具有简练、感染力强的特点。如果你的产品在一些媒体上进行过宣传,不妨借用一下广告中的标题语言,如果客户看过广告则会起到双重印象的效果,如果没有看过广告顾客会觉得新鲜有趣。类似广告语也会起到这样的效果。比如推销一辆越野汽车时,用"您和您的家人周末驾驶这辆汽车去旅游,感觉一定好极了"来介绍会比"这辆汽车特别结实"要好得多。因此,注意语言生动是极其重要的。

5.3 提供咨询

5.3.1 提供咨询案例

1. 案例描述

三种不同情境的提供咨询案例如表 5 - 8～表 5 - 10 所列。

表 5 - 8 第一次接听客户购车咨询电话

状　况	直接打电话到展厅销售处
时间	周二 08:00—09:00
地点	在展厅销售处接听电话
推荐车型	大众系列
被访对象年龄、职业	50 岁左右男性、某市公安局领导
被访对象家庭	一家三口,男孩子 20 多岁,已参加工作
要求	车的外形好,性价比高
电话咨询结果	可以考虑(订好周日到展厅面谈)

表 5 - 9 客户第一次直接到展厅进行咨询(事先约定好时间)

状　况	直接到展厅咨询,一家三口,儿子 20 岁
时间	周日 9:00—10:00
地点	在展厅销售处接待
交通工具	乘出租车前往
要求	车的外形好,性价比高
咨询结果	试驾后准备购买

表 5 - 10　客户第二次到汽车展厅进行咨询(事先约定好时间)

状　况	直接来展厅咨询,一家三口,女儿 12 岁
时间	周一 10:00—11:00
地点	在展厅销售处接待
交通工具	乘出租车前往
要求	接送女儿上下学,车的外形好,性价比高,有现货
咨询结果	试驾后决定购买

2. 案例分析

潜在客户购车的用途各有不同,怎样才能抓住这些潜在客户的心理、了解清楚客户购车的用途呢?

只有针对客户的心理和需求介绍汽车的各种性能,才能使客户的消费欲望付诸行动。

5.3.2　客户心理学基本知识

1. 消费者心理的概念

心理活动是人类行为的基础,消费者的购买行为不可避免地受其自身心理活动规律的支配。消费心理是指人们作为消费者时表现出来的心理现象和心理特征。消费心理是消费行为的基础,在市场活动中,消费心理特别是其中的购买心理支配着购买行为的全部活动过程,决定着购买目的是否能够实现、经营者能否获得经济效益。经营者只有针对消费心理采取相应的营销策略,刺激消费者的购买心理,使消费者产生消费欲望并付诸行动,才能获得经济效益、实现市场目标。在我国,汽车作为一件特殊商品进入大众消费领域的时间还不是很长,消费者构成成分复杂,不同层次的消费者有着不同的汽车消费心理。这就要求从事汽车营销的人员不仅从经济学的角度来看待和研究汽车的市场营销问题,而且要从心理学的角度看待和研究汽车的市场营销问题,使二者有机地融合在一起。

2. 消费心理学的一般内容

消费行为是一个复杂的过程,这个过程涉及消费者的知觉、学习、决策、需要、动机、个性及态度等心理过程,从而构成了消费心理学的基本内容。任何消费行为总要受到社会、家庭、文化、职业等因素的影响。如低收入者、中等收入者和高收入者的消费行为就存在着极大的差别,知识分子、工商业者、工人和农民的消费行为也有明显的差异。因此,研究社会、家庭、文化、职业等因素对消费行为的影响,也是消费心理学重要的组成部分。

3. 汽车私人消费市场的需求特点

汽车私人消费市场的消费者由于受经济、社会、文化等因素的影响,呈现出千差万别纷繁复杂的形态,从整体上讲,各种需求之间存在着共性,具体来说有以下特点。

（1）需求具有多样性

汽车消费者由于在收入水平、文化观念、兴趣爱好、生活习惯、年龄、性别、职业等方面的差异，因而在消费需求上表现出多层次性或多样性。比如说，年轻人、运动员喜爱运动型的车辆，老年人、教师喜爱舒适型的车辆。再比如，一般的普通女性购买汽车的目的主要是作为代步工具，所选购的汽车大多为经济型的；而某些私企老板和其他地位较高的人购买的汽车必须体现其身份和地位，所选购的车型大多为豪华型的。

（2）需求具有伸缩性

一方面，汽车作为一种高档耐用商品具有较强的价格弹性，即汽车的售价对汽车的个人需求有较大的影响。另一方面，这种需求的结构是可变的，当客观条件限制了这种需求时，它可以被抑制，可转化为其他需求，或最终被放弃；反之，当条件允许时，个人消费需求不仅会得以实现，甚至会发展为流行消费。

（3）需求具有可诱导性

对于大多数购车人而言，由于他们缺乏足够的汽车知识，往往会受到周围环境、消费风尚、人际关系、广告宣传等因素的影响，对某种车型产生较为强烈的需求。汽车企业应注意引导、调节和培养某些被细分后的个人购买市场，强化广告和促销手段的应用，提高企业汽车品牌的市场占有率。

（4）需求具有可替代性

私人购买汽车在面临多种选择时，一般都要进行反复的比较、鉴别，也就是俗话所说的"货比三家"，只有那些对私人消费者吸引力强、售后服务较好的商家的汽车产品才会导致消费者最终购买。也就是说，同时能够满足消费者需要的不同品牌或不同商家之间存在竞争性，消费者需求表现出可替代性。

（5）需求具有发展性

消费者的市场需求一般从简单到复杂、由低级向高级发展。在现代社会中，各种消费方式、消费观念、消费结构的变化总是与需求和时代的发展息息相关的。所以，汽车私人消费需求也是永无止境的，如在不过分增加购买负担的前提下，消费者对汽车的安全、节能环保等性能的要求越来越高。

（6）需求具有集中性和广泛性

一方面，由于私人汽车消费与个人经济实力关系密切，在特定时期，经济发达地区的消费者或者收入相对较高的社会阶层对汽车（或某种车型）的消费比较明显，需求表现出一定的集中性。另一方面，高收入者各地区都有（尽管数量上的差异可能较大），而且随着经济发展，高收入者会不断增多，所以需求又具有地理上的广泛性，除上述特点外，消费者的市场需求还具有便捷性和季节性的特点，也即要求购买、使用、取得和服务方便。根据历史经验，汽车市场的火暴往往具有季节性、周期性、阶段性的特点。企业应该认真研究和掌握这些特点，并以此作为市场营销决策的依据，更好地满足消费者需求，扩大汽车产品销售金额，提高经济效益。

4. 消费心理活动分析的方法

消费心理活动分析的基本方法有观察法、问卷法、访谈法、调查法、实验法、投射测验法和量表法等，这里介绍常用的两种方法。

（1）观察法

观察法是指调查者在自然条件下有目的、有计划地观察比较消费者的数量、特征、言行等，分析购买行为规律，进而发现消费心理现象规律的研究方法。观察法具有操作简便、花费较少、所得资料比较真实可靠的优点。但其缺点也比较明显，首先，调查者比较被动；其次，只能了解到被调查者的外部行为表象，难以深入了解其行为的内在原因，而为了使资料量文化全面、真实，必须投入较多人力和时间去观察大量的对象。

（2）问卷法

问卷法就是根据研究目的设计制作有针对性的问卷，请被调查者书面回答，然后根据对问卷的分析获得研究所需的数据资料的研究方法。也可以由调查员根据问卷问题提问，消费者口头回答，并由调查者做记录的方式进行。问卷法适用于了解消费者的消费动机、消费态度和消费观念等。利用问卷调查法时应注意问卷目的明确、问题设计科学、文字表述清楚，切忌概念模糊。

5．消费者行为

消费者可分为两类：个体消费者与集团消费者，消费行为相应地也分成个体消费行为和集团消费行为。消费行为就是消费者寻找、购买、使用和评价用以满足需要的商品和服务所表现出的一切脑体活动，主要包含以下两个主要内容。

（1）消费行为的目的性

消费行为可以表述为寻找、选择、购买、使用、评价商品和服务的活动。这些活动本身都是手段，满足需要才是目的，而消费者的需要是多方面的，如生理需要、安全需要、社交需要、尊重需要和自我发展需要等。如果经营者能够了解消费者的各种需要，那么就可能生产和销售合适的汽车产品，以满足消费者的需要，从而使自己获得丰厚的利润。

（2）消费者的购买角色

在消费过程中，每个人都可能扮演不同的角色。

① 倡导者：建议购买某一汽车产品或售后服务的人。

② 影响者：通过语言或活动有意或无意地影响别人产生购买决策的人。

③ 决策者：决定是否购买、如何购买、何处购买的人。

④ 购买者：实际从事购买活动的人。

⑤ 使用者：直接消费或使用所购物品或享受服务的人。

在某种情况下，一个人可能只充当一种角色；在另一种情况下，一个人则可能充当多种角色。营销者需要辨认这些角色，分清在购买行为中那些主要的参与者及其在购买活动中所扮演的角色。

5.3.3　汽车产品的基本知识

1．汽车产品的类型

为达到与国际接轨，国标 GB/T 3730.1—2001 对汽车分类术语概念进行了定义。从 2004

年起,新旧两种标准并轨试行一年,在 2005 年已经全面实行了按照新标准的统计分类。

（1）旧标准主要分类

① 轿车。轿车是指乘座员 2～8 人,采用二厢或三厢结构的小型载客汽车。按发动机排量分为:微型轿车(排量 1.0 L 以下)、普通级轿车(排量 1.0～1.6 L)、中级轿车(排量 1.6～2.5 L)、中高级轿车(排量 2.5～4.0 L)、高级轿车(排量 4.0 L 以上)。

② 客车。客车是指 9 座以上的客车,主要用于公共服务。按车身长度可分为:微型客车(车身长度在 3.5 m 以下)、小型客车(车身长度在 3.5～7 m)、中型客车(车身长度在 7～10 m)、大型客车(车身长度在 10～12 m)、特大型客车(车身长度在 12 m 以上)。

③ 载货汽车。载货汽车简称货车,主要指用于运输各种货物的汽车。按其设计允许的总质量可分为:微型载货车(最大设计总质量不超过 1 800 kg 的载货汽车)、轻型载货车(最大设计总质量为 1 800～6 000 kg 的载货汽车)、中型载货车(最大设计总质量为 6 000～14 000 kg 的载货汽车)、重型载货车(最大设计总质量大于 14 000 kg 的载货汽车),还有牵引汽车、自卸汽车、越野汽车、专用汽车(特种汽车)、农用车、改装车等。

（2）新标准主要分类

1）乘用车

乘用车是在设计和技术特性上主要用于载运乘客及其随身行李和(或)临时物品的汽车,包括驾驶员座位在内最多不超过 9 个座位。它也可以牵引一辆挂车,具体分为以下几种。

① 小型乘用车。封闭式车身,通常后部空间较小。固定式硬车顶,有的顶盖一部分可以开启。有至少一排,2 个或 2 个以上的座位。有 2 个侧门,也可有 1 个后开启门。有 2 个成 2 个以上侧窗。

② 普通乘用车。封闭式车身,侧窗中柱有或无。固定式硬车顶,有的顶盖一部分可以开启。有至少两排,4 个或 4 个以上座位。2 个或 4 个侧门,或有一个后开启门。

③ 高级乘用车。封闭式车身,前后座之间可以设有隔板。固定式硬车顶,有的顶部一部分可以开启。有至少两排,4 个或 4 个以上座位。后排座椅前可安装折叠式座椅。有 4 个或 6 个侧门,也可有一个后开启门。有 6 个或 6 个以上的车窗。

④ 多用途乘用车。只有单一车室运载乘客及其行李或物品的乘用车,乘用车中还有越野乘用车、专用乘用车、旅居车、防弹车等。

2）商用车辆

在设计和技术特性上用于运送人员和货物的汽车,并且可以牵引挂车,但乘用车不包括在内。商用车分为以下几种。

①客车。在设计和技术特性上用于载运乘客及其随身行李的商用车辆,包括驾驶员座位在内座位数超过 9 座,有单层的或双层的,也可牵引一辆挂车。

a. 小型客车。用于运载乘客,除驾驶员座位外,座位数不超过 16 座的客车。

b. 城市客车。一种为城市内运输而设计和装备的客车,这种车辆设有座椅及乘客站立的位置,并有足够的空间供频繁停站时乘客上下车走动用。

c. 长途客车。一种为城间运输而设计和装备的客车。这种车辆没有专供乘客站立的位置,但在其通道内可运载短途站立的乘客。

d. 旅游客车。一种为旅游而设计和装备的客车。这种车辆的布置要确保乘客的舒适性,不载运站立的乘客。客车中还有铰接客车、无轨电车、越野客车等。

② 货车。货车是一种主要为载运货物而设计和装备的商用车辆可以牵引挂车。

a. 普通货车。一种在敞开(平板式)或封闭(厢式)载货空间内运载货物的货车。

b. 多用途货车。在其设计和结构上主要用于运载货物,但在驾驶员座椅后带有固定或折叠式座椅,可运载 3 个以上的乘客的货车。

c. 专用货车。在其设计和技术特性上,用于运输特殊物品的货车,例如:罐式车、集装箱运输车等

d. 专用作业车。在其实际和技术特性上用于特殊工作的货车,例如:消防车、救险车、垃圾车、应急车、街道清洗车、扫雪车等。

③ 其他车辆。除上述车辆外,还有挂车、汽车列车等。

2. 汽车品牌的定位与内涵

何谓"品牌"? 不外乎"品"与"牌"的结合,一方面是产品和服务给消费者的感觉,即品味与情感的沟通;另外一方面,是靠宣传与沟通让品牌的利益、承诺传达给消费者。品牌的实质是品质、情感、个性的综合体现。作为企业,必须将这样的品牌内涵和定位传达给消费者,才能打造独具个性的品牌形象,创立自己的品牌建立品牌。首先要为产品定位,根据定位,建立品牌的网络渠道,满足用户群的期望。比如:奥迪品牌的核心,是"突出科技,远见未来,富有创新概念,充满激情",劳斯莱斯是"皇家贵族的坐骑",富豪强调"耐久安全",马自达的"可靠",SAAB的"飞行科技",而奔驰的定位则是"高贵、王者、显赫、至尊",奔驰广告中较出名的系列是"世界元首使用最多的车",宝马则是"驾驶的乐趣",沃尔沃定位于"安全"。这些定位一旦确定,便被厂家贯彻下去,把几亿元、几十亿元的广告费投到同一个主题、同一个概念上。

从消费心理的角度来说,消费者购买一个汽车品牌的商品或接受一个汽车品牌服务项目时,他不只是关心汽车具有什么功能,更重要的是体验汽车的个性,使他感到品牌的个性适合于这一场合。将同一品牌名称用在不同含义的产品上是有风险的,那不是在维护品牌,而是在毁坏它。品牌如果不能保持其单一特性,品牌之间不能建立起严格区分,品牌价值便会丧失,这就是品牌维护的同胞法则,它要求保持品牌之间的独立,而不是趋同。

3. 品牌名称与标志品牌

名称和标志是品牌的直接表现,是品牌最基本的元素。品牌名称和标志至少给消费者两个信息,这两个信息是产品和消费者关系的基础。名称是为顾客服务、为营销服务的,而不是反过来要求顾客适应名称。当看到品牌名称和标志时,可以确信这件产品是货真价实的。同时,它是产品质量持续一致的保证。许多成功的品牌都保持一种持续演进的状态,并且不断做出符合市场需要的改变。品牌名称和标志的改变要符合产品一贯的承诺,否则,品牌力减弱,用户对品牌忠诚度就会降低。汽车品牌意味着汽车市场定位,意味着产品质量、性能、技术、装备和服务的价值,最终体现了企业的经营理念。比如:看到三叉星,人们会想到奔驰汽车、德国汽车工业、德国人的认真和严谨、豪华与高贵等。

4. 品牌承诺

品牌的承诺,就是把产品和服务的定位、利益、个性传达给消费者。品牌承诺包含产品承诺,实际内容上又多于产品承诺。只要是品牌,就会有承诺,品牌的承诺大致可以分为两个方

面:品质与情感,有的是两者兼而有之。只要是承诺,就必须要兑现,中国人有"一诺千金"的俗语,但是俗话说"说着容易做着难"。在营销学的产品要素里,一个整体的产品概念包括三个方面:一是核心产品,指产品为购买者提供的基本效用和客户利益,也就是使用价值;二是形式产品,是指产品的外在表现,如外形、质量、重量体积、颜色等;三是延伸产品,是指产品的附加价值,如服务、承诺、身份、荣誉等。产品在这三个方面的标准就是产品承诺。一个品牌产品,必须达到所有的产品承诺。但这些还不够,品牌还有一个更为重要的承诺,就是精神承诺。奔驰汽车和其他的汽车一样,其最终目的是为了代步。但如果只是为了代步,为什么有人选择昂贵的奔驰? 如果奔驰从一开始就宣传自己是"代步工具",相信它还只是一个汽车产品,而不是世界上最著名的品牌之一。事实上,奔驰百年来一直向大家讲述这样的理念:奔驰是科技时代成功人士的象征。驾驶奔驰,就是"领导时代,驾驭未来!"因此,品牌承诺的核心不仅是产品承诺,而是更深层次的精神承诺。精神承诺的意义在于:品牌在不同时间、用不同的方式持续地和消费者沟通,并产生共鸣,从而使产品具有更广泛的意义。

5.3.4　介绍汽车产品注意事项

目前,我国共有载货车、客车和轿车品牌 355 个,其中自主品牌占 69%,国外品牌占 31%。但在 100 个轿车品牌中,自主品牌只有 37 个。

1. 珍视所经销的汽车品牌

作为企业与品牌的接触点,汽车经销商的一言一行、穿着打扮、态度等均渗透着汽车企业的品牌文化。经销商的每一个销售人员都不可避免地承担着对品牌的责任。即使一个品牌的忠实消费者也非常可能因为在销售人员那里受到冷遇而不再购买该品牌的产品。因此,每一个销售商家和每一个营销人员,都应该珍视品牌如珍视自己的生命,从心底认同品牌文化的理念,对品牌特色、理念、行为加深认识,并不断提高自身的能力,更好地履行品牌承诺,从而为打造品牌做出贡献。品牌文化的魅力在于,经过品牌文化的认同,企业会蕴藏着一种浓郁的、积极向上的文化气息,从而对每一位消费者产生积极的影响。只有如此,才能不断地和消费者需求保持同步,增加品牌的魅力。

2. 购车过程中常见问题

中国汽车消费者在购车过程中,一般会问以下问题,请牢记:

① 内饰有哪些选择?
② 百米加速表现如何?
③ 可以载重多少?
④ 越野性能怎么样?
⑤ 气囊是如何工作和使用的?
⑥ 制动系统与以往的有什么不同?
⑦ 没有丰田的豪华配置吧?
⑧ ABS 是几通道的?
⑨ 是双顶置凸轮还是单顶置凸轮呢?

3. 品牌具有溢价能力

由于品牌的特殊内涵和个性,使得钟情于某品牌的消费者愿意为此花费额外的金钱,并以此为荣。不同产品、不同行业的品牌的溢价能力是截然不同的,奔驰、宝马、法拉利比一般品牌高出十倍乃至百倍。其品牌之所以能获得很高溢价,主要是因为消费者购买产品的主要驱动力是情感型与自我表达型利益,功能型利益已退居次要的地位。因此品牌资产中的知名度、品质认可度、品牌联想提升了忠诚度与溢价能力,可以使品牌具有盈利。换言之,打造高知名度、高品质认可度与发展丰富的品牌联想可以使汽车产品卖得贵、卖得多、卖得快、卖得久。

5.3.5　介绍车辆的方法

展示和介绍车辆时,应该有的放矢,针对客户真正的需求,抓住销售卖点,使用有效的介绍方法和试车以满足客户的需要。

1. 六方位介绍法

从车辆前部、发动机室、乘客一侧、后部、司机一侧、内部六个方位依序介绍,突出各角度的卖点。在介绍时细心观察和回应客户,以适合并突出客户的兴趣点。

2. 目录介绍法

按照宣传说明书的介绍文章,口语化、按部就班地介绍汽车。这种方法更适用于拜访客户时使用。

3. 问题对应法

客户提出问题,销售顾问有针对性地回答问题。以下情况要坚决避免:
① 夸夸其谈,说得太多。
② 夸大其词,过分吹嘘。
③ 提供毫无根据的比较信息,一味贬低他人。
④ 不能解答客户提出的问题。
⑤ 强调客户不感兴趣的方面。
⑥ 在销售过程中催促客户,为了成交急不可待。
⑦ 通过试车后带有强迫意味地让客户做出购买决定。

试驾是很好的展示车辆方式,可以让汽车自己推销自己,所以如果条件允许应该尽量提供试驾服务。在试驾前应确保车辆整洁且燃油充足,办好路上所需的保险和执照,向客户介绍所有装备和使用方法。试驾客户必须有驾驶证,并签订试驾协议以确保安全。应提供足够的试驾时间,一般以20～30分钟为宜。试车道路应避开有危险的路段,在途中有一地点可安全地更换驾驶员,尽可能选择有变化的道路以展示车辆的动力性、制动性、操纵稳定性、舒适性、内部的安静程度等性能。试驾中,应先由销售顾问进行试驾,介绍车辆、指出汽车的各种特性并解答问题。客户驾驶时销售顾问指出试车的道路并说明道路情况,客户驾驶汽车时销售顾问相对保持安静,根据客户驾驶技术和提问等简要予以介绍。

5.3.6　注意事项

① 不同客户有不同的需求,当客户咨询时,一定要认真、耐心地了解和掌握客户的各种信

息资料,有准备地对客户进行咨询服务。

　　② 注重咨询时的各种礼仪,给客户留下良好的第一印象。

　　③ 要积极创造友好宽松的咨询氛围,热情、周到地服务,让客户有到家的感觉。

 本章小结

　　本章共分三部分内容:第一部分介绍了寻找潜在客户的方法;第二部分介绍了如何访问客户;第三部分介绍如何为客户提供咨询服务。读者在学习时要重点把握以下几个方面:

- 潜在客户的概念;
- 寻找潜在客户的原则;
- 访问客户的基本步骤和礼仪;

- 消费者心理学认知;
- 客户回访的重要性;
- 我国汽车产品的主要类型。

习　题

一、选择题

1. 潜在客户的三要素是指(　　　)。

A. 有需求　　　　　B. 有购买力　　　　C. 有决定权　　　　D. 有购买想法

2. 寻找潜在客户的原则中 MAN 原则中的 M 是指(　　　)。

A. 金钱　　　　　　B. 购买权　　　　　C. 需求　　　　　　D. 主意

3. 下列属于拜访客户的正确形式的是(　　　)。

A. 开门见山　　　　B. 突出自我　　　　C. 察言观色　　　　D. 明辨是非

4. 消费者的购买角色包括(　　　)。

A. 倡导者　　　　　B. 影响者　　　　　C. 决策者　　　　　D. 购买者

5. 汽车购买者的行为模式有(　　　)。

A. 理智型　　　　　B. 习惯型　　　　　C. 冲动型　　　　　D. 感情型

6. 介绍车辆的方法(　　　)。

A. 六方位介绍法　　B. 目录介绍法　　　C. 问题对应法　　　D. 体验介绍法

二、简答题

1. 简述客户心理学的一般内容。

2. 汽车客户消费市场的需求有哪些特点? 汽车消费者购买行为模式是什么?

3. 影响消费者购买行为的因素有哪些?

4. 简述汽车如何分类。

5. 介绍辆的方法有哪些?

6. 电话访问客户前应做哪些相关准备工作?

7. 登门访问客户前的准备工作有哪些?

8. 拜访客户时应注意哪些礼仪?

9. 仪容、穿着姿态有哪些基本礼仪

10. 什么是潜在客户?

11. 潜在客尸必须具备的三个基本要素是什么?

12. 要准确判断潜在客户的需求欲望,则应从哪些方面进行观察?

13. 用一种方法寻找潜在客户,并制作填写一份客户信息表。

模块6 汽车营销模式解析

【知识目标】

① 掌握各种营销模式的概念；

② 了解各种营销模式的优缺点。

【能力目标】

能根据企业特点，发展适合本企业的营销模式。

6.1 汽车营销模式

6.1.1 代理制模式

1. 代理制的概念

代理制是指买方或卖方委托流通企业在其代理权限范围内从事商品交易业务的一种商流形式，接受买方或卖方委托的流通企业称之为代理商。汽车营销代理就是汽车生产企业委托区域市场上的某些分销能力较强的代理商为其销售产品。

在西方发达国家，代理商属于中介机构，只拥有销售代理权，而不拥有对产品的所有权，主要职责是按委托方的意志促进买卖双方交易的达成，其收入是佣金而不是购销差价。我国的汽车销售代理商在汽车交易过程中，几乎参与汽车营销的所有活动，包括促销、谈判、订货、付款等过程。我国目前没有实行汽车代理佣金制度，虽然汽车生产企业的商务政策中规定根据销量给予返利，但这不属于代理佣金，代理商的收入主要是汽车买进卖出的差价。西方发达国家的汽车代理商一般不具备仓储功能，也不参与资金流的活动，不提供汽车消费信贷，风险较小。我国部分能力较强的汽车代理商通过与汽车厂家、银行合作，可以提高汽车消费信贷，并且一般具备仓储功能。

汽车代理制包括总代理制和区域代理制。

总代理制的销售模式可表述为：厂商→总代理→区域代理→下级代理商→最终用户。进口汽车主要采用这种销售模式。

区域代理制的销售模式可表述为：厂商→区域总代理→下级代理商→最终用户。这种模式与IT渠道的区域代理制基本一致。这是汽车销售渠道最早采用的模式，目前使用这种模式的厂商已较少。

2. 代理制的特点

汽车销售实行代理制，有着鲜明的优点：

① 汽车代理商是独立的法人组织，与汽车厂家有较长期稳定的关系。

② 实现工商分工合作,充分调动汽车生产厂家和代理商的积极性。

③ 通过代理,可以使汽车的销售网点增加,增强营销网络的功能,使汽车营销活动更加灵活,更贴近用户。

④ 汽车代理商能够适应市场竞争需求,可以更加专业化,提高销售效率。

⑤ 汽车生产企业可以通过合理地管理和控制代理商,保证生产的顺利进行,有利于分担经营风险。

但是,汽车销售代理模式也有自身的不足。生产企业必须及时地了解市场信息,生产符合市场需求的产品,而代理商作为区域市场的信息桥梁,如果信息交流沟通不及时、不彻底、不准确,就会造成供需矛盾,汽车销售代理模式在我国还需根据国情进一步完善。

6.1.2　特许经营制

1. 特许经营的概念

特许经营(franchise)也称为经营模式特许(business format franchise)或特许连锁(franchise chain)。有些国家和地区也称为加盟经营,虽然称呼有所不同,但在国际上特许经销已经有了约定俗成的含义,欧洲特许经销联合会对其定义如下:

特许经营是一种营销产品和(或)服务和(或)技术的体系,是基于在法律和财务上分离和独立的当事人(特许人和他的单个受许人)之间紧密而持续的合作基础之上的营销产品和(或)服务和(或)技术的体系,依靠特许人授予其单个受许人权利,并附以义务,以便其使用特许人的概念进行经营。此项权利经由直接或间接财务上的交流,给予或迫使单个受许人在双方一致同意而制定的书面特许合同的框架之内,使用特许人的商号和(或)商标和(或)服务标记、经营诀窍、商业和技术方法、持续体系及其他工业和(或)知识产权。

在特许经销的运营中,至少涉及以下两者:特许人(franchisor)和受许人(franchisee)。特许经销在本质上是一种连锁经营的市场销售分配方式,其基本特征如图 6-1 所示。

图 6-1　特许经营的基本特征

特许经营制的销售模式可表述为:厂商→特许经销商→最终用户。区域代理制实施一段时间后,汽车厂商逐渐发现很难约束经销商的市场行为,市场价格体系混乱,1996 年后,我国汽车销售模式逐渐向特许经销制转变。目前,一汽捷达、神龙富康等品牌采用这种模式。

2. 我国的汽车特许经营的政策规定

《汽车贸易政策》第 11 条规定,"实施汽车品牌销售和服务。自 2005 年 4 月 1 日起,乘用车实行品牌销售和服务;自 2006 年 12 月 1 日起,除专用作业车外,所有汽车实行品牌销售和服务。"该条第 2 款规定,"从事汽车品牌销售活动应当先取得汽车生产企业或经其授权的汽车总经销商授权"。此即所谓"特许经营"和"品牌销售"的汽车销售制度。

我国的"特许经营"汽车销售制度是指汽车销售企业要想经销某品牌的汽车,必须先取得该汽车供应商的许可,工商行政部门才进行工商登记并颁发工商执照,否则工商行政部门不进行工商登记和颁发工商执照,汽车供应商也不会向该企业发货,汽车销售企业也无法经销该品牌的汽车。但这里的"特许经营"并非垄断经营,获得汽车供应商的许可和获得工商营业执照是汽车销售企业获得品牌经营权的两大前提,并且后者以前者为条件。

"汽车品牌销售,是指汽车供应商或经其授权的汽车品牌经销商,使用统一的店铺名称、标识、商标等从事汽车经营活动的行为。"品牌销售的含义是指,店铺的显著位置上应标注统一的与该汽车品牌有关的名称、标识、商标等区别性标志。

可见,国家实行"特许经营"和"品牌销售"的汽车销售模式,属于国家的强制性规定,任何一个汽车品牌经销商都不可逾越。

3. 4S 特许经营的标准

1998 年由欧洲传入中国的 4S 特许经营模式,由于其与各个厂家之间建立了紧密的产销关系,具有购物环境优美、品牌意识强等优势,一度被国内诸多厂家效仿。

汽车 4S 店是一种以"四位一体"为核心的汽车特许经营模式,包括整车销售(Sale)、零配件(Sparepart)、售后服务(Service)、信息反馈(Survey)等。其经营标准如图 6-2 所示。

4. 特许经营的特点

(1) 特许经营的优点

特许经营之所以能够迅速推广,就是因为这种经营模式优点明显。

① 可以形成汽车大流通商业组织模式。当前,国内汽车流通领域主要通过经销商和汽车生产企业签订经销合同或协议而建立汽车经销关系,各种特色的经销商之间相互独立,导致所有的经销商呈现"大而全""小而全"的功能特征,汽车市场组织呈现比较混乱的局面。而特许经营模式有总部(汽车生产厂家)的严格控制和要求,各经销店采用统一标识、统一销售模式、统一服务标准等规范,在经营组织形式上前进了一大步。

② 可以减少流通环节,降低经营成本。特许连锁经营中,汽车生产企业一般通过物流公司统一配送资源,经销店面向直接用户,销售渠道短、经营成本低。

③ 规范市场秩序,减少无序竞争。由于普通经代销商处于各自利益的考虑,价格竞争非常激烈,特别是市场淡季或竞争激烈时,极易陷入价格战,市场处于无序竞争状态。而特许连锁经营采取统一运作模式,对于经销商的无序竞争相对容易控制。

④ 市场信息反馈准确、及时。特许连锁经营规定统一反馈市场信息,并对市场信息集中处理,各经销店及生产企业能够及时、全面地了解市场动态,为市场决策提供了必要依据。

(2) 特许经营的局限性

特许经营模式的优点明显,但是随着市场竞争的加剧,其局限性也呈现出来。特许经营模式存在"双重道德风险"。

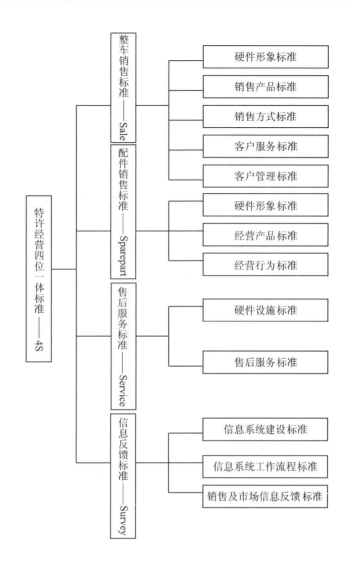

图 6 - 2　4S 特许经营标准示意图

1）经销商的"道德风险"

各个区域市场的经销商的"道德风险"主要体现在以下几个方面：

① 低价销售（打价格战）和跨区域销售。低价销售和跨区域销售一直是困扰汽车销售的两大难题，经销商的道德风险也主要体现在这两个方面上。经销商在销售汽车时不仅要考虑销售一辆汽车所能够带来的利润，同时还要考虑汽车销售数量的增加所带来的年底结算时汽车厂家的返利（又称价格折扣，一般厂家都会根据经销商的销量给予一定的返利）。所以，经销商会结合厂家的返利与顾客讨价还价的具体情况来决定汽车的最终销售价格，而不会完全遵循汽车厂家的统一价格要求，这样同一区域市场就会出现同一车型价格不同的混乱现象。跨区域销售（窜货）的发生主要是汽车经销商为了追求额外利润的结果。尽管汽车厂家划定了区域市场的经销商的管辖区域，经销商应在各自辖区内销售汽车。但是由于各种原因，导致经销商跨区域销售，不仅会导致经销商在区域销售上的冲突，同时也影响其他区域市场汽车价格的稳定。

② 服务质量不统一。在汽车的销售过程中,经销商不仅要向顾客提供规范的服务,如着装和语言、接待顾客、展示商品车、签约成交等环节的规范要求,而且要向消费者提供信息方面的服务,并同时收集消费者及市场的信息,反馈给汽车厂家。但是,汽车厂家很难监督经销商的努力程度,经销商可能为了图省事、降低成本,不提供或者少提供某些服务,或者提供质量较低的服务。

　　2) 汽车制造商的道德风险

在国家政策、市场信息、产品技术等方面,汽车厂家掌握的信息往往比经销商更多。汽车厂家可能因此而发生道德风险。

① 汽车制造商的操作风险。销售商加盟汽车厂家的特许体系后,厂家可能利用掌握的信息以及特许合同所赋予厂家的权利侵犯经销商的利益。比如,由于不允许经销商跨区域销售汽车,这样就使得区域市场内授权经销商的数量及网点分布变得至关重要。汽车厂家为了扩大销售网络,总是趋向于多设经销商网点,于是利用结束合同为由进行威胁,降低特许经销商销售每辆汽车所得的差价。特别是汽车产品进行技术革新时,或者汽车厂家需要改造整个经营网络体系的时候,通过降低差价,使市场营销能力较差的经销商满足不了汽车厂家的要求,汽车厂家就可以名正言顺地达到取消劣质经销商资格的目的。

② 汽车制造商的经营风险。经销商之所以愿意投入资金、支付特许权使用费、接受汽车厂家的要求,主要原因是经营该品牌的汽车是有利可图的。从这个角度讲,一个合适的汽车厂家必须满足以下条件:拥有好的汽车品牌;产品有良好的获利能力;企业具备长期市场生存和市场竞争的能力;有稳定高效的物流配送系统;有管理整个特许经营系统的能力等。如果汽车厂家做不到这些,就会使经销商的效益降低。

6.1.3　品牌专营制

1. 品牌专营的概念

品牌专营汽车专卖店是指由汽车制造商或销售商授权,只经营销售专一汽车品牌,为消费者提供全方位购车服务的汽车交易场所。它是随着与全球经济一体化趋势的深化而引入的"舶来品",也是目前国际较流行的经销模式。

随着汽车市场由卖方市场转为买方市场,厂家的市场销售转为被动,大量产品积压,不得不给经销商让利,降低库存,最后经销商的效益保证了,可是汽车生产企业的利润没有了。于是,从1997年底开始,汽车厂家开始建立一种新的营销体系——以汽车厂家的销售部门为中心,以区域市场的管理中心为依托,以特许或特约经销商为基点,受控于汽车厂家的全新营销模式——品牌专营。

品牌专营制的销售模式可表述为:汽车厂商→授权的专卖店→最终用户。品牌专营制是1998年在我国开始发展起来的销售渠道模式,主要以整车销售、零配件供应、售后服务"三位一体"(3S专卖店)和整车销售、零配件供应、售后服务、信息反馈"四位一体"(4S专卖店)为表现形式。

2. 特许经营和品牌专营的区别

① 对经销商的要求不同。特许经销制下,厂商一般只能就经销商的地理位置、销售能力等进行考察,不能对申请特许经销的代理商有过多的软、硬件要求,比如店面大小、装修水平、售后服务方面;而品牌专营制下,厂商不仅注重专卖店的位置和销售,同时对专卖店的硬件有严格规定,有的甚至连装修材料的采购地点都有明确规定,"四位一体"功能的(4S)专卖店还特别强调售后服务、信息反馈。

② 管理力度不同。厂商对特许经销商的销售管理和培训方面支持较少;而品牌专营制下,厂商对专卖店有着严格的管控,在店面管理、销售管理、员工培训等方面都有统一的管理措施。

③ 展示的形象不同。特许经销制下,经销商不能打厂商的品牌形象;而品牌专营制下,专卖店可以打厂商的牌子,注重展示厂商的形象。

④ 经营品牌的数量不同。特许经销商经营汽车的品牌数量不是唯一的,厂商也不能对此进行控制;而品牌专营店则只能经营单一的汽车品牌。

为规范汽车品牌销售行为,促进汽车市场健康发展,保护消费者合法权益,国家商务部、国家发展和改革委员会、国家工商局联合制定了《汽车品牌销售管理实施办法》。该办法自 2005年 4 月 1 日开始实施,规定经销商在取得某一生产商销售许可后才可从事该品牌在某一地区的产品专营,也就是目前流行的 4S 专卖店形式;至于那些具有汽车销售资格但是没有得到厂家直接授权的经销商,只能作为 4S 专卖店的"下线",即二级代理商。

近几年,4S 店模式在国内发展极为迅速。汽车行业的 4S 店就是汽车厂家为了满足客户在服务方面的需求而推出的一种业务模式,核心含义是"汽车终身服务解决方案"。

随着市场逐渐成熟,用户的消费心理也逐渐成熟,用户需求多样化,对产品、服务的要求也越来越高、越来越严格,原有的代理销售体制已不能适应市场与用户的需求。

4S 店的出现,恰好能满足用户的各种需求,它可以提供装备精良、整洁干净的维修区,现代化的设备和服务管理,高度职业化的气氛,保养良好的服务设施,充足的零、配件供应,迅速及时的跟踪服务体系。通过 4S 店的服务,可以使用户对品牌产生信赖感,从而扩大销售量。因此,4S 经营模式是汽车市场激烈竞争下的产物。

目前,我国具有轿车经营权的企业达到 7 000 多家,包括连锁店及特许经营的零售店铺在内可达到 2~3 万家,而其中品牌专营店大约有 2 000 多家。国内的主要轿车制造商大都已经或正在构建品牌专营的渠道模式。

3. 品牌专卖制的优、缺点

目前,品牌专卖大多采用 3S 或 4S 模式,以充分发挥其优势。品牌专卖制的优点主要表现在以下几个方面。

① 能提供良好的客户服务,真正体现以客户为本的经营理念。这种多功能一体化的模式通过提供舒适的购车环境、专业完善的售后服务、纯正的零部件,使客户从购车到用车的全过程得到良好的服务。这种售前、售中和售后全程式服务,真正实现了以消费者为本的经营理念。

② 有利于培养良好的企业精神和塑造优秀的企业形象。在专卖店里,透明的管理模式拉

近了管理层与员工之间的距离,培养了团队的合作精神,也正是凭着这种与众不同的凝聚力,体现了汽车品牌的形象魅力,从而赢得客户的信赖。

③ 品牌专卖有利于汽车生产企业集中人力、物力研究市场、开拓市场;有利于规划、发展和管理营销网络;有利于增加经销商的服务功能;有利于企业产品开发和生产同市场的衔接和配合;有利于企业对市场进行前瞻性的规划;有利于企业根据区域市场的特点制定灵活的营销策略。

④ 品牌专营有利于稳定市场、开发市场,可以通过划分市场区域、控制市场价格,使经销商成为企业进行市场竞争的有力帮手。

但是,品牌专营也存在着诸多弊端。

① 品牌专营设置了经销商加入的门槛,限制了市场的充分竞争。经销商一旦与生产厂家签订了品牌汽车销售的协议之后,就形成了人为的市场区域分割。由于汽车生产企业规定经销商不得跨区域销售,造成了同一品牌的汽车在不同的区域市场价格差别很大。虽然汽车生产厂家制定"全国统一售价",但各地的经销商往往会根据当地的市场情况、自身利益或利用厂家商务政策的空子,考虑如何使自己的利润最大化,在实际操作中不按厂家限价执行,从而导致同一品牌的汽车各地市场价格混乱,市场秩序难以规范。

② 经销商欲获得某一品牌的专营权,除去各道门槛的攻关不算,还要不惜一切满足厂家的种种要求,投资数百万甚至数千万以建设专卖店,并且场地大小、店面设计、形象标识等均必须按厂家规定进行装潢,甚至有的建筑材料、洁具、家具款式、色彩等都必须按指定品牌采购和使用。经销商的投入大,回收期长,产品品牌单一,难以满足市场多层次的需求。

③ 品牌专营的经销店都是按 3S 或 4S 标准要求建立的,它必须承担该品牌汽车的售后维修、保养的服务责任。这在理论上增加了专卖店的利润空间,延伸了汽车经营的价值链,但前提条件是当地市场必须有较大的该品牌汽车市场保有量作为支撑;否则,经销商的巨额投入必将大大增加经营成本和风险。同时,由于在配件供应、维修技术、甚至维修设备等方面对汽车厂家的高度依赖,使经销商处于汽车厂家的控制之中,造成汽车厂家和经销商之间的关系不平等。

④ 品牌专营容易形成垄断。目前,我国汽车销售还实行"审批制",即那些想进入汽车销售渠道的公司或个人,必须先通过政府主管部门的审查,以获得经营资格。对于 4S 店,"审批制"后面还有一个特许经营权,如果销售渠道以 3S 或 4S 店为主,经营资格的稀缺、经营范围的全面和经营模式的单一很容易形成渠道垄断。特许经营带来的垄断使终端服务很难尽如人意,导致品牌短期利益和长期利益难以平衡,这也是目前品牌专营亟须解决的问题。

6.1.4　自营自销

自营自销也称自产自销,顾名思义就是汽车生产企业自己生产、自己销售本公司的产品。通常采取自营自销这类模式的企业都有独立的销售网络体系。

自营自销的优势在于:

① 销售网点分布建设速度快。由于是自产自销的营销体系,可以省去很多商务与法律程序,在单一权力意志的推动下,集中人、财、物进行单刀直入的网点布建工作。

② 产品占领市场快。自营自建营销网络便于形成金字塔式的多层次销售网络体系,能使

新产品迅速深入到各个区域市场及市场的各个层面。

③ 有利于树立品牌形象。自建自营销售网点,一般只经营本公司的产品,所以可以使品牌形象迅速传播与确立。

④ 便于市场管理。由于整个销售网络的所有分支机构的人员都是本企业的员工,公司制度一致,便于管理。

自营自销模式的优点突出,但是其弊端也显而易见:

① 运作成本较高。在营销网络的构建过程中,汽车厂家需投入大量的人力、物力、财力和精力,并且需要配备相应的设备及营销人员;同时,由于厂家集产权、经营权于一身,缺乏有效的监管与自控,极易发生铺张浪费现象,导致销售成本过高、企业利润低下、企业员工工资福利较低,从而影响员工积极性。

② 客户利益得不到有效保障。产、销一体化的销售机制导致员工市场竞争意识差、客户服务意识不强,往往导致对待顾客傲慢无礼,严重影响企业的市场口碑与品牌的公众形象。

6.1.5　汽车超市模式

1. 汽车超市的基本概念

汽车超市又称汽车商场或汽车大卖场。这种营销方式就是将各品牌的汽车产品集中在一起销售,在同一时间给客户提供各种品牌、车型、价格等方面更多的选择权。

2. 汽车超市营销模式的特点

(1) 汽车超市模式的优点

① 汽车超市最突出的优势就是"汽车产品全,客户选择范围大"。客户在一个汽车超市就能看到绝大多数的车型实物,可以现场对各种有意向的车型的价格、性能、外观造型等方面进行比较,而不必为了选购一辆汽车而跑遍所有的专卖店,充分做到为客户着想。

② 汽车超市营销模式把汽车营销和人们的日常生活融合在一起,通过"超市"给顾客创造一个良好的购"物"环境,让顾客在轻松、休闲的娱乐方式中,尽情体会汽车文化,有利于吸引市场人气,开发潜在的消费者。

③ 效率更高,服务更加人性化。汽车超市一般具备车辆展示、销售、美容保养以及汽车消费信贷、汽车保险、上牌照、办理各种税费(如车船使用税)等一站式的服务功能。车主在超市就可以完成购车上路的事宜,避免购车顾客在各个部门之间来回折腾。

④ 通过汽车超市,众多品牌的汽车呈现在消费者面前,不仅拉近了消费者与汽车的空间距离,而且拉近了心理距离,对汽车销售有明显的促进作用。

⑤ 经销商的经营风险大大降低。投资一个4S店,在土地、厂房、资金、人力资源等方面的投入很大,并且经销商只能经营单一品牌的汽车,如果该品牌的汽车市场销量不好,经营风险全部都由经销商来承担,风险较大。而汽车超市属于多品牌经营,"东方不亮西方亮",对经销商来说,经营风险被分散开来,风险更小,并且容易获得规模效应,利润更可观。

⑥ 可以提高经销商的话语权。现在我国的汽车市场,汽车经销商相对于直接消费者来说是买方市场,而相对于汽车厂家来说仍是卖方市场。经销商相对汽车企业来说还是弱者,话语

权较低。从长远看,随着我国汽车工业的迅速发展,汽车厂家的卖方市场地位也在逐渐减弱,汽车特许经营模式必然会受到冲击,拥有完善流通渠道的经销商必将获得市场优势,汽车厂家将会低下高昂的头,经销商的市场话语权将逐渐提高。

(2) 汽车超市模式的缺点

① 由于汽车超市价位相对较低,利润空间较小,汽车厂家不愿将汽车交给汽车超市经营,经销商只能从一级经销商那里获得汽车资源,不仅增加了汽车超市的进货成本,而且在市场旺季或商品车供不应求时很难获得汽车资源,更为重要的是,汽车超市在售后服务方面还无法做到像 4S 店那样规范和有保障。

② 特许经营的限制。我国目前执行的《汽车品牌销售管理实施办法》(2005 年 4 月 1 日执行)规定:汽车品牌经销商须经汽车供应商授权、按汽车品牌销售方式从事汽车销售和服务活动;汽车品牌经销商应当在汽车供应商授权范围内从事汽车品牌销售、售后服务、配件供应等活动;汽车品牌经销商应当严格遵守与汽车供应商的授权经营合同,使用汽车供应商提供的汽车生产企业自有的服务商标,维护汽车供应商的企业形象和品牌形象;汽车品牌经销商必须在经营场所的突出位置设置汽车供应商授权使用的店铺名称、标识、商标等,并不得以任何形式从事非授权品牌汽车的经营。能够建立汽车综合超市的经销企业必须具有极强的综合实力,使用自己的经销商品牌而非汽车制造商的品牌,且在汽车超市里,将众多品牌的车型摆放在一起,要使用所有的汽车生产企业的服务商标,并且要在突出位置设置汽车供应商授权使用的店铺名称、标识、商标等,势必给超市的管理和经销商的企业形象带来麻烦。

③投入要求高。超市的特点就是商品"多而全",汽车超市里的车型要做到"多而全",既要与专卖店竞争,还要同汽车交易市场竞争,对超市经销商的资金实力、市场运作能力、人力资源的配备等方面都有极高的要求。

6.1.6　展卖制

1. 展卖的概念

汽车展卖就是利用汽车展览会和汽车博览会及其他交易会形式,对汽车产品实行展销结合的一种营销方式。

展卖的特点如下:

① 有利于宣传汽车产品,扩大市场影响,招揽潜在客户,促进交易。

② 有利于建立和发展客户关系,扩大销售地区和市场范围。

③ 有利于开展市场调研,接触到消费者的意见反馈,便于改进产品质量,提高产品市场竞争力。

④ 在进行产品展销的同时,也展示了各参展商的企业形象,并交流各种信息。

2. 国际五大车展

被公认的国际车展共有 5 个,其中欧洲有 3 个,分别为法国巴黎车展、德国法兰克福车展和瑞士日内瓦车展;北美洲和亚洲各 1 个,分别为美国底特律北美车展、日本东京车展。五大车展中历史最短的也有 50 年以上,他们对世界汽车的发展起到了推动和促进作用。无论是在参展商的规模和级别、汽车展品的档次、首次亮相的新车和概念车的数量,还是在场馆面积、配套设施的先进性、完备性和主办方的服务质量上都堪称国际一流,因此成为世界上公认的五大车展。在这五大车展中,日内瓦车展的国际化色彩最为浓郁,其余四大车展则都是以本地企业唱主角为共同特性。在世界五大车展中,就展区面积来讲,法兰克福车展排世界第一;就参观人数来说,东京车展排名世界第一;就车展历史而言,巴黎车展排名世界第一。

(1)德国法兰克福车展

法兰克福车展创办于 1897 年,是世界上最早举办的国际车展,也是世界上规模最大的车展,有"世界汽车工业奥运会"之称。展出的车辆主要有轿车、跑车、商用车、特种车、改装车以及汽车零部件等;配合车展还举行不同规模的老爷车展览。因为是名车发源地的老家,靠近各大车商总部,看法兰克福车展的欧洲老百姓不但拖家带口、人山人海,而且消费心理非常成熟,汽车知识了解得很全面。他们挑选车型重视的是汽配零部件质量、维修问题等,理性实用的成分居多。

(2)法国巴黎国际汽车展

享誉全球的巴黎国际汽车展创办于 1898 年,与德国法兰克福车展交替举办,展览地点位于巴黎市区,车展始终围绕着"新"字做文章,各个汽车厂商将企业发展的历史和品牌崛起的历程展示给观众,新车、概念车、赛车、改装车、特型车不胜枚举,各款新奇古怪的概念车常常使观众目不暇接。

巴黎是个浪漫之都,车展也不例外,文化味道比较浓,每次车展的时候都会专门拿出一个展馆来展出老爷车,那些汽车厂商不仅时兴玩"新品",对"老古董"也饶有兴致,这自然就便宜了那些远道而来的看客们。

(3)瑞士日内瓦车展

日内瓦车展创办于 1924 年,是欧洲唯一每年度举办的大型车展,也是各大汽车商首次推出新产品的最主要的展出平台。其素有"国际汽车潮流风向标"之称,是最受全球传媒关注的国际车展,被业内人士看作是最佳的行业聚会场所。车展的理念已由强调销售和推广新车转向提倡汽车设计的新概念和新形象,其最大特色就在于有很多设计公司参展,而且他们的作品吸引眼球的程度一点都不比汽车厂商差。日内瓦车展展馆面积虽然不大,却是生产豪华轿车的世界著名汽车生产厂家的必争之地。

(4)北美国际车展

北美国际车展创办于 1907 年,开始叫作"底特律车展",是世界最早的汽车展览之一,1989年更名为"北美国际汽车展"。北美车展活动内容非常丰富,除了以汽车为媒介起到娱乐百姓的社会效应,也是美国汽车行业的一次盛会。车展期间,主办方要举办一系列丰富多彩的活动,除了安排多场汽车厂家的产品发布会,还要举办各种各样的媒体论坛、地方政府支持的专题研讨会、非政府组织论坛、行业研讨会、企业展示会等,目的是吸引全美和国外大量的专业人士参与,发挥"会展经济"的拉动效应。

近年来,概念车在北美车展上所占的比例越来越高,几乎全球所有的汽车公司都会利用这个平台推出自己的概念车。由于概念车体现的是厂家的设计能力和创新意识,而不是量化生产的能力,因此概念车就成了体现厂家理念和意识的"风向标"。概念车一来可作为试探市场口味的手段,二来作为显示厂商最高技术水平的方式,参展商对概念车"玩性"不减。

（5）东京国际车展

东京车展是世界五大车展中历史最短的，创办于 1954 年，是亚洲最大的国际车展，历来是日本本土小型汽车唱主角的舞台，是目前世界最新、条件最好的展示中心，展品主要有整车及零部件。

东京车展素以规模大、注重新产品新技术的推出、展出产品实用性强而闻名于世，车展的突出特点是车型种类繁多，这恰恰体现了日本人的细腻。精明的日本车商把市场细分成了无数个小块，甚至以性别、年龄层次和特殊需求在同一平台设计不同的车型。比如，在日本有很多专为残疾人设计的汽车，这类汽车在打开车门后，驾驶座会自动转 90 度，以方便乘坐，还有可用手控制的刹车等，这是为了让残疾人也享受到汽车文明带来的好处和便利。有趣的是，东京车展中的很多车型在日本以外的市场都不卖，很大一个原因是它定位太细，在国外找不到对应的成规模的市场。

3．我国的汽车展卖发展简介

1985 年 10 月，我国在北京建成了中国国际展览中心，同年 11 月，在此举办了第一个大型国际展览会——亚洲及太平洋地区第四届国际贸易博览会（ASPAT'85），后来还举办了多次国际性博览会。自 1990 年开始，北京创办了两年一届的国际汽车展览会，对促进中外汽车界的交流与合作、加快中国汽车工业的发展起到了积极的推动作用，对加强中国与世界各国的贸易联系与经济交往起到了重要作用。

目前，我国规模最大的三大汽车展览会分别介绍如下。

（1）北京国际汽车展览会（Auto China）

北京国际汽车展览会自 1990 年创办以来，连续举办过十届。该展览会每逢双年在北京中国国际展览中心和全国农业展览馆举行，规模和影响不断扩大，新产品、新技术不断推出，随着中国汽车市场和汽车工业的不断发展，目前在国际上已具有巨大影响，是在国际汽车展览会中著名的品牌展会之一。

众多国际顶级汽车跨国企业集团已将北京国际汽车展览会与世界五大知名汽车展览会同时列为国际 A 级汽车展览会，即北京国际汽车展在其全球营销预算和资源调配中享有最优先地位。Auto China 已成为我国在国际会展行业为数不多的知名品牌之一，是在我国乃至在亚洲最有影响力的国际性汽车专业品牌展览会，并有望成为世界三大车展之一。Auto China 已超越了一个展览会的意义，成为具有国际影响力的象征符号。北京国际汽车展览会的历届基本情况参见表 6-1。

表 6-1　历届 Auto China 基本情况

年　份	参展国家和地区	参展厂商		参展车辆		展出面积（万平方米）	参观人数（万人）
		海外	国内	海外	国内		
1990	17	72	300	22(23)	151(20)	2	10
1992	19	110	400	66	162(53)	2.5	16.5
1994	24	398	500	110(20)	190(33)	5	32
1996	25	400	512	130(5)	160(38)	5.5	40
1998	23	350	580	130(6)	160(15)	5.6	36

年份	参展国家和地区	参展厂商		参展车辆		展出面积（万平方米）	参观人数（万人）
		海外	国内	海外	国内		
2000	22	350	650	180(5)	250(11)	7	36
2002	24	300	940	242	308	8	38
2004	20	320	1 200	251	255	11	46
2006	20	320	1 200	272	300	12	60
2008	18	225	1 800	890		18	68
2010	16	2 100		990		20	78.56
2012	14	2 000		1 125		23	80
2014	14	2 000		1 134		23	85.2

注：① 括号内为摩托车数；

　　② 表中数据由作者根据历届北京国际车展官方资料整理。

北京国际汽车展览会从最初的 17 个国家和地区、不到 400 家展商、仅 10 万观众的普通专业展会，发展到 2014 年 14 个国家和地区、2 000 余家厂商、超过 85 万观众的国际品牌汽车专业展会；从过去单纯的产品展示，到今天成为企业发展战略发布、全方位形象展示的窗口、全球最前沿汽车技术创新信息交流的平台、最高效的品牌推广宣传舞台。在"世界发展看中国"的大趋势下，国际汽车业巨头对北京国际汽车展览会空前重视。经过 20 多年的发展，北京国际车展已跻身国际顶级车展之列。

北京国际汽车展览会作为国内规模最大、在国际上有广泛影响的国际汽车展事之一，为中国汽车工业的发展、为中国会展业向国际化水平迈进做出了卓越的贡献。

（2）上海国际车展

中国的汽车工业已经从最初的载货车为主转变为以轿车为主的转轨中，基本完成了面向市场、面向大众，使其成为商品化的过程（即：造声势上北京，打市场去广东，做品牌到上海）。无论是产业结构的调整，还是消费观念的转变，以及销售和服务体系的重新构架等都趋于一致，取得了共识，引发了汽车热的升温，一浪高过一浪，波及车展业的兴起也是一浪高过一浪，并同步走向市场、走向成熟。

上海是国内最早办展览的城市（早在 1936 年就举办了中国建筑展览会），也是国内开举办国际车展先河的城市（1985 年）。同时，它又是中国汽车萌发之地（1901 年首辆进口汽车登陆上海），开创轿车产业（1958 年）的重要城市。所以，有"车展见证中国汽车成长"之说，也有"汽车见证中国车展成长"的说法。

1985 年，中国首届国际车展在上海举行，开创了中国汽车展的风气之先。73 家汽车公司参加了该次车展，展出规模为 1.5 万平方米。当时，对大多数人来说，第一次公开见到桑塔纳轿车就是在这次车展上。当时组装的桑塔纳被看作是"进口车"，极富神奇色彩。

受当时国内汽车发展水平的限制，当年参展的厂商都来自国外，几乎看不到本土汽车厂商的身影。虽然当时中国的汽车工业并不发达，但是谋求更高、更快发展的中国汽车产业迫切需要对整个世界汽车工业发展有所了解，而国外大多数汽车制造商也发现了有着巨大潜力的中国汽车消费市场，也在急于寻找机会向中国展示其新技术、新产品，树立其品牌形象。

2015 届上海国际车展吸引了 18 个国家和地区的 2 000 家中外汽车展商参展;展出总面积超过 35 万平方米;展出整车 1 343 辆,其中全球首发车 109 辆,新能源车 103 辆,概念车 47 辆,亚洲首发车 44 辆。车展期间,来自 44 个国家和地区的 2 150 家中外媒体 1 万余名记者竞相报道了车展盛况。本届车展共吸引参观者 92.8 万人次。

2015 上海国际车展正逢该车展举办 30 周年,1985 年上海车展初次亮相,是中国最早举办的专业国际汽车展览会,展出面积 1.5 万平方米。2015 年展出面积超过 35 万平方米。走过 30 年的上海车展折射了一个时代的变迁,也见证了中国汽车工业的崛起,更成为上海城市的一张名片。

上海车展作为国内重要的车展之一,每两年举办一次,与北京车展隔年度交替举办。上海车展印证了世界汽车巨头对中国汽车市场的信心,也让他们更加清晰地看到中国汽车市场未来的希望。关于历届上海车展的统计资料见表 6-2。

表 6-2 历届上海国际汽车工业展览会统计数据

年 份	1997	1999	2001	2003	2005	2007	2009	2011	2013	2015
展出面积(平方米)	1 500	2 000	2 000	3 000	8 000	14 万	17 万	23 万	28 万	35 万
专业观众(人)	5 000	3 500	4 000	7 549	6 700	7 000	7 287	9 872	10 493	10 000

注:表中数据由作者根据历届上海车展官方资料整理。

(3) 广州国际汽车展览会

中国(广州)国际汽车展览会创办于 2003 年,定位于"高品位、国际化、综合性",基于广州市人民政府的大力支持,依托中国 1/3 的汽车消费市场、强势发展的汽车产业优势以及亚洲最好的展馆,经过精心培育的广州车展已成为中国国内知名汽车展之一。关于广州车展的详细资料,读者可以查阅历届广州国际车展官方资料。

6.1.7 汽车大道

汽车大道营销模式就是为了方便顾客进店,而在宽敞的道路两侧设立众多品牌的汽车专卖店(3S 店或 4S 店),各店独立经营、自主经营,形成各品牌专卖店的聚集群。汽车大道模式集汽车交易、咨询、售后服务、信息、汽车文化等各种功能于一体,具有良好的购车环境,客流量大、交易规模大。如上海的"联合汽车大道"、北京的"京西汽车大道"、天津的"长江汽车大道"。

6.1.8 汽车工业园区模式

作为一种全新的汽车分销渠道模式,最先出现的是北京国际汽车贸易服务园区。这种新模式是汽车市场发展的新阶段,也是有形市场新的发展方向。汽车工业园区是结合中国市场"既集中又分散"的特点,将国外几种渠道模式有机结合,成为集约式汽车交易市场发展的新方向。但它不是汽车交易市场简单的平移和规模扩张,汽车园区相对于汽车交易市场和品牌专营店的最大优势就是功能的多元化。汽车园区具有全方位的服务集成功能,反传统的集约型融入现代专卖的渠道模式,以 3S、4S 店集群为主要形式;在规划和筹建上力求与国际接轨,并适度超前。

目前,我国汽车园区的构想刚刚起步,国内不少地区正积极筹建当地汽车工业园区,相信在不久的将来,这种模式会发挥出它潜在的巨大功效。

6.1.9　汽车网络营销

汽车网络营销是一种全新的购车方式,它运用 Webex 强大的协同功能,通过整合文字、图片、视频、音频、互动、网络导航等多种演示手段,彻底颠覆了业界传统的购车方式,为汽车终端销售市场带来了一场全新的变革。汽车网络营销通过模拟线下售车的全过程,让汽车购销双方在足不出户的条件下即可实现网上看车、选车、咨询、订单生成的全过程,突破了时间和空间的限制,轻松便捷地完成选车购车的全过程,同时还可享受各种线下 4S 店没有的特别优惠。与传统的汽车 4S 店的"坐销"模式相比,网络营销的主动性和互动性将为汽车行业带来营销模式的全新变革,在充分利用网络的交互性、广泛性等基础上,整合各方面的优势资源于一体,为汽车生产厂商、经销商和消费者之间搭起了一座最好的沟通桥梁,开启了电子化和数字化营销的新篇章。

6.2　典型案例分析

6.2.1　乘用车营销模式案例——广州本田汽车的销售模式

广州本田是我国第一家引进整车销售、售后服务、零配件供应、信息反馈的"四位一体"的营销模式的企业。

1. 四位一体的品牌专营销售

广州本田在成立之初,就开始建立以售后服务为中心的融合了四位一体的品牌专营特约销售服务店网络,采用全国统一销售价格并将车辆销售给直接用户的营销体制。

所谓"四位一体"是把整车的销售、售后服务、零配件供应、信息反馈一体化,满足市场的需求。品牌专营有利于引导顾客上门购车,促进销售,增强顾客对产品的信心,树立良好的企业形象,提高品牌的知名度,有利于提高特约店的专业服务水平。

统一价格可以消除顾客在价格方面的顾虑,避免特约店与顾客在价格问题上产生过多的争执,便于将恶性的价格竞争引导向良性的服务竞争,保证特约店的稳定经营。在市场紧俏的时候,可以减轻顾客在价格上的负担,保护顾客的利益;在市场饱和的时候,可以稳定价格,保护特约店的利益,便于市场的管理。

特约店代表广州本田与顾客直接接触,缩短广州本田、特约店与顾客之间的距离,建立良好的互相信赖的关系;便于对用户的跟踪服务,使顾客的信息可以及时、准确地得到反馈;利于广州本田对特约店的管理,对市场进行良好的培育,同时增强顾客对产品的信任度。

以售后服务为中心的"四位一体"的销售网络是一开始就进行的。通过专卖这种形式,建立全国统一的价格、服务标准、推销方式、专营服务及与客户的沟通方式,从而缩短了企业与顾客的距离。随着整个公司产量的提高,网络也不断完善。这不但能够增加产品的销售,而且能够在服务上及时跟踪用户,使顾客能够买得放心、用得称心。

　　首先,要适应客户的需求,特别要关心中国用户对于零配件、维修、保养等各个方面的需求。广州本田各个区域市场的专卖点所做的不仅仅是销售,"四位一体"还包括如汽车美容、保养等各方面的服务措施,也可以说是一种创意。广州本田是我国最早开始运行这种模式的企业,与美国、日本的售后服务相比较也是最出色、最健全的。它能提供给客户良好的购车环境、纯正的厂家配件和统一的维修技术服务。

　　广州本田的经销商认为之所以在营销上能够如此成功,完全得益于这种体制。其要求经销商给每位客户提供终生的服务,这样在给予客户足够的安全感和信任感的同时,也就保障了经销商们长远的利益。目前,经销商们在售后维修的利润几乎可以负担店面的日常运营成本,那么售车的利润就是经销商的纯利了。

　　现在,广州本田已经在全国各地建立了120家统一CI形象、统一服务标准的特约销售服务店。

2. 广州本田的售后服务理念

(1) 基本理念

　　在汽车产品的使用过程中,维护用户所期待的商品价值(性能及功能),提高客户价值,获得用户的满意和信赖,并提高用户对品牌的喜爱,提高客户忠诚度。

(2) 特约店销售服务的运营方针

　　特约店的运营应以售后服务为中心。通过良好的售后服务,创建用户购车后可以放心使用的环境,从而吸引和促使用户再次购买广州本田汽车。

　　① 通过售后服务收益来维护特约店的经营费用。通过新车销售获得的收益会因市场情况、经济环境的影响而产生波动,但汽车保有量相对稳中有升,因此,售后服务收益是稳定增长的。新车销售收益是一次性的,用户购车后的售后服务工作将伴随用户车辆的整个使用期,从而使特约店获得更长久的收益。

　　② 维护用户所期待的商品价值。通过良好的售后服务,使用户车辆始终保持在良好的使用状态,使用户财产保值,在旧车交易时可获得良好的售价。

　　③ 维持老用户,发展新用户,培育终身用户。通过汽车销售,并提供售后服务与用户建立良好的关系,使每位用户都能成为广州本田的忠诚者与宣传员,从而去影响用户周围的潜在用户群,使更多的人了解广州本田汽车、了解特约店。

3. 双赢才会长久

(1) 选择经销商

　　如果投资回报率低,激励的动力就比较差,反过来会影响经销商、四位一体的专卖店对最终用户的服务水平。广州本田的目标是,每个销售点三年内必须能够收回投资。因此,为了保证经销网点建一家成功一家,在投资过程中,厂家都要返回一部分投资额给经销商或专卖店,如经销商投资1 000万元,广州本田根据情况有可能给其返回200万元或300万元,从而鼓励经销商大胆投入。

　　广州本田选择经销商有以下几个必要的条件和标准:必须有资金的保障;经销商资产结构应比较紧密和合理;必须有合法的经营场地和场所;最关键的还是要有为用户服务的正确观念

和意识,也就是要有先进的服务理念。

广州本田希望所有的销售店都能通过售后服务来维持一个店的经营,而把销售作为纯利润的收入。选择经销商的过程中,是在进行调查的基础上,经中日双方企业领导层召开评价会,对其经营能力、资格进行评估后才做出结论的。

广州本田把设立销售网的重点放在大中城市和一些经济发达地区等用户群集中的地方。其建点原则是:客户在哪里,广州本田的网点就设在哪里。截止到2009年底,其在全国已设有450个网点。

(2) 投资回报"钱"景美好

由于广州本田4S店的标准很高,投资不菲,一般都在千万以上,同时又必须考虑到专营店的投资回报,所以,其在开始建店选址时异常慎重:广州本田会对目标区本田车的保有量做仔细调查,只有达到一定基数后才会批准开店;同时每个区域市场的店面数量视城市大小、本田车保有量多少核准一家或几家。

广州本田的原则是:让4S专营店通过对既有本田车、续售本田车的保养、维修、服务就可以挣回日常营运开支,支付人员、场地、耗材费用;而整车销售是专营店利润所在。这样,即使在开始利润不多时也可以自养,随着广州本田产量上升、销量增大,投资回报会更大。

以广州本田专营500台店为例:每位广州本田的经销商根据自身的实力及开店的时期不同,总投资额为1 400万~1 800万元不等,包括基建费和设备采购费(不含地皮费),每年销售汽车为600~800辆(除了基本的500辆以外,广州本田会根据每位经销商的业绩追加配额),那么经销商每年售车的毛利应该在1 000万元左右。另外广州本田的返利政策是卖车时即时兑现的。所以,在正常情况下经销商两年内收回投资成本完全不成问题。

就广州本田而言,他们对经销商的建店原则是在达到要求的前提下尽量压低成本。广州本田不设立大区商务中心,由厂方直接面对经销商,经销商直接对厂方负责,层级比较少,沟通快、经营成本低。

(3) 广州本田品牌——值得打造

广州本田与所有的经销商们都在倾心打造着广州本田的品牌,从硬件上来讲,每家专卖店的店面设计整齐统一,内部的功能室和车间划分都非常严格。每位来访者都会感觉到置身于简洁高雅、井然有序的环境。更有经销商根据自身条件,投资了客户俱乐部、娱乐室、户外运动场等设施,让客户体会到了"家"的感觉。从软件上来讲,广州本田在服务程序上给经销商们制定了严格的几乎苛刻的规定。从车辆销售前的97项检查到对来宾、来电详细地登记存档,对客户定期的跟踪、提醒服务,乃至对客户的迎送,都有详细的要求。不仅如此,经销商们还要进一步了解客户的需求,开发个性化服务。

本田形象广告由广州本田自己做,营销广告由经销商做。经销商选择广告媒体的原则是投入产出比高的媒体,广告方案报厂方审批。

(4) 管理培训——利益挂钩

广州本田高层每个季度举行一次店长会议,商谈内容包括心得体会、不足、改进要求、销售动向等。

广州本田每年组织特约销售服务店于春秋两季举行春季、秋季服务周活动,为广州雅阁车用户进行免费检测保养服务,为前来维修保养的顾客提供零部件优惠。广州本田还组织特约销售服务店定期就销售、售后、零部件服务等开展用户满意度调查,针对用户的意见和建议改进特约销售服务店的服务。

　　建立以售后服务为中心的集整车销售、售后服务、零部件供应、信息反馈四位一体的特约店,通过提供舒适的购车环境、专业健全的售后服务和纯正的零部件,使用户从购车到用车全过程得到良好的服务,赢得用户的信赖和满意,吸引了源源不断的新老顾客。强调通过售后服务的收益覆盖特约店的整个经营费用,通过直销使特约店与用户之间建立相互信赖的关系,从而使特约店长期、稳定地发展,并树立起广州本田的品牌形象。

6.2.2　商用车营销模式案例——中国重汽的营销模式

　　2009 年,全年产销重型汽车超过 12.5 万辆,同比增长 11.59%;实现销售收入超过 550 亿元,同比增长约 10%;实现利税 40 亿元,同比增长约 11.9%;实现工业增加值 61 亿元,同比增长约 41.9%,从产销规模来讲,雄踞国内行业榜首,中国重汽——这个全球重卡行业发展速度最快、最具竞争力和成长性的企业,已进入世界重卡行业最前列。

　　在过去近 9 年的时间里,中国重汽是重卡市场最优美的舞者,他们收获了销售,独创了“重汽模式”,制造出国内外重卡行业为之震撼的“重汽速度”和“重汽效应”,直接提升了整个中国重卡行业的国际竞争水平,而成为国企改革与重型汽车行业发展的典范。

　　重卡产品作为国民生产和建设的主要生产资料和工具,在经济建设、国防建设和物资流通领域中发挥着极其重要的作用。因此,重卡产品的销售形势和国际、国内宏观经济形势、国家相关法律法规、国防现代化建设的进程密不可分。作为联系重卡生产企业和直接用户的桥梁,重卡产品的销售模式也随着国际、国内市场需求形势变化而发生着变化。

　　自 1949 年新中国成立以来,特别是自 1978 年改革开放以来,中国的重型汽车工业获得了飞速发展,从“缺重少轻”的困难局面发展到“轿、轻、中、重、客、特”齐头并进发展,2009 年,我国已经超越美国,成为世界第一的汽车生产和消费大国。在目前所有车型中,重卡产品在国际市场上的竞争力是最强的,与国际先进水平的差距也是最小的。自济南汽车制造总厂(现隶属于中国重型汽车集团公司)于 1960 年生产出第一辆黄河 8 吨重型载重汽车至今,我国重卡行业已经走过了 50 多年的历程。

　　2009 年度,全国 28 家重卡生产企业,累计销售 14 吨以上重卡产品 636 171 辆,约占世界重卡销量的 30%左右,成为世界重卡家族中一支不可低估的生力军,且比例在逐年上升。重卡行业的快速发展,得益于日益成熟的销售模式和众多的汽车销售代理商。

1. 重卡产品销售模式发展历程

　　重卡产品销售基本上分为三个阶段,1949—1978 年为第一阶段;1979—2000 年为第二阶段;2001 年及以后为第三阶段。

　　1949—1978 年,我国实行的是严格的计划经济。我国的汽车工业处于起步阶段,同时,因汽车的生产和销售采取的是配给制度,因此不存在严格意义上的汽车销售。

　　自 1978 年改革开放以来,我国的经济模式逐步从计划经济过渡到市场经济,汽车的生产和销售也逐步面向市场,由此也诞生了汽车销售这个行业和汽车销售行为及部门。但此时的汽车销售基本上是以汽车生产企业直属的销售公司为主甚至是唯一的渠道,并没有引入社会资源。此时,销售行为只发生于直接用户同生产厂家销售部门的销售人员之间。

随着重卡产品社会需求量的逐步扩大,这种厂家直接至用户的所谓的"直销"模式已经越来越不适应发展的需要。自 2000 年左右开始,以一汽、东风等为代表的国内重卡厂家,借鉴国际上重卡销售的通用做法,开始探讨以"经、代销"为主的间接重卡销售,这就进入了重卡销售模式的第三个阶段,即"经代销制"。这种销售模式的产生,为重卡产品快速进入市场、为厂家和用户搭建桥梁起到了关键作用,同时也促进了重卡的快速发展。

2．重卡产品销售主要模式

(1) 重卡经销网点单位的组成

第一批被授权可以销售重卡产品的网络成员主要由以下几个方面构成:一是改装单位利用各重卡底盘改装后销售;二是各运输公司手里掌握了部分需求信息,转而专一做销售代理;三是各区域物资公司改制后增加汽车销售职能;四是各汽车维修厂因接触用户较多,转而开展汽车销售业务;五是部分汽车配件销售商开展汽车销售业务;六是需求较大区域、人脉关系比较好的人员。

(2) 目前国内重卡销售主要模式

目前,国内重卡销售主要有两种模式,一是以 4S 店为基础,由 4S 店发展并管理其二级销售网络的"以点带面"模式;二是一级网络数量比较庞大,覆盖面广,不直接同二级网络接触的"面面俱到"模式。

第一种模式是以 4S 店为主,原则上不发展一般经销网点,但对一级网点发展二级网点的数量、政策、销售业绩等均有相关要求。网点单位一般位于地级市以上城市,网点数量较少,但实力较强且比较平均,单店销售量比较大,基本具有开展消费信贷能力。

第二种模式的主要特点是网点数量比较多,地级市、县级市均有网点,网络覆盖面广,能够深入终端,但网点的综合实力较弱,抵抗风险的能力较差,单家网点平均销量较少。

3．各主要模式的利弊

两种销售模式利弊对比如表 6－3 所列。

表 6－3　国内重卡营销模式利弊比较

模　式	利	弊
模式一	1. 网点单位营销能力、抵抗风险能力较强,厂家风险小 2. 网点数量较少,有利于管理 3. 有利于规范价格秩序,避免恶性竞争 4. 市场形象较好 5. 用户忠诚度高 6. 系统用户做得好	1. 网点少,不利于市场竞争; 2. 容易产生"店大欺客"现象; 3. 和基层用户接触少,覆盖面窄 4. 一旦网点单位发生风险,会对整个区域市场产生深远影响 5. 终端产品售价高
模式二	1. 网络覆盖面广,有利于扩大影响力 2. 竞争较充分 3. 终端产品价格低 4. 不会因某一网点出问题而影响整个区域 5. 散户及个体用户做得好	1. 网络多,容易产生恶性竞争 2. 网点综合实力差,容易产生个体经营风险 3. 主机厂管理难度大 4. 网点主动开发市场能力弱,宣传投入少 5. 忠诚度差

目前,在国内主流重卡生产厂家中,一汽、东风、欧曼主要采取第一种销售模式,中国重汽、陕西重汽和北方奔驰主要采取第二种模式。当然,两种销售模式并不是完全对立的,有些厂家在某一区域会采用第一种模式,同时也会在其他区域采取第二种模式。

至于哪一种模式更适合中国市场、能够取得更大的销售业绩,还和国内重卡的需求形势有关系。例如,前几年散户和个体用户购车较多,那么第二种模式相对优越一些;进入2010年以后,由于系统用户购车比例逐步增加,则第一种模式相对能够发挥优势。

同时,模式的优劣还要综合考虑厂家的产品优势、价格优势、政策优势、品牌优势及所要面对的主要用户群体性质等综合因素。

4. 重卡销售模式发展趋势及方向

就目前而言,重卡市场需求的个性化越来越强,产品的种类也越来越多,中国重汽目前已有底盘及整车公告2 000多个。中国重汽现在走的是一条以区域经销商、4S店和专营店为主、以其他经销商为辅的营销模式,即在不同的区域,鼓励有实力的当地经销商建立中国重汽的4S店和专营店,作为中国重汽开拓市场的主力军,同时中国重汽通过政策支持,提高他们对中国重汽的忠诚度。对于其他经销单位,则采取一视同仁的办法,鼓励他们开拓一些特殊区域市场。毕竟中国的市场很大,具体情况千差万别,应该允许不同销售模式存在。

目前,轿车的销售是以第一种模式为主,国际上比较发达国家的重卡销售也是以第一种模式为主。但轿车的消费群体同重卡不同,且国外发达国家重卡的消费群体同中国也不同。因此,选择哪一种模式应该根据企业的具体情况而定。但个人认为在现阶段以采取第二种模式为宜,待企业发展到一定规模、重卡消费市场趋于成熟、品牌影响力较强时,可采用第一种销售模式。

 本章小结

本章主要介绍了各种汽车营销模式及其特点。

代理制模式:代理制是指买方或卖方委托流通企业在其代理权限范围内从事商品交易业务的一种商流形式,接受买方或卖方委托的流通企业称之为代理商。汽车营销代理就是汽车生产企业委托区域市场上的某些分销能力较强的代理商为其销售产品。

特许经营制:特许经营是一种营销产品和(或)服务和(或)技术的体系,是基于在法律和财务上分离和独立的当事人(特许人和他的单个受许人)之间紧密而持续的合作基础之上的营销产品和(或)服务和(或)技术的体系,依靠特许人授予其单个受许人权利,并附以义务,以便其使用特许人的概念进行经营。此项权利经由直接或间接财务上的交流,给予或迫使单个受许人在双方一致同意而制定的书面特许合同的框架之内,使用特许人的商号和(或)商标和(或)服务标记、经营诀窍、商业和技术方法、持续体系及其他工业和(或)知识产权。我国的"特许经营"汽车销售制度,指汽车销售企业要想经销某品牌的汽车,必须先取得该汽车供应商的许可,工商行政部门才进行工商登记并颁发工商执照,否则工商行政部门不进行工商登记和颁发工商执照,汽车供应商也不会向该企业发货,汽车销售企业也无法经销该品牌的汽车。但这里的"特许经营"并非垄断经营。获得汽车供应商的许可和获得工商营业执照是汽车销售企业获得品牌经营权的两大前提,并且后者以前者为条件。

品牌专营制:品牌专营汽车专卖店是指由汽车制造商或销售商授权,只经营销售专一汽车品牌,为消费者提供全方位购车服务的汽车交易场所。它是随着与全球经济一体化趋势的深化而引入的"舶来品",也是目前国际较流行的经销模式。

自营自销:自营自销也称自产自销,顾名思义就是汽车生产企业自己生产、自己销售本公司的产品。通常采取自营自销这类模式的企业都有独立的销售网络体系。

汽车超市:汽车超市又称汽车商场或汽车大卖场。这种营销方式就是将各品牌的汽车产品集中在一起销售,在同一时间,给客户提供各种品牌、车型、价格等方面更多的选择权。

展卖:汽车展卖就是利用汽车展览会和汽车博览会及其他交易会形式,对汽车产品实行展销结合的一种营销方式。

汽车大道:汽车大道营销模式就是为了方便顾客进店,而在宽敞的道路两侧设立众多品牌的汽车专卖店(3S店或4S店),各店独立经营、自主经营,形成各品牌专卖店的聚集群。

汽车工业园区是结合中国市场"既集中又分散"的特点,将国外几种渠道模式有机结合,成为集约式汽车交易市场发展的新方向。但它不是汽车交易市场简单的平移和规模扩张。汽车园区相对于汽车交易市场和品牌专营店的最大优势就是功能的多元化。

汽车网络营销这一新的营销方式能充分发挥企业与客户的互相交流优势,而且企业可以为客户提供个性化的服务,是一种新型的、互动的、更加人性化的营销模式。与传统的汽车4S店的"坐销"模式相比,网络营销的主动性和互动性将为汽车行业带来营销模式的全新变革。

习 题

一、简答题

1. 什么是特许经营? 其特点是什么?
2. 4S包含的内容是什么?
3. 特许经营和品牌专营是一回事吗? 二者有什么区别?
4. 什么是汽车超市?
5. 简要介绍我国的三大国际汽车展的情况。

二、能力训练

1. 你认为现阶段什么营销模式最适合我国的汽车市场? 请陈述你的理由。
2. 试论汽车网络营销的发展趋势。

模块 7　汽车销售流程

【知识目标】

① 掌握新车交易流程；

② 了解新车销售实务的关键点；

③ 了解二手车交易流程；

④ 了解新车销售实务中的关键点；

⑤ 掌握六方位绕车介绍法；

⑥ 掌握 FAB 介绍法。

【能力目标】

① 能够独立进行新车销售；

② 能够进行二手车交易；

③ 能够按照六方位介绍车辆；

④ 能够按照 FAB 的方法介绍车辆特征。

7.1　汽车销售业务流程

　　汽车销售业务主要包括新车交易和二手车交易两部分,虽然目前我国新车销售已连续六年蝉联世界第一,但人均汽车保有量依然远远低于世界平均水平,新车交易仍将在很长一段时间是我国汽车销售中的主要项目。同时,随着我国汽车市场和消费者的不断成熟,二手车交易的业务量也在飞速发展,根据世界其他国家的经验来看,二手车交易量基本和新车业务量持平,我国二手车市场在未来几年将保持爆发式增长。熟悉这两款业务流程对整个汽车营销工作至关重要。

7.1.1　新车交易流程框图

1. 顾问式销售程序

顾问式销售程序如图 7-1 所示。

2. 车辆购买程序

车辆购买程序如图 7-2 所示。

3. 售前跟进程序

售前跟进程序如图 7-3 所示。

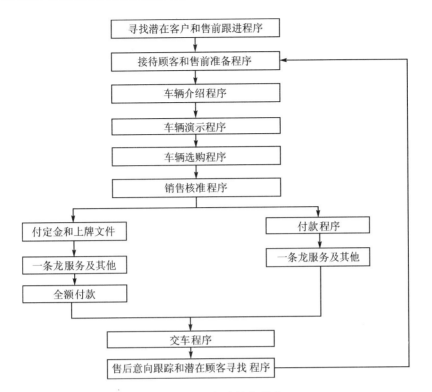

图 7 - 1　顾问式销售程序

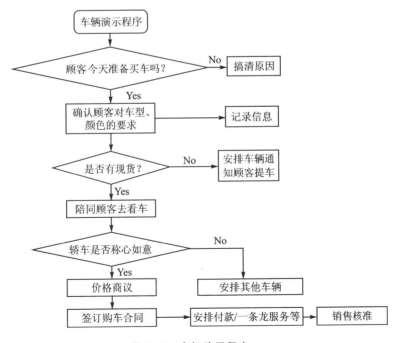

图 7 - 2　车辆购买程序

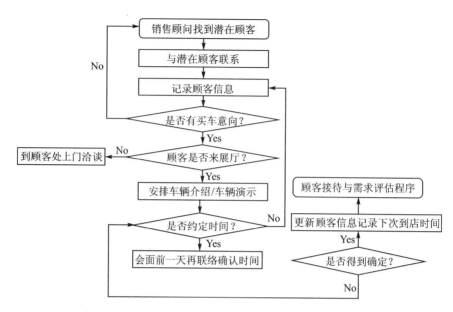

图 7 – 3　售前跟进程序

4. 客户接待与需求评估程序

客户接待与需求评估程序如图 7 – 4 所示。

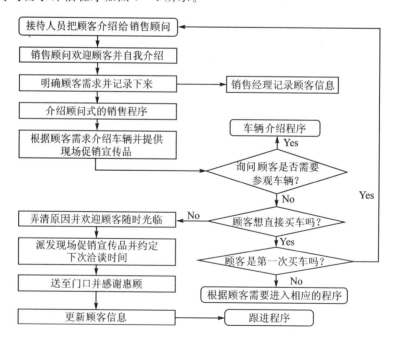

图 7 – 4　客户接待与需求评估程序

5．车辆介绍程序

车辆介绍程序如图 7-5 所示。

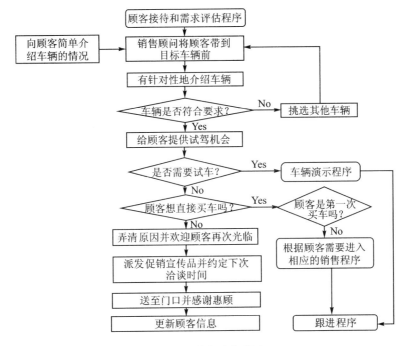

图 7-5　车辆介绍程序

6．车辆演示程序

车辆演示程序如图 7-6 所示。

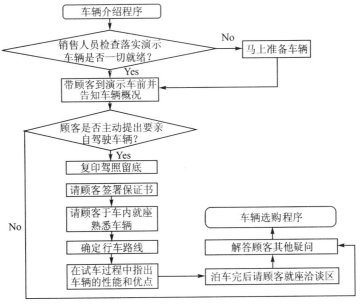

图 7-6　车辆演示程序

7. 准备交车程序

准备交车程序如图 7-7 所示。

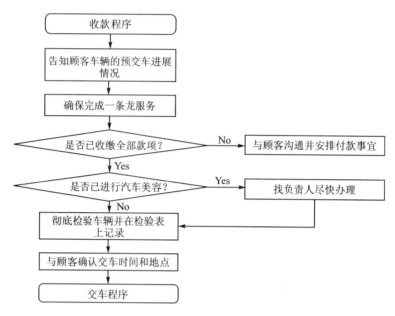

图 7-7   准备交车程序

8. 跟进程序

跟进程序如图 7-8 所示。

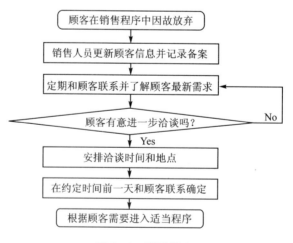

图 7-8   跟进程序

9. 交车程序

交车程序如图 7-9 所示。

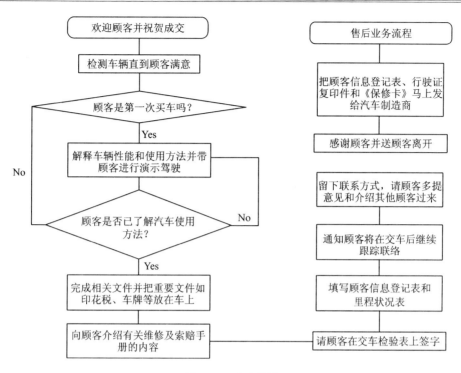

图 7 - 9 交车程序

10. 售后业务程序

售后业务程序如图 7 - 10 所示。

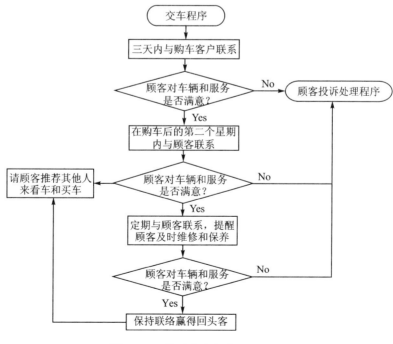

图 7 - 10 售后业务程序

7.1.2　二手车交易流程

1. 交易程序

二手车的交易程序是根据二手车交易的特性,为杜绝盗抢车、走私车、拼装车和报废车的面市,切实维护消费者的合法权益,科学合理地设计的"一条龙"的作业方式,从而使二手车交易在规范有序的流程内进行,减少了购销双方的来回奔波,提供了便民、可监控和有序的交易环境。二手车交易程序的主要环节是车辆查验、车辆评估、车辆交易、初审受理、材料传送、过户制证、转出调档、材料回送、收费发还。

① 车辆查验。在驻场警官的监督下,由交易市场委派经过验车培训的工作人员,协助警官展开交易车辆的查验工作。在车辆年检期有效的时段内,查验车辆识别代码、发动机号的钢印是否改动,与其拓印是否一致;查验车辆颜色与车身装置是否与《机动车行驶证》上的一致。同时按交易类别对车辆的主要行驶性进行检测,确保交易车辆的正常安全性能。如果一切正常,则在《机动车登记业务流程记录单》上盖章,并在发动机号、车架号的拓印上加盖骑缝章。

② 车辆评估。由专业评估机构参与,二手车评估人员将根据车辆的使用年限(已使用年限)、行驶里程、总体车况和事故记录等进行系统的勘查和评估,综合计算出车辆的成新率。再按照该车的市场销售状况等,提出基本参考价格,通过计算机系统的运算,打印"车辆评估书",由评估机构的二手车评估师签章后生效,作为车辆交易的参考和依法纳税的依据之一。

③ 车辆交易。二手车经过查验和评估后,其车辆的真实性和基本价格有了一个基本保障。同时,需要原车主对其车辆的一些其他事宜(使用年限、行驶里程、安全隐患、有无违章记录等)做出一个书面承诺。二手车经营(经纪)公司可以对该车进行出售或寄售,与客户谈妥后,收取相应的证件和材料,开具相应的发票,签署经营(经纪)合同,整理后送至办证初审窗口。

④ 初审受理。由二手车交易市场派驻各个交易市场的专业业务受理工作人员,对各经营(经纪)公司或客户送达的车辆牌证和手续材料,初审其真实性、有效性,以及单据填写的准确性。确认合格后,打印操作流水号和代办单,经工商行政管理部门验证盖章,将有关材料整理装袋,准备送达相应的办证地点。

⑤ 材料传送。由二手车交易市场指定的专业跑(送)单人员,经核对材料的份数后,贴上封条,填写"材料交接表"并签章,将办证材料及时、安全地送达相应的办证地点。

⑥ 过户制证。由驻场警官,对送达的办证材料,经实时计算机车档库进行对比查询,并对纸质材料进行复核,复核无误,在《机动车登记业务流程记录单》上录入复核人员的姓名,签注《机动车登记证书》,由市场工作人员按岗位的程序进行《机动车行驶证》的打印、切割、塑封,并录入相应操作岗位的人员姓名,然后将纸质材料整理、装订后,送车辆管理所档案科。相关证件和《机动车行驶证》《机动车注册/转入登记表》(副表)等,由跑(送)单人员回送相应的代理交易市场。

⑦ 转出调档。跑(送)单人员将转出(转籍)的有关证件、材料和号牌送达各地车辆管理所档案科,由警官对送达的转出材料和证件进行复核。确认无误后,收缴机动车号牌,并相应地在《机动车登记业务流程记录单》上录入复核警官的姓名,并签注《机动车登记证书》,将送至的纸质材料整理后装袋封口,并在计算机中设置成"转出"状态,传递至全国公安交通管理信息系统中,其"机动车档案"和"机动车临时号牌"将由跑(送)单人员返送至各代理交易市场。

⑧ 材料送回。经驻场警官复核后,换发《机动车行驶证》及《机动车注册/转入登记表》(副表)和有关证件;或将经车辆管理所档案科警官复核后调出的"机动车档案"和"机动车临时号

牌"以及相关的证件整理后送各代理交易市场的办证窗口,并经驻场牌证、材料接收人员签好《材料交接表》。

⑨ 收费发还。各交易市场的办证窗口收到材料并核对无误后,对所需支付的费用逐一进行汇总计算,打印发票,向委托办理的经营(经纪)公司和客户收取费用,核对"代办单"后,发还证照和材料。

这些交易程序适用于各交易市场的过户类、转出(转籍)类的二手车交易行为,其他二手车交易的特定服务项目的程序,在此不做详述。

2. 我国汽车的报废标准简介

在清楚了二手车的交易流程后,还需要清楚国家对于不同类型的二手车的相关规定,其中对交易价格影响最大的就是二手车的报废年限的规定。关于我国的汽车报废政策,1997 年国家经贸委等部门联合颁布了《关于发布〈汽车报废标准〉的通知》,后进行多次修改,分别于1998 年颁发了《关于调整轻型载货汽车报废标准的通知》,2000 年颁发了《关于调整汽车报废标准若干规定的通知》,2001 年颁发了《关于印发〈农用运输车报废标准〉的通知》、《摩托车报废标准暂行规定》,2004 年颁发了 GB/T7258-2004《机动车运行安全技术条件》等文件。2013 年 5 月 1 日开始施行新的《机动车强制报废标准规定》,首次提出小、微型非营运载客汽车和专项作业车辆无使用年限限制,强制报废的标准较旧版标准更加细化。从内容上看,新标准将促使消费者更加关注车辆的可靠性及保养。国家汽车报废标准年限如表 7 - 1 所列。

表 7 - 1 机动车使用年限及行驶里程参考值

车辆类型与用途				使用年限	行驶里程($\times 10^4$ km)
汽车	载客	营运	出租车 小、微型	8	60
			出租车 中型	10	50
			出租车 大型	12	60
			租赁车 小、微型	10	50
			租赁车 大、中型	15	60
			教练车 小、微型	10	50
			教练车 中型	12	50
			教练车 大型	15	60
			公共汽车	13	40
			旅游、公路客车 大型	15	60
			其他 小、微型	8	60
			其他 中型	15	50
			其他 大型	15	60
		非营运	小、微型	—	60
			大、中型	20	50
	载货		微型	12	50
			重、中、轻型	15	60

续表 7 - 1

车辆类型与用途			使用年限	行驶里程($\times 10^4$ km)
汽车	其他	半挂牵引车	15	60
		三轮汽车、装用单缸发动机的低速货车	9	—
		装用单缸以上发动机的低速货车	12	30
		专项作业车	—	50
	无轨电车		13	40
挂车	半挂车、中置轴挂车		15	—
	全挂车		10	—
摩托车	正三轮摩托车		10～12	10
	其他摩托车		11～13	12

从表中可以看出,轿车作为非营运和营运用途在报废年限上相差非常大,也直接导致不同用途的同一车型评估价格差异会非常大,这是消费者在实际交易中需要注意的地方。

7.1.3　汽车销售流程管理

在汽车销售过程中,汽车销售企业对销售过程的各个环节要进行有效控制。通过规范化的交易流程管理,让所有参与汽车销售的人员掌握交易流程,通过对客户良好的服务展示企业形象,为用户解除后顾之忧,真正做到留住客户、让用户满意,这样才能培养客户的忠诚度,充分利用客户的口碑效应,为企业创造竞争优势。整个流程的管理可分为三大部分:售前、售中和售后。

1. 售　前

(1) 发展潜在顾客

最终实际销售的数量因销售人员所拥有的潜在顾客及可能成为潜在顾客数量的不同而不同,销售人员为达到销售目标,应该充满热情地找到足够多的潜在顾客,然后通过产品推介、推销等方法使潜在顾客变成最终用户。一般潜在顾客具有三个前提,即购买能力、购买欲望和购买的必要性,而潜在顾客的来源主要是四个方面:新结识者、发展的顾客、顾客推荐者、用户,如图 7 - 11 所示。

潜在顾客的四个来源 {
新结识者:展示厅参观者(在展示厅或电话中首次接触的)
发展的顾客:在发展顾客中接触的
顾客推荐者:通过中介接触的顾客
用户:已购买本公司产品的人
}

图 7 - 11　潜在顾客的来源

发展潜在顾客的方法具体如下:

① 散发宣传资料,如在经销商的市场区域内,至少每月散发一次传单。

② 询问(拜访顾客)、收集潜在顾客的信息并上门拜访或电话交谈,尽可能地促使他们参观展厅。

③ 按照发展顾客的名单发送邮寄材料,特别是一些名人,促使他们来展示厅参观。

④ 举办展示会或其他活动。

⑤ 建立顾客发展档案(顾客发展卡)。

⑥ 顾客推荐,顾客推荐促销是销售活动中最重要的因素之一,顾客推荐资料一般由经销点的销售经理管理和控制。

(2) 潜在顾客管理

潜在顾客及可能成为潜在顾客的顾客是销售网点最重要的客户资源,应建立必要的顾客管理制度以保障潜在顾客不至于流失,便于进一步发展。

顾客管理的内容包括:

① 潜在顾客的识别和分类。潜在顾客的识别,通常根据在销售活动中收集的关于个人和车辆状况的信息,判断或识别顾客的购买意向(感兴趣的车辆、购买的意向以及对所销售产品的兴趣)、购买能力(职业、收入、资产、资金的储蓄),或者需求(家庭情况变化、年款车型的淘汰、车辆老化或损坏)。为使销售会谈更顺利地展开,应将潜在顾客按其可能转化的程度和预计的购买时间进行分类,然后确定拜访频次。顾客分类如表 7 - 2 所示。

② 拜访顾客。经常性的拜访顾客可以建立人际关系,推销自己,提供信息(邀请参观展览、所经营产品的介绍、公司介绍、新产品介绍和其他有关信息),发现与潜在顾客共同感兴趣的话题,然后将其引入销售的话题,还可以收集顾客的信息(现有车辆、车款、车型、家庭组成、购买决策者、购买行为动机等),发现顾客的需求。通常,人们期望在第三次拜访时能够签订销售合同。对于像汽车这种较昂贵的商品,在签订销售合同之前,推销员可能还需进行多次拜访,这样的拜访也被视为再次拜访。

表 7 - 2　潜在顾客分类表

类　　别	可能签销售合同的时间	检查项别
最有潜力的 A 类顾客	一个月	a. 是否对产品进行过说明 b. 是否完成试驾 c. 是否选定车型、颜色 e. 是否已报价 d. 是否已讨论付款方式
潜在的 B 类顾客	两个月	依据产品实际情况而定
潜在的 C 类顾客	三个月	依据产品实际情况而定
其他潜在顾客	以上三类顾客以外的顾客	

(3) 推销洽谈

洽谈是一门高超的艺术,其技巧如下:

① 会谈的问候技巧。一般要求言谈举止适应顾客的个性,用顾客习惯的方式向顾客问候,记住顾客的姓名并在称呼对方时使用,行为自然大方、彬彬有礼。与顾客初次会面时,要进行自我介绍,递上自己的名片,创造使顾客感到无拘无束的气氛。要善于打破沉默,同顾客交谈,掌握询问顾客的时机,找到顾客感兴趣的话题。如果是多位顾客的话,应判定谁是具有决定权的购买者,把精力主要集中到他的身上,但也不能完全忽略其他人的作用。

② 询问的技巧。询问是为了尽可能透彻地探问顾客,以便为顾客推荐合适的产品、估计

顾客对购买产品的渴望程度、发展与顾客的关系。询问之前,对提出的问题要有充分的准备,如询问顾客的爱好、生活方式、有何需要等。

③ 推荐的技巧。在了解了顾客的需要后,就可以向顾客推荐他最满意的产品,当顾客提出问题时应予以认真解答。

④ 示范的技巧。如在进行必要的讲解说明后,请顾客自己试驾车辆。

⑤ 回答顾客问题的技巧。特别是顾客有反对意见时,要弄清楚反对意见是真实存在还是由其他原因造成的,要举例说明并明确答复,用事实说明问题。

2. 售　中

在销售过程中,要为客户提前将车辆加好足够的燃油,办好汽车移动证和临时牌照,做好车辆清洗工作,协助客户办理车辆分期付款、办理车辆保险等,做好汽车销售延伸服务。

当交车与付款之际来临时,业务磋商中的艰苦谈判和成交时的紧张气氛都已缓解。不过,如果进展得不顺利,销售人员没有兑现在销售洽谈中的承诺(如交车日期、选装零部件等),那么顾客可能就不会再信任销售人员,业务有可能中止,顾客甚至会把自己不愉快的经历宣传出去。因此,交车与付款可以视为与顾客保持另一种良好关系的开始,不要简单地交车了事,要进行令顾客满意的说明,重视顾客的反应,只有这样,顾客才会对该产品感到满意。

3. 售　后

售后业务的主要程序和内容包括:

① 一般在交车72小时内,客户服务经理与购车客户联系,以确认顾客信息的真实性,并了解顾客用车后的感受,询问顾客对车辆及整个购买过程的意见。

② 帮助顾客解决有关使用方面的问题。

③ 提醒顾客进行维修和保养。

④ 与顾客保持联系并请顾客推荐其他人来看车、买车。

无论是新车销售还是二手车交易都要签订交易合同,关于汽车销售合同的相关内容将在模块9进行详细介绍。

7.2　汽车营销实务

7.2.1　汽车销售业务流程介绍

汽车销售主要是通过每个汽车厂家的品牌店(4S店)进行销售。汽车经销商根据自身品牌或企业的实际要求,建立自己的销售业务标准及流程,如图7-12所示。

该业务流程就是顾客与品牌汽车的接触过程。在每个环节中,销售人员有着不可替代的功用。每个环节中销售人员的表现对顾客满意度(CS)及顾客的购买决策有着深刻的影响。

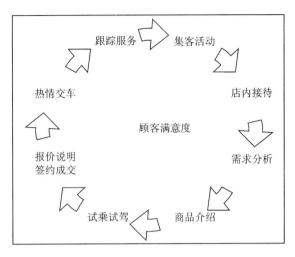

图 7 - 12　汽车销售流程图

1．集客活动

(1) 集客活动的目的

① 提升来店顾客组数,确保销售计划的完成;

② 维持与顾客的关系,收集顾客信息;

③ 提升顾客满意度;

④ 规范销售人员的日常工作,开展 PDCA 活动。

(2) 集客活动的执行方法

① P(Plan):制订计划,设定目标;

② D(Do):销售人员进行顾客维系和集客动作;

③ C(Check):由销售部门经理进行检查和辅导;

④ A(Action):不断改进,提升效率。

(3) 计划和目标的制订

① 销售人员每月的月末总结当月销售业绩,并于本月末 3 日内设定下月订单、销售目标,销售部经理设定经销店下月销售计划及目标;

② 销售人员向销售部经理汇报自己的销售计划,销售部经理对销售人员的报告内容加以批示;

③ 每日召开早会,销售部经理宣布当天工作安排,销售人员确认自己的日程安排;

④ 每日召开夕会,销售人员于夕会填写活动预订表,安排第二天的日程计划;销售部经理检阅销售人员的活动预订表,指示次日工作计划。

(4) 集客活动的实施

销售人员按自己的月/周/日计划进行集客活动,并记录顾客信息;销售部经理督促销售人员实施集客活动,并确认进展状况,如图 7 - 13 所示。实施集客活动是销售人员每天的工作重点。

① 走出去。利用各种形式的广告(平面、户外、媒体、网络等)、新车介绍、参加车展、参加

各类汽车文化活动、小区巡展、汽车新闻发布会、发送邮件、大客户专访、政府/企业的招标采购、约定登门拜访,销售人员充分利用自己的名片、朋友和社交圈及保有客户。

② 请进来。在展厅内接待客户,邀请客户前来参加试乘试驾,组织相关的汽车文化活动,新车上市推介会、展销会等。

③ 从定期跟踪的保有客户中、从保有客户的推荐中、从来展厅或来电话的客户中、从来自于服务站的外来保养维修客户中开发新客户中进行集客活动,并据此确定客户的优先级和重要性。

图 7 - 13　集客活动

2. 店内接待

店内接待是给客户建立第一印象的过程。通常情况下,顾客对购买汽车的过程都会有一个先入为主的负面想法,专业人员周到礼貌的接待将慢慢消除顾客消极的思想情绪,并为顾客将来购买本品牌汽车设计愉快而满意的经历。

(1) 顾客接待的目的

① 充分展现品牌形象和"顾客第一"的服务理念;

② 建立顾客的信心,为销售服务奠定基础;

③ 消除顾客的疑虑,为引导顾客需求做好准备;

④ 通过良好的沟通,争取顾客能再次来店。

(2) 顾客接待的执行方法

① 销售人员按照经销店销售标准执行接待工作;

② 严格规范销售人员的接待礼仪,并予以制度化;

③ 销售部经理在展厅进行走动式管理;

④ 销售人员主动积极地应对顾客,从顾客满意到顾客感动。

(3) 顾客接待的准备

顾客接待的准备工作是一天工作的开始。

① 销售人员应穿着汽车销售店指定的制服,保持整洁卫生,佩戴胸牌,见图 7 - 14 (a);

② 每日早会销售人员互检仪容仪表和着装规范;

③ 销售人员从办公室进入展厅前在穿衣镜前自检仪容仪表和着装,见图 7 - 14(b);

④ 每位销售人员都配有销售工具夹,与顾客商谈时随身携带,见图 7 - 14(c);

⑤ 每日早会销售人员自行检查销售工具夹内的资料是否齐全,及时更新;

⑥ 每日早会设定排班顺序,制订排班表;

⑦ 接待人员在接待台站立接待,销售人员在展厅等候来店顾客,见图 7 - 14(d)。

(4) 顾客来店时

① 值班保安人员着标准制服,对来店顾客问候致意,并指引展厅入口,见图 7 - 15(a);

② 若顾客开车前来,值班保安主动引导顾客进入顾客停车场停车,见图 7 - 15 (b);

③ 顾客进店时,值班销售人员至展厅门外迎接,点头、微笑,主动招呼顾客,见图 7 - 15(c);

④ 销售人员随身携带名片夹,第一时间介绍自己,并递上名片,请教顾客的称谓,见图 7 - 15(d);

⑤ 销售人员抬手开启自动门,引导顾客进入展厅;

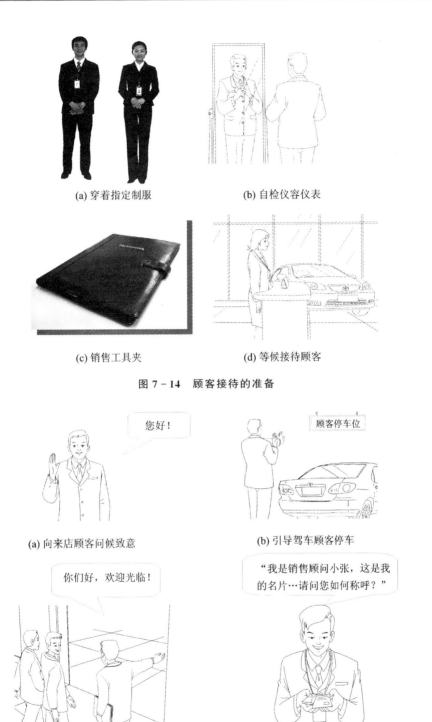

(a) 穿着指定制服　　　　　　(b) 自检仪容仪表

(c) 销售工具夹　　　　　　(d) 等候接待顾客

图 7 - 14　顾客接待的准备

您好！

顾客停车位

(a) 向来店顾客问候致意　　　　　(b) 引导驾车顾客停车

你们好，欢迎光临！

"我是销售顾问小张，这是我
的名片…请问您如何称呼？"

(c) 门外迎接顾客　　　　　　(d) 向顾客进行自我介绍

图 7 - 15　顾客来店接待

⑥ 经销店的所有员工在接近顾客至 3 米左右时应主动问候来店顾客(全员参与)；

⑦ 若雨天顾客开车前来,主动拿伞出门迎接顾客；

⑧ 销售人员主动询问顾客来访目的;

⑨ 按顾客意愿进行,请顾客自由参观浏览,明确告知顾客:自己在旁随时候教。

(5) 顾客自己参观车辆时

① 与顾客保持 5 米左右的距离,在顾客目光所及的范围内关注顾客动向和兴趣点,如图 7 – 16 所示;

② 顾客表示想问问题时,销售人员主动趋前询问;

③ 觉察到顾客对商品有兴趣时,销售人员应主动趋前询问。

图 7 – 16　顾客自己参观时

(6) 请顾客入座时

① 销售人员应向顾客提供可选择的免费饮料,主动邀请顾客就近入座,座位朝向顾客可观赏感兴趣的车辆,便于观察、说明;

② 征求顾客同意后坐到顾客右侧,保持适当的身体距离;

③ 关注顾客的同伴(不要忽略"影响者")并给他们以尊重和重视,积极听取他们的意见,因为这些影响者的意见在很大程度上会影响交易的成败。

(7) 顾客离开时

① 若顾客开车前来,陪同顾客到车辆边,感谢顾客惠顾并道别;

② 值班保安人员提醒顾客道路状况,指引方向,见图 7 – 17(a);

③ 销售人员送顾客至展厅门外,感谢顾客惠顾,热情欢迎再次来店,见图 7 – 17(b);

④ 提醒顾客清点随身携带的物品;

⑤ 若汽车出口位于交通路口,则保安人员引导车辆到主要道路上;

⑥ 微笑、目送顾客离去(至少 5 秒钟时间);

⑦ 值班保安人员向顾客致意道别;

⑧ 顾客离去后,销售人员要整理顾客信息,填写《来店(电)顾客登记表》,记录顾客信息。

(a) 引导顾客离开　　　　　　　　(b) 热情送别顾客

图 7 – 17　顾客离开时

(8) 电话应对——打出电话

① 做好打电话前的准备工作,尤其是顾客资料和信息;

② 接通电话后先表明自己的身份,并确认对方身份,见图 7 – 18(a);

③ 电话结束时感谢顾客接听电话,待对方挂断电话后再挂电话;

④ 记录顾客信息和资料。

(9) 电话应对——接听电话

① 电话铃响 3 声之内接听电话,微笑应对;

② 主动报经销店名称、接听人姓名与职务,见图 7-18(b);

③ 在电话中明确顾客信息,包括联络方式、跟踪事项等,并适时总结;

④ 结束时感谢顾客致电,并积极邀请顾客来店参观;

⑤ 待对方挂断电话后再挂电话;

⑥ 填写《来店(电)顾客登记表》,记录顾客信息。

(a) 打出电话　　　　　　　　　　　　(b) 接听电话

图 7-18　电话应对

3. 需求分析

销售人员面对的顾客千差万别,顾客的需求也多种多样。在接待客户的过程中,销售人员应主动地了解客户的需求是什么,来店的真实目的是什么。获得客户真实需求的最有效的方法就是聆听。销售人员一定要学会聆听的方式,掌握聆听的技巧,与顾客顺畅沟通,充分地了解顾客的需求,以客户为中心进行顾问式销售。

(1) 需求分析的目的

① 明确顾客的真正需求,并提供专业的解决方案;

② 收集详尽的顾客信息,建立准确的顾客档案;

③ 在顾客心中建立专业、热忱的汽车销售顾问的形象;

④ 通过寒暄建立与顾客的融洽关系。

(2) 需求分析的执行方法

① 通过提问与倾听了解顾客信息,尤其是与购车相关的重要信息;

② 通过《来店顾客调查问卷》收集顾客信息;

③ 详细地记录顾客信息,建立顾客档案;

④ 总结顾客的需求信息,并推荐合适的车型。

(3) 收集顾客信息

① 从寒暄开始,找到公共话题,创造轻松的氛围(见图 7-19);

② 收集顾客的个人信息,例如姓名、电话、通信方式、家庭情况、业余爱好等;

③ 收集顾客的购车信息,例如目标车型、购车日期、购车用途等;

④ 利用《来店(电)顾客调查问卷》或集客活动,收集并记录顾客信息。

图 7-19 收集顾客信息

(4)分析并确认顾客需求

① 在适当的时机总结与顾客谈话的主要内容,寻求顾客的确认;

② 根据顾客需求主动推荐合适的车型,并适当说明。

4. 商品说明

在汽车销售的过程中,商品说明是完成销售的关键环节,也是说服顾客的关键一步。通过调研发现,在展车展示过程中做出购买决定的顾客占最终购买客户的 70% 以上。当然,客户做出不购买的决定往往也发生在这个环节。因此,产品介绍环节的重点就是要根据客户的需要、客户的喜好和客户关心的问题等有针对性地进行产品介绍,并让客户亲身体验,实现从理性到感性的转变,增加其购买欲望。

(1)商品说明的目的

① 针对顾客的利益,专业地介绍商品的特点,建立顾客信心;

② 清除顾客可能存在的购买障碍,激发购买欲望。

(2)商品说明的执行方法

① 商品说明的准备工作,勤加练习;

② 充分利用各种销售工具,例如展车宣传资料、展示车辆等;

③ 车辆介绍时要针对顾客需求,运用 FAB(Features,车辆的配备和特性;Advantages,配备和特性的优势;Benefits,顾客的利益和好处)的技巧;

④ 让顾客参与到车辆说明过程中来,关注顾客的兴趣点。

(3)商品说明的准备

① 掌握品牌汽车商品知识,能够熟练进行六方位商品说明(关于六方位商品说明法后续章节详细讲解);

② 充分了解竞品信息,掌握品牌汽车商品的对比优势;

③ 在销售工具夹内准备主要的车型资料和竞品车型资料,便于向顾客展示说明;

④ 展厅内展示架上每一车型准备 10 份以上的商品宣传彩页,随时补足,便于顾客取阅。

（4）展车设置

展车摆放时,注意以下事项,如图 7 - 20 所示。

① 展车摆放要按品牌汽车销售店规范执行,包括展车数量、型号、位置、照明、车辆信息牌等;

② 车前后均有车牌（前后牌）,指示车辆名称/型号;

③ 保持展车全车洁净,轮胎上蜡,轮毂中央的车标摆正,轮胎下放置轮胎胶垫;

图 7 - 20　展车设置

④ 展车不上锁,车窗关闭,配备天窗的车型则打开遮阳内饰板;

⑤ 展车内座椅、饰板等的塑胶保护膜须全部去除,放置精品脚垫;

⑥ 展车方向盘调整至较高位置,座椅头枕调整至最低位置,驾驶座座椅向后调,椅背与椅垫成 105°角,与副驾驶座椅背角度对齐一致;

⑦ 展车时钟与音响系统预先设定,选择信号清晰的电台,并准备 3 组不同风格的音乐光盘备用。

（5）展车旁的商品说明

① 从顾客最关心的部分和配备开始说明,激发顾客的兴趣;

② 创造机会让顾客动手触摸或操作有关配备,见图 7 - 21(a);

③ 注意顾客反应,不断寻求顾客的观感与认同,引导顾客提问;

④ 顾客在展车内时,销售人员的视线不要高于顾客的视线,见图 7 - 21(b);

⑤ 销售人员介绍车辆配备时动作要专业、规范,切忌用“单指”指示;

⑥ 销售人员在说明过程中要爱护车辆,切勿随意触碰车辆漆面;

⑦ 若有多组顾客看车,可以请求支援。

(a) 创造机会让顾客动手操作

(b) 销售人员视线不要高于顾客视线

图 7 - 21　展车旁的商品说明

（6）洽谈桌旁的商品说明

① 充分利用商品型录、宣传小册子和销售工具夹内的商品资料辅助说明,如图 7 - 22 所示;

② 注意饮料的供应和续杯。

（7）回答顾客的疑问

① 强调品牌汽车商品的优势，避免恶意贬低竞争产品；

② 若销售人员遇到疑难问题，可请其他同事配合，正确回答顾客的问题，不能"蒙"顾客。

（8）商品说明结束时

① 针对顾客需求，口头总结商品特点与顾客利益；

② 在商品目录上注明重点说明的配备，作为商品说明的总结文件；

③ 转交车型目录，并写下销售人员的联系方式或附上名片，如图 7 - 23 所示；

④ 主动邀请顾客试乘试驾；

⑤ 待顾客离开展厅后及时整理和清洁展车，回复原状。

图 7 - 22　洽谈桌旁的说明

图 7 - 23　商品说明结束

5．试乘试驾

试乘试驾环节是客户获取车辆第一手材料的最好机会，在试乘试驾过程中，销售人员可以针对客户的需求及购买动机来做必要的解释和说明，以便增进客户的信任感。在试乘试驾过程中，销售人员应避免多说话，让客户集中精力对车辆进行细致的体验。

（1）试乘试驾的目的

① 通过动态介绍，建立顾客对商品的信心，激发购买欲望；

② 收集更多的顾客信息，为促进销售作准备。

（2）试乘试驾的执行方法

① 按品牌汽车要求，完善试乘试驾的流程和车辆等准备工作；

② 销售人员在顾客试乘时充分展示车辆特性，并作说明；

③ 让顾客有时间自己体验车辆的动态特性；

④ 适时询问顾客的订约意向，收集顾客信息。

（3）试乘试驾的准备

① 经销店必须准备专门的试乘试驾用车，尤其是品牌汽车要求的车型；

② 试乘试驾车由专人管理，保证车况处于最佳状态，油箱内有 1/2 箱燃油；

③ 试乘试驾车应定期美容，保持整洁，停放于品牌汽车规定的专用停车区域；

④ 试乘试驾车证照齐全，并有保险；

⑤ 按车型特性规划试乘试驾路线，避开交通拥挤路段；

⑥ 随车放置《欢迎参加试乘试驾活动》文件,并附有试乘试驾路线图;

⑦ 销售人员必须具有合法的驾驶执照;

⑧ 若销售人员驾驶技术不熟练,可请其他合格的销售人员进行试乘试驾,自己陪同。

(4) 试乘试驾前

① 商品说明结束后,要主动邀请顾客进行试乘试驾;

② 安排小型试乘试驾活动,积极邀请顾客参加,见图 7 - 24(a);

③ 在展厅或停车场显眼处设置"欢迎试乘试驾"的指示牌;

④ 向顾客说明试乘试驾流程,重点说明销售人员先行驾驶的必要性;

⑤ 向顾客说明试乘试驾路线,请顾客严格遵守,见图 7 - 24(b);

⑥ 查验顾客的驾驶证并复印存档,签署安全协议与相关文件(《试乘试驾记录表》);

⑦ 向顾客简要说明车辆的主要配备和操作方法。

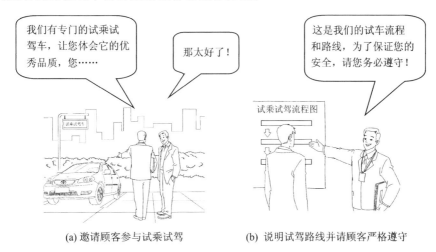

(a) 邀请顾客参与试乘试驾   (b) 说明试驾路线并请顾客严格遵守

图 7 - 24 试乘试驾前

(5) 试乘试驾时

① 若有多人参加试乘试驾,则请其他顾客坐在车辆后排座位;

② 确认车上人员系好安全带,提醒安全事项;

③ 销售人员将车辆驶出专用停车区域,示范驾驶;

④ 销售人员驾驶时对车辆行驶状态进行车辆说明,展示车辆动态特性,见图 7 - 25(a);

⑤ 让顾客自己体验车辆性能,销售人员提醒体验重点,见图 7 - 25(b);

⑥ 仔细倾听顾客的谈话,观察顾客的驾驶方式,发现更多的顾客需求;

⑦ 在预定的安全地点换手;

⑧ 换手时协助顾客调整座椅、后视镜等配备,确认顾客乘坐舒适并系好安全带,再次提醒安全驾驶事项;

⑨ 在顾客的视线范围内换到副驾驶座;

⑩ 准备不同种类的音乐光盘供顾客选择,试听音响系统。

(6) 试乘试驾后

① 确认顾客已有足够时间来体验车辆性能,不排除再度试乘试驾的可能性;

② 适当称赞顾客的驾驶技术;

(a) 展示车辆动态特性　　　　　　　(b) 提醒体验重点

图 7 - 25　试乘试驾时

③ 引导顾客回展厅(洽谈区),总结试乘试驾体验,填写《试乘试驾意见表》;

④ 适时询问顾客的订约意向;

⑤ 待顾客离去后,填写顾客信息,注明顾客的驾驶特性和关注点。

6. 报价说明及签约成交

销售人员经过不懈努力,开始进入与顾客成交的阶段。在这个环节中最重要的是如何让客户更加主动,并且给客户留出充分的时间让客户做出购买决定,不断增强客户的购买信心。

(1) 报价说明及签约成交的目的

① 让顾客了解购车细节,促进购买成交;

② 做好顾客的购车顾问,提升顾客满意度。

(2) 报价说明及签约成交的执行方法

① 根据顾客需求制作商谈备忘,对各种问题进行详细说明;

② 详细解释相关文件和流程,回答顾客提出的问题;

③ 制作合同书并取得上司认可,与顾客签约;

④ 安排交车日期,跟踪余款处理,与顾客保持联络。

(3) 销售价格说明

① 请顾客确认所选择的车型,以及保险、按揭、一条龙服务等代办手续的意向;

② 根据顾客需求拟订销售方案,制作商谈备忘;

③ 对报价内容、付款方法及各种费用进行详尽易懂的说明,耐心回答顾客的问题;

④ 说明销售价格时,再次总结商品的主要配备及顾客利益;

⑤ 利用《上牌手续及费用清单》,详细说明车辆购置程序及相关费用;

⑥ 必要时重复已作过的说明,并确认顾客完全明白;

⑦ 让顾客有充分的时间自主地审核销售方案(见图 7 - 26)。

(4) 制作合同

① 请顾客确认报价内容;

② 检查库存状况,合理安排交车时间,并取得顾客认可;

③ 制作销售合同,准确填写合同中的相关资料;

图 7 - 26　销售价格说明

④ 与销售部经理就合同内容进行确认并得到其认可。

(5) 签约及订金手续

① 专心处理顾客签约事宜,谢绝外界一切干扰,暂不接电话,表示对顾客的尊重;

② 协助顾客确认所有细节,请顾客签字后把合同书副本交给顾客;

③ 销售人员带领顾客前往财务部门,并确认往来发票;

④ 合同正式成立后,销售人员将合同的内容录入到微机管理系统。

(6) 履约与余款处理

① 销售人员根据实际情况与顾客约定交车时间;

② 顾客等车期间,保持与顾客的联络,让顾客及时了解车辆的准备情况(见图 7 - 27);

③ 销售人员确认配送车辆后,提前通知顾客准备好余款;

④ 销售人员进行余款交纳的跟踪确认,直至顾客完成交款。

(7) 顾客等车期间的联系方法

① 签约后交车前,销售人员将《袖珍驾驶员指南》邮寄给顾客,或携带《驾驶员手册》拜访顾客,见图 7 - 28(a);

图 7 - 27　履约与余款处

② 保持与顾客的联系,瞄准时机打个电话给顾客(也可安排专人在签约后与顾客联络);

③ 若等车期间恰逢节日,邮寄一份小礼物表示心意,见图 7 - 28(b)。

(8) 若交车有延误

① 第一时间通知顾客,并表示歉意;

② 告知解决方案,取得顾客认同;

③ 在等待交车期间,应与顾客保持联络,让顾客及时了解车辆的准备情况。

(9) 当顾客决定不成交时

① 不对顾客施加压力,表示理解,并协助顾客解决问题;

② 给顾客足够时间考虑,不催促顾客作决定;

③ 若顾客最终选择其他品牌,则明确原因并填写未成交顾客记录表。

(a) 携带《驾驶员手册》拜访顾客　　　(b) 邮寄礼物表心意

图 7 - 28　顾客等车期间的联系

7. 热情交车

　　销售流程中交车环节是客户最兴奋的时刻。按约定的时间交付给客户所预订的洁净、无缺陷的车辆是销售人员的宗旨和目标,这将会提高客户满意度并强化用户对专营店的信任感。如果客户有了愉快的交车体验,那么就为长期的合作关系奠定了坚实的基础。销售人员要树立一个非常重要的观念:交车的服务过程就是与客户建立紧密的朋友关系,准备进入到新一轮客户开发的过程。

　　(1) 车辆交付的目的

　　① 通过交车激发顾客热情,感动顾客,建立长期关系;

　　② 为顾客解决后顾之忧,建立用车顾问的形象。

　　(2) 车辆交付的执行方法

　　① 按品牌汽车规范完成交车前的准备工作,做好预约;

　　② 在交车过程中保持对顾客的关注,热情友好;

　　③ 确保有足够的时间说明车辆、文件和费用,解答顾客疑问;

　　④ 建立顾客与售后服务部门的联系;

　　⑤ 通过简短热烈的交车仪式激发顾客热情。

　　(3) 交车前的准备

　　① 销售人员委托售后服务部门进行 PDS(新车到店后、交给客户前的检查);

　　② 再次确认顾客的付款条件和付款情况,以及对顾客的承诺事项;

　　③ 电话联系顾客,确认交车时间,并告知交车流程和所需时间,征得顾客认可;

　　④ 展厅门口设置交车恭喜牌,交车区场地打扫干净,设置告示牌;

　　⑤ 清洗车辆,保证车辆内外美观整洁,车内地板铺上保护纸垫;

　　⑥ 重点检查车窗、后视镜、烟灰缸、备用轮胎和工具,校正时钟,调整收音机频道等;

　　⑦ 若车辆配有 NAVI 系统(车辆自带语音电子导航系统),则设定经销店的位置;

　　⑧ 待交车辆油箱内加注 1/4 箱燃油;

⑨ 通知相关人员交车仪式的时间和顾客信息,确认出席人员。

（4）交车顾客接待

① 交车顾客到达时,销售人员到门口迎接,态度要热情;

② 恭喜顾客,并立刻为顾客挂上交车贵宾证(不同车型分别设定);

③ 每位员工见到戴有交车贵宾证的顾客,应立刻道喜祝贺。

（5）费用说明及文件交付

① 销售人员借助《新车订购单》说明各项购车费用;

② 销售人员利用相关手续及费用清单说明其他相关费用;

③ 销售人员向顾客介绍服务部门 S/A;

④ S/A 利用说明指南和保养手册解释车辆检查和维护的日程及其重要性;

⑤ S/A 利用保修手册说明车辆保修内容和范围,重点是保修期限和保修项目等重要事项;

⑥ S/A 利用相关书面资料介绍品牌汽车的售后服务网络,以及本经销店服务部的营业时间、预约流程、24 小时救援服务体制等内容;

⑦ 清点并移交车辆文件以及车辆钥匙。

（6）车辆验收与操作说明

① 销售人员陪同接车顾客进行车辆检查;

② 销售人员利用新车交接确认表用简单易懂的语言进行车辆说明;

③ 销售人员利用驾驶员手册介绍如何使用新车;

④ 销售人员利用安全注意事项进行安全说明;

⑤ 协助顾客确认所定购的精品、附属件,告知赠送 1/4 箱燃油;

⑥ 确认所有事项后,与顾客核对交车过程及文件确认表与新车交接确认表,并请顾客签名确认。

（7）交车仪式

① 介绍销售部经理、服务部经理或其他相关人员与顾客认识;

② 向顾客赠送鲜花,拍摄纪念照,另外可向顾客及其家人赠送小礼物;

③ 经销店有空闲的工作人员列席交车仪式,鼓掌以示祝贺。

（8）与交车顾客告别

① 确认顾客可接受的售后跟踪和联系方式,并简要告知跟踪服务内容;

② 送别顾客,目送顾客驾车离去,见图 7 - 29(a);

③ 顾客离去后整理顾客资料;

④ 向销售部经理报告交车活动,使用微机管理系统完成"交车完成"环节;

⑤ 预估顾客到达目的地的时间,致电确认安全到达,见图 7 - 29(b)。

8. 跟踪与服务

销售流程的后续跟踪环节的要点是在客户购买新车之后与"首次保养"之间如何继续促进和发展双方的关系,由于第一次维修保养服务是客户与专营店"服务流程"的一次亲密接触的机会,因此,做好首次保养目的是给客户留下美好的第一印象,保证客户日后到经销店进行维修保养,提高客户忠诚度。

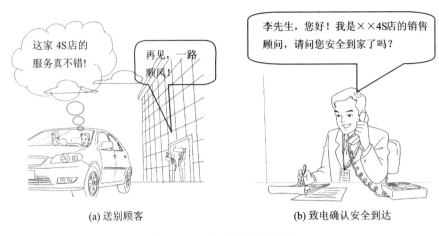

(a) 送别顾客　　　　　　(b) 致电确认安全到达

图 7 - 29　与交车顾客告别

营销人员要通过定期跟踪服务,巩固与客户之间的良好关系,并不断延长这种关系,从而不断地获得新的潜在意向客户。

(1) 售后跟踪的目的

① 维持与顾客的联系,保持顾客满意,提升顾客服务掌握率;

② 通过顾客推介,促进新车销售。

(2) 售后跟踪的执行方法

① 按品牌汽车规范进行新车顾客的维系活动;

② 进行集客活动,收集销售信息、开发潜在客户;

③ 与售后部门保持联络,设定合理的跟踪频率。

(3) 售后跟踪的准备

① 查阅顾客基本信息,确认重点内容,包括姓名、电话、购买车型及投诉等;

② 销售人员在交车后 3 日内发给顾客感谢信,并电话致谢,确认车辆使用情况;

③ 联络后信息记录客户档案,并归档保存;

④ 销售人员在交车后根据约定的时间与顾客电话联系,询问车辆使用情况,通知免费车检;

⑤ 顾客进行首保后,客户信息转交售后服务部门管理。

(4) 顾客关系维系

① 重视与已购车顾客建立日常联系。做好计划,通过电话、信件与顾客保持联系,请顾客推介潜在顾客,见图 7 - 30;

② 将维系工作规范化,确认何时做何事;

③ 每次售后跟踪后,将新的顾客信息填入客户档案,及时更新;

④ 销售部经理定期查核销售人员的顾客关系维系的情况;

⑤ 做好顾客维修保养记录,每次跟踪前检阅顾客车辆保养信息;

图 7 - 30　顾客关系维系

⑥ 每 3 个月进行一次售后跟踪联络。

7.2.2　新车上牌流程

在我国绝大部分地区,汽车办证的程序仍是较繁琐的一件事情。以下根据国家有关规定,结合我国部分地区的实际情况来介绍一下新车上牌的相关实务,因新车上牌的手续各地区差异较大,所以在此只介绍一些通用的做法。为了方便客户,同时为了服务竞争的需要,一般的汽车销售商都有为客户代办上牌的服务。不过,还是有不少新车车主会选择自己去挂车牌。那么,刚刚买了新车又想自己办理这一手续的新车主如何办理这一手续呢?

① 客户选定好车型,交纳购车款以后,汽车经销商会为客户提供厂家的汽车质量合格证和有效期为五天的车辆移动证(或临时牌照),并开具购车发票,购车发票共分为报税联、注册登记联、发票联三联。在开具购车发票时,机动车所有人需要提供本人的姓名和身份证号码。需要强调的是,机动车所有人在提供本人姓名和身份证号码时,一定要认真核对,保证准确无误,如果这两个信息出现差错,更改比较麻烦。

② 机动车所有人持购车发票的报税联和汽车质量合格证复印件、身份证原件和复印件(单位车辆需带企业组织机构代码证原件及公章),到车辆购置税办公大厅办理车辆购置附加税。

③ 在办理完车辆购置附加税后,机动车所有人就可以携带办理车辆购置附加税的相应手续和购车发票的注册登记联、汽车质量合格证原件、身份证原件和复印件(必须使用 A4 纸复印)到车管所投递资料,申请上牌了。

④ 到达车管所后,先领取一份新车入户登记表(公车需加盖公章),准确无误地填写车主与车辆的相关信息(有专人指导),然后排队递交。

⑤ 对车辆进行外部检测,核对发动机号码、车架号码、车辆型号等。

⑥ 车辆进行外检后,到大厅办理车辆相关保险(交强险和其他商业保险)。

⑦ 办理完车辆保险后,在注册大厅办理车辆注册登记手续。

⑧ 在大厅交付车船使用税、车辆行驶证、车辆牌照等相关费用。

⑨ 交付相关费用后,机动车所有人就可以开始在电脑上随机选取自己的车牌号码了。客户有 8~10 次(各地不一)机会选取车牌号码,最后从这一组号码中选取自己最满意的一个号码作为车牌号。需要强调的是,2008 年 10 月 1 日以后,机动车所有人可以通过计算机自动选取或者按机动车号牌标准规定自行编排的方式获取机动车号牌号码。

⑩ 选择完车牌号码后就可以进行牌照安装了。

⑪ 安装好新的车牌后,必须对新车进行拍照存档。

⑫ 喷印玻璃防盗号,领取尾气排放合格证。

⑬ 在车管所办理的最后一道程序为领取车辆行驶证和机动车登记证书。

如果机动车所有人是外地户口,还必须到管辖派出所办理暂住证。因为在办理新车挂牌的程序当中,外地户口的客户除了需要提供身份证以外,还必须提供暂住证。在完成了以上工序以后,新车才真正具有了属于自己的"户口本",机动车所有人也就成为"正式"车主了。

7.3　六方位绕车

据说六方位绕车介绍法最早应用于奔驰汽车公司,后来被日本丰田汽车公司采用并进一步完善。它是一个比较规范的汽车产品展示流程,也是商品汽车说明准备和演练的主要方法,可以使销售人员有逻辑地组织并记忆商品车的配备和功能,有效利用展车作为销售工具。在做绕车介绍时,要注意使用 FAB 法,除了说明车辆配置、特点以外,更重要的是要强调这些配置、特点能给客户带来什么样的利益,这是客户最为关心的部分。只有这样,销售人员的介绍才能打动客户,得到更好的效果。

销售顾问在介绍车辆的过程中,通过各项目、各部位的利益展示(见表 7 - 3),把客户的思维及兴趣带进去,让他们真正体验一番。

表 7 - 3　六方位绕车介绍法的介绍要点

方　位		重点介绍
方位一	车辆前方	外观与造型、整体印象、品牌、超值所在
方位二	车辆侧面	安全性及侧视效果等
方位三	车辆后方	尾部特色、后备箱等
方位四	车辆后座	乘坐舒适性及乘坐空间等
方位五	驾驶室	驾驶的操控性及乘坐的舒适性等
方位六	发动机舱	发动机特点及动力性等等

7.3.1　FAB 介绍

在对顾客有针对性地进行 FAB 介绍前,营销人员首先要了解顾客对哪些方面比较感兴趣,或是顾客在品牌汽车中最关注的是什么,他们的需求是什么,顾客追求的是安全性、经济性,还是操控性,还是几个方面都有所要求等,这就需要销售顾问用心去观察。

F 是 Features(特点),指品牌汽车的商品特点。

A 是 Advantages(优势),所指明的是前述商品车特点与功能的优势点,同时也涵盖与同级商品或竞争车型的比较数据。

B 是 Benefits(利益),指明前述商品车特点与功能的优势点所能提供给顾客的益处。

7.3.2　六方位绕车介绍法

下面举例详细介绍六方位绕车介绍法。

1. 方位一:车辆前方

方位一如图 7 - 31 所示,其介绍重点为:车辆的整体印象、前部造型、前大灯、全车钣金件间隙等。其注意事项有:①车辆左大灯前 80 cm 左右,面对顾客;② 邀请顾客在离车辆正前方45°角,2~3 m 的距离;③局部介绍时,要五指并拢,手心向上引导顾客观看,必要时可微微躬身。

图 7 - 31　车前方绕车介绍示意图

2. 方位二:车辆侧方

方位二如图 7 - 32 所示,其介绍重点为:车辆的侧部造型、轮胎和轮毂、悬架系统及安全性方面的主要配备等。其注意事项有:①介绍应在车辆侧面进行;②将顾客邀请至 B 柱外 60～100 cm 的位置观看车辆。

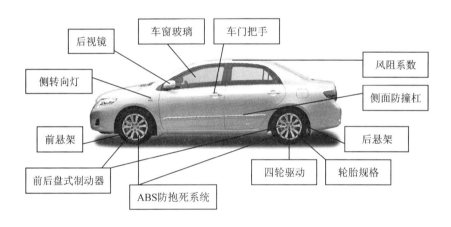

图 7 - 32　车侧方绕车介绍示意图

3. 方位三:车辆后方

方位三如图 7 - 33 所示,其介绍重点为:车辆的尾部造型、组合尾灯、行李箱、驻车/倒车测距雷达等。其注意事项有:①销售顾问站在车辆左后方的位置进行介绍,距离车辆后保险杠50 cm 左右的距离;②邀请顾客在车辆右后方或正中的位置观看。

4. 方位四:车辆后座

方位四如图 7 - 34 所示,其介绍重点为:车辆的后排乘坐空间、后车窗遮阳帘、静谧性等。其注意事项有:① 积极鼓励顾客更多地体验车辆,激发顾客的想象,促使顾客产生希望拥有本

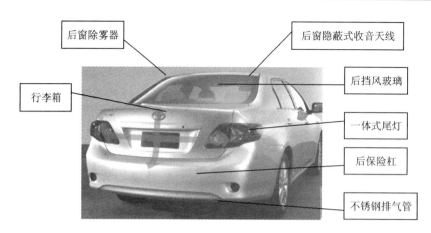

图 7 - 33　车后方绕车介绍示意图

品牌汽车的冲动;② 销售顾问可在展车内或展车外介绍,但一定要邀请顾客进入展车内参观、体验。

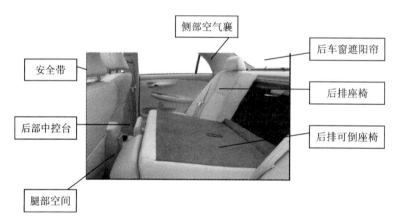

图 7 - 34　车辆后座绕车介绍示意图

5. 方位五:驾驶室

方位五如图 7 - 35 所示,其介绍重点为:车辆的驾驶席座椅、操控装置(如 EPS 电子助力转向系统)、安全性(SRS 空气囊)、(自动)变速装置(4 挡或 6 挡)、车内储物空间、音响及电子导航系统等。其注意事项有:①打开驾驶室车门,站在 B 柱位置前为顾客介绍方向盘、变速装置;②请客户进入展车,销售顾问以标准蹲姿为顾客调整座椅;③蹲着或者在得到顾客允许以后坐到副驾驶席继续介绍其他功能。

6. 方位六:发动机舱

方位六如图 7 - 36 所示,其介绍重点为:发动机形式(如:单或双 VVT - i)、减少对行人伤害的车身设计等。其注意事项有:①对等待观看的顾客说"请稍等",离开车辆前端来到驾驶室旁;②打开车门,拉动发动机舱盖锁定释放杆;③关上驾驶室门,返回车辆前端,用双手打开发动机舱盖。

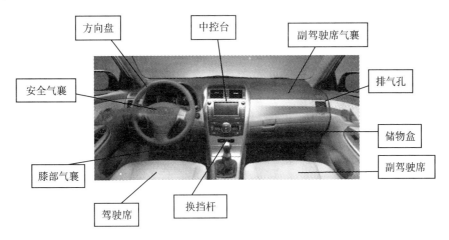

图 7 - 35　驾驶座绕车介绍示意图

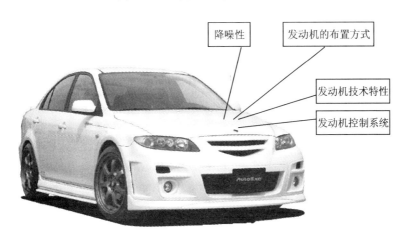

图 7 - 36　发动机室绕车介绍示意图

在进行六方位绕车时应注意的事项：

① 销售人员要保持微笑，主动、热情地为顾客提供服务。

② 在介绍过程中，销售人员要使用规范的站姿、走姿、蹲姿、坐姿。

③ 在介绍车辆的时候，不忘使用"您看""您请""请问您"等文明礼貌用语。

④ 在对顾客进行需求分析时，尽量全面深入了解顾客的需求。

⑤ 只有在顾客允许后，才能为顾客进行商品说明，不要强行对顾客介绍，顾客可能已经事先了解了车辆知识。

⑥ 为顾客做指引、介绍的时候，手臂伸出，五指并拢，手心向上。

⑦ 开关车门时，要注意举止文明，轻开轻闭。

⑧ 顾客进入展车内时，销售顾问应用手掌挡在车门框下（掌心向下，五指并拢）保护顾客。

⑨ 爱护展车，尤其要预防车漆被顾客不慎刮伤的现象出现。

⑩ 保持展车内外的清洁及车内饰物的整齐。如果顾客手持香烟、饮料、食品等容易破坏车内清洁的物品，销售人员应礼貌地制止其进入展车参观。

虽然前面已经对车辆的六方位绕车法做了介绍，但作为销售人员，也不能死记硬背这些教条,要活学活用,在了解客户需求的基础上,有目的、有针对性地为顾客做介绍,满足客户的需求,提高顾客满意度。

　　本章是汽车营销实务中较重要的一部分内容,介绍了与汽车营销实务相关内容。首先介绍了新车和二手车交易流程,详细讲解了新车销售中的顾问式销售程序、车辆购买程序、售前跟进程序以及客户接待、车辆介绍、车辆演示、交车等程序和二手车交易中的9个主要环节。最后,介绍了如何合理地进行营销风险控制,其中详细讲解了营销风险的含义、管理和如何规避。本章内容贴近汽车营销实务操作,具有很强的操作借鉴性。

习　题

一、简答题

1. 在售前跟进程序的实际操作中,要注意哪些细节?

2. 在车辆介绍环节中,如何结合消费者购车行为向用户介绍车辆?

3. 二手车交易的整个流程是怎样的?

4. 汽车销售流程由哪几个环节组成? 每个环节的关键点在哪?

5. 什么是六方位绕车介绍法? 各个方位分别应介绍车辆的哪些特征?

二、能力训练

　　假如你是一位新车展厅的销售主管,关于新车销售流程的关键点,你将如何培训你的员工? 写出你的培训方案,并做出相应的PPT课件。

模块 8　汽车销售客户服务

【知识目标】

① 汽车客户需求层次；
② 客户异议产生的原因；
③ 处理客户异议的原则；
④ 处理客户异议的方法和技巧；
⑤ 顾客让渡价值；
⑥ 顾客满意、顾客满意度、顾客满意战略。

【能力目标】

① 能够分析汽车客户的真正需求；
② 能够分析客户产生异议的真正原因；
③ 能够处理客户异议；
④ 能够制定提高客户满意度的措施。

8.1　客户服务概述

8.1.1　客户服务的含义

【案例 8 - 1】

美国陆军第八师在修建水利工程时，客户服务人员给工地附近居民打电话，这段电话的录音是这样的：你好！夫人，请原谅打扰您，我们在炸掉这座水坝让河改道的过程中，不可避免地会产生一点尘土和噪音，敬请谅解。我们准备在我们施工区的外围栽种一些花草树木，您不反对吧？很高兴为您服务，如果您能顺便填写这份市民满意度调查，我们会非常感激。我们非常希望成为您在做决定时的帮手，祝您快乐。

这段录音是美国工兵第八师在修建水坝之前，给施工区辐射周边居民每家打的一个电话。从这个电话你会发现一个有趣的现象，难道说工兵搞建筑也需要做客户服务？他们专门有一个客户服务部门，而且是经过专业培训的客户服务部门，专门负责打电话。

以前在国内经常见到这种现象：早晨起来出门，发现在修路，挺好的路刨了一条沟，有些指示牌写着"前方施工请绕行"。现在好像比原来好了一些，字也比原来多了一点："前方施工请您绕行，由于施工给您带来不便，请您谅解"。

多了的这句话就是客户服务的语言，有了一点点客户服务意识。我们经常在新闻里听到某某施工工地彻夜施工扰民，人们睡不着觉，到处投诉。采访施工单位，施工单位觉得他们所做的一切是理所应当的，周边的居民应理解他们才对，而不是他们去理解居民。这就是中国的客户服务和世界先进客户服务水平的巨大差异。

那么客户服务究竟是什么呢？客户服务是一种无形的产品，而不是普通意义上的产品。服务产品是无形的，服务是虚的，看不见摸不着。而普通意义上的产品是有形的，看得见摸得着。在卖服务产品的时候，只能通过语言描绘，告诉你购买这个服务产品以后，你能得到什么样的服务，但是没有办法让你看得见摸得着。所以现在，就是在研究如何把无形产品变为有形产品。怎样才能变成有形产品呢？就是把一种无形的东西通过客户服务人员、通过服务的环境、通过各种方便服务的方式，来把它变成有形的产品。

卖服务卡的，像月卡、季卡、年度卡、贵宾卡等，这是一种服务，而这种服务原本是无形的。你有了这张卡之后，消费可以打八折，这是一种承诺。但是有的企业会把这种承诺制成一张很精美的卡片送给你，这张卡本身没有意义，那为什么要花钱做张卡？只要答应你，做个登记，以后你来的时候八折优惠不就可以了吗？这张卡就是把无形的服务变成有形服务的一种载体，让你感觉到这个东西是有形的。

【拓展】

下面一些例子，哪些是客户服务？哪些不是？

① 在零售商店里边很快就得到店员的热情问候。

② 复印机坏了，修理人员能在打电话后的一个小时就赶来修理。

③ 买了一件衣服，回来以后又不喜欢了，当你去换的时候，店员没有"白眼"。

④ 呼机没有收到信号，打电话投诉时，得到真诚的道歉和及时的解决。

⑤ 在超市里，为寻找一件小商品而发愁的时候，有人能够及时地为你指引。

⑥ 乘火车出行的时候，列车员主动帮你提很重的行李上车。

⑦ 在银行填错取款单时，营业员能主动帮你更正。

因此，客户服务就是为了能够使企业与客户之间形成一种难忘的互动（愉悦、亲密、自己经历的互动）企业所能做的一切工作。每一位客户从进入你这家公司，就开始享受你的服务，到最终他能带来新的客户，在整个过程中，全公司所能做的一切工作都叫作客户服务工作。

8.1.2 客户服务对企业的重要性

在这个充满竞争的经济社会，每个行业都有对客户服务工作不同的诠释和要求。在同一行业，产品同质化程度越来越高，市场竞争已从产品竞争、价格竞争转向服务竞争、人才竞争，并且日趋激烈。在这种形势下，企业提高自身的服务质量，增强企业的竞争优势，创造企业的服务品牌已是当务之急，刻不容缓。也正因如此，客户服务工作对于从业人员的专业知识、心理素质、综合素质的要求也越来越高。

从某种程度上，客户服务可以看成是一个企业的成本中心，是一个持续过程较长的工作，短时间内产生的利益回报较低，维持良好的客户服务需要投入较大的成本，提供优质的客户服务更需要企业持续投入大量精力和财力。客户是公司的资源，是根基，是命脉，是口碑，是核心竞争力。通过提供优质的服务，可以赢得客户的信赖和支持，确保留住每一个现有的客户，并使其协助不断开拓潜在客户，为企业带来源源不断的效益，这也正是客户服务的魅力所在，客户服务的特点表现在以下几个方面。

① 好的服务会带来更多的生意。服务的品质往往是使同类型产品在市场竞争中脱颖而出的唯一因素。

② 服务与价格并列为第二要素。消费者在选择产品时，经常会把服务的品质列为优先考虑，而产品本身的品质则为第二考虑要素，拙劣的产品固然是使消费者止步的罪魁祸首，而失败的服务则是第二号凶手。这不仅影响客户对企业的形象，还影响他们对产品的价值观。

③ 好的服务是一种附加价值，有助于提高产品的价值。消费者在购买时，不可避免地会考虑以及对比类似产品的额外价值。

④ 服务必须即时提供。服务是一种即时的行动，在客户产生需求或不满时，即时有效的服务是打动客户的最佳方式。无论为客户提供什么服务内容，都要又快又准。

遗憾的是，现在很多企业的各个部门在处理事情时都是从自己的部门利益出发的，一个企业内部的部门之间好像是"独立"的。但是一个好的公司，每个部门的目标是一致的——就是让整个企业的效益最大化，各部门紧密地团结在一起，协调处理各种事务。如果面对客户的抱怨，这个部门认为这是其他部门的事，其他部门又会认为这不是他们部门的事，这样推来推去的，费了很多劲，到最后问题没能解决，却使顾客满腹牢骚。对客户的损失是带来很多麻烦，对公司的损失是不但少了一个甚至几十个客户，而且使企业的形象大打折扣，当客户对企业不再信任时，这只是一个恶性循环的开始。

一个企业，仅仅完成任务是不够的，要建立整套系统和设施为客户提供各种需求。一个完善的客户资源管理系统可以扫清企业和客户之间的各种障碍，使得双方保持良好的关系，维护客户对企业的信任，建立客户对企业长期的忠诚度，良好口碑的建立及口头传播，保持优良的市场核心竞争力，这样的企业是强大的、长期的、安全的。

8.1.3　客户资源管理系统

客户资源管理系统是一种使用专用工具、工艺和技术来帮助管理部门实现业务功能运作和提高的管理原则，旨在优化客户关系产生的总价值。它是以客户为中心，将企业中一切与客户相关的人、财、物等资源及其进销存等环节进行统一调配、管理，实现客户价值最大化，增加企业效益，降低企业成本。客户资源作为现代企业的重要资源之一，一般包括：企业与客户的关系、企业与客户的经营发展战略、核心竞争力、供应链管理、市场分析、经济状况、营销策略、生产规模、产品质量研发能力、服务水平、技术支持能力、客户满意度和发展瓶颈。而且保留客户关系管理系统的强大的数据分析和挖掘能力，能够为企业决策和生产导向提供强有力的支持。

客户资源管理系统包括：客户信息、交往反馈、合同信息、竞争对手、业界动态和系统工具六大部分。前五部分都需要系统的信息管理员运用系统工具进行日常管理，如输入信息、修改信息等。信息管理员的业务流程是这样的：首先，业务员将客户情况清单报给信息管理员，登入客户信息；其次，市场调研人员将客户的交往反馈情况报给信息管理员，登入交往反馈；再次，业务员将与客户签订的合同报给信息管理员，其中部分需审批的再由信息管理员提交给业务主管，审批后登入合同信息；最后，市场调研人员将竞争对手的情况报给信息管理员，登入竞争对手，同时市场调研人员将本行业内部的新动态报给信息管理员，登入业界动态。

8.1.4　客户关系管理(CRM)理念

CRM 是 Customer Relationship Management 的简写,即客户关系管理。所谓客户关系管理,是指企业通过与客户之间富有意义的交流沟通,理解并影响客户的各种行为,最终获得更多的客户资源,保留住更好的客户群体,创造更大的客户价值,实现并保持客户永久的忠诚,从而使企业获得持续的竞争优势,并给企业带来更丰厚的利润回报。

8.2　客户满意度分析与提升

【案例 8 - 2】

某客户来 4S 店维修刹车,接待员小王很客气地接待了他,并及时安排了维修,作业后试车正常,也在预定时间交了车。可是,客户接车半小时后又怒气冲冲地回来了,原来,他接车离开维修站回单位时遇到交警检查,他的车转向灯不亮,被罚款 50 元,客户埋怨小王没帮他检查车辆,维修站出来不应该出现这样的事情,小王说:客户事先没有说灯不好啊! 于是,小王与客户发生了争执,并围观了一大群客户看热闹。

【案例 8 - 3】

接受"客户满意度"培训后,接待员小王的服务意识得到了很大提高,有位客户来店维修刹车,小王很礼貌热情地接待了他,并及时安排了维修。作业后试车正常,但是发现该车的前转向灯不亮,小王立刻电话联系客户,可是对方一直关机,小王本着认真负责的态度,先把转向灯给换了,以节省时间。预定交车时间到的时候,客户准时前来接车,在结账时,发现前转向灯是预算外的项目,任小王怎样解释,客户都不接受,拒绝付转向灯的维修费用。于是,纠纷开始了。

从上面两个案例可知道,在客户服务的时候除了具有社交礼仪、专业知识外,还必须要抓住客户需求。那么什么是客户需求? 营销人员如何了解客户需求呢?

8.2.1　汽车客户需求分析

1. 客户需求的概念

需求是个体由于某种生理或心理因素而产生内心紧张,从而形成与周围环境之间的某种不平衡状态。需求不断地得到满足,又不断地产生新的需求,从而使人类活动不断地向更高层次发展。汽车客户的需求是客户购买行为产生的源泉。

2. 汽车客户需求层次

需求是消费者有能力购买并且愿意购买的某个目标产品的欲望。当人们具有购买能力时,欲望就转化为需求。

汽车客户的需求层次及其特征如下:

① 代步的需求。这是汽车消费者最基本的需求层次,即通过购车满足自己日常出行的需要。

② 安全的需求。其主要包括汽车的制动性、操纵稳定性、安全防盗性等。随着汽车技术的发展、车速的提高,人们对汽车安全性的重视程度与日俱增,从信息安全、主动安全,到被动安全,都成为客户挑选汽车的主要诉求点。

③ 燃油经济性需求。汽车的燃油经济性以汽车百千米燃油消耗量来衡量,它是汽车的一个重要性能,也是每个拥有汽车的人最关心的指标之一,关系到每个人的切身利益。

④ 动力性需求。其主要包括最高车速、加速能力、爬坡能力等。

⑤ 舒适性的需求。其主要包括汽车的内饰用料是否讲究、座椅是否符合人体工程学原理、车厢是否宽大、结构是否紧凑、电子系统是否先进等。

⑥ 环保的需求。如客户汽车的排放标准、噪声标准需求,这些体现了客户对社会环境的关注。

⑦ 汽车文化需求。高质量的服务能给人们带来愉快的精神享受,因此,汽车也是一种精神文化的载体,而汽车维护、休闲娱乐、汽车文化交流服务等汽车精神层面的需求就成为影响客户购买行为的重要因素。

⑧ 个性享受的需求。这是汽车消费的最高层次,这类车主购车是为了张扬自己的个性,体现自己的身份地位,追求生活的享受。

8.2.2　了解客户需求的途径

客户的需求是千差万别的,不了解客户的需求,就无法提供有效的服务,更不可能赢得客户忠诚。表 8-1 所示为广本经销商对顾客满意度调查的设计问卷。

表 8-1　广本 4S 店销售满意度调查问卷

项　　目	调查内容	是/否	评　价		
			不满意	一般	满意
销售开始	当您进入特约店后有没有得到工作人员充分的关注和指引呢?				
	您觉得工作人员在进店接待方面的表现,评价如何呢?		非常满意	比较满意	一般
	您觉得工作人员在进店接待方面有什么地方需要改进呢?		不太满意	很不满意	不记得/不涉及
	销售顾问有对比竞品与本品的具体优劣势吗?				
	您对销售顾问的对比竞品优劣势,评价如何?		非常满意	比较满意	一般
	您觉得销售顾问在竞品对比方面有哪些地方需要改进呢?		不太满意	很不满意	不记得/不涉及

项 目	调查内容	是/否	评 价		
			不满意	一般	满意
销售顾问	销售顾问是否能及时响应您的需求和疑问呢？				
	您对销售顾问的响应速度,评价如何呢？		非常满意	比较满意	一般
	那您觉得销售顾问在响应速度方面有什么地方需要改进呢？		不太满意	很不满意	不记得/不涉及
	请问销售顾问是否有通过实车试驾,为您介绍汽车的真实性能呢？				
	您对销售顾问提供的实车试驾,评价如何呢？		非常满意	比较满意	一般
	那您觉得销售顾问在实车试驾方面有什么地方需要改进呢？		不太满意	很不满意	不记得/不涉及
	销售顾问有没根据您的购车需求,为您提供合理的购车建议？				
	您对销售顾问提供的购车建议,评价如何？		非常满意	比较满意	一般
			不太满意	很不满意	不记得/不涉及
交易条件	请问您和销售顾问达成最终价格协议的过程是否简单快捷呢？				
	您对达成最终价格协议的过程,评价如何呢？		非常满意	比较满意	一般
	您觉得销售顾问在达成最终价格协议方面有什么地方需要改进呢？		不太满意	很不满意	不记得/不涉及
交车过程	请问特约店最终交付给您的新车是否干净,无凹陷和划痕呢？				
	您对新车的干净程度和车况,评价如何呢？		非常满意	比较满意	一般
	您觉得特约店在新车的车况方面有什么地方需要改进呢？		不太满意	很不满意	不记得/不涉及
	交车过程中,销售顾问对于新车配置的解释,是否详细清楚？				
	您对销售顾问的新车配置解释,评价如何？		非常满意	比较满意	一般
	那么您觉得销售顾问在新车配置解释方面有哪些地方需要改进呢？		不太满意	很不满意	不记得/不涉及
	工作人员有主动向您介绍节油技巧吗？				

项 目	调查内容	是/否	评 价		
			不满意	一般	满意
销售顾问	交车时,销售顾问有兑现购车时许下的承诺?				
	您对销售顾问在诚信方面的表现,评价如何呢?		非常满意	比较满意	一般
	您觉得销售顾问在诚信方面有什么地方需要改进呢?		不太满意	很不满意	不记得/不涉及
交车过程	交车后,特约店有邀请您参加车主活动吗?				
	交车后,销售顾问有主动回访并询问您新车的使用情况?				
	销售顾问有给您发送过关怀短信吗?(提示语:天气变化、交通路况、生日假日问候等)				
来店途径	请问您在本次购车过程中,您获得的车型信息及活动信息是通过何种方式获得的?(请您在您来店途径选项前面的□打钩)	□报纸(晚报、新报) □网络(专业网站、公司网站) □短信/彩信 □朋友介绍 □电台 □杂志 □户外广告 □其他( )			
售后回访	您提车后,我店 1 周内将有人与您联系,向您询问车辆的使用情况,衷心希望您用车愉快!				

在实践中,通常可以通过以下方法来了解客户的需求:

1. 利用提问来了解客户的需求

要了解客户的需求,提问题是最直接、最简便有效的方式。通过提问可以准确而有效地了解到客户的真正需求,为客户提供他们所需要的服务,在实际运用中有以下几种提问方式可以供我们灵活选择:

① 提问式问题。单刀直入、观点明确的提问能使客户详述你所不知道的情况。例如"小姐,您打开电脑时,发生了什么情况?"这常常是为客户服务时最先问的问题,提这个问题可以获得更多的细节。

② 封闭式问题。封闭式的问题即让客户回答"是"或"否",目的是确认某种事实、客户的观点、希望或反映的情况。封闭式问题可以更快地发现问题,找出问题的症结所在。例如"小姐,当电脑出现问题时,您是让它开着还是关着?"这个问题是让客户回答是"开"还是"关"。如果没有得到回答,还应该继续问一些其他的问题,从而确认问题的所在。

③ 了解对方身份的问题。在与客户刚开始谈话时,可以问一些了解客户身份的问题,例如对方姓名、账号、电话号码等,目的是获得解决问题所需要的信息。

④ 描述性问题。让客户描述情况,谈谈他的观点,这有利于了解客户的兴趣和问题所在。

⑤ 澄清性问题。在适当的时候询问、澄清客户所说的问题,也可以了解到客户的需求。

⑥ 有针对性的问题。例如要问客户对所提供的服务是否满意,这有助于提醒客户再次

惠顾。

⑦ 询问其他要求的问题。与客户交流的最后,还可以问他还需要哪些服务。例如"先生,还有没有其他我们能为您做的?"通过主动询问客户的其他要求,客户会更容易记住你和你的公司。

2.通过倾听客户谈话来了解客户的需求

在与客户进行沟通时,必须集中精力,认真倾听客户的回答,站在对方的角度去理解对方所说的内容,了解对方在想些什么,对方的需要是什么,要尽可能多地了解对方的情况,以便为客户提供满意的服务。

3.通过观察来了解客户的需求

要想说服客户,就必须了解客户当前的需要,然后着重从这一层次的需要出发,动之以情、晓之以理。在与客户沟通的过程中,你可以通过观察客户的非语言行为进一步了解他的需要、欲望、观点和想法。总而言之,通过适当询问,认真倾听,以及观察他们的非语言行为,可以了解客户的需求和想法,更好地为他们服务。

8.2.3　顾客满意战略

在汽车销售过程中,要强化服务理念,其目的就是要以顾客需求为中心,提升客户对企业或品牌的满意度和忠诚度,提升企业形象和品牌形象,与消费者建立知识联盟,提高企业的核心竞争优势,增加企业和客户的价值,使企业和客户得到双赢的结果。

进入 20 世纪 90 年代,日本、美国等发达国家开始在企业营销中引入 CS。所谓 CS 是英语 Customer Satisfaction 的缩写,意为顾客(客户)满意。它本是商业经营中一个普遍使用的概念,没有特别的含义。1986 年,一位美国心理学家借用 CS 这个词来界定消费者在商品消费过程中需求满足的状态,使 CS 由一个一般概念演变为一个科学概念。

企业界在心理学家定义的基础上,对 CS 的内涵进行了扩展,把它从一种界定指标发展成一套营销战略,直接指导企业的营销甚至经营活动,并被称为"CS 战略"。

$$CS = \frac{客户评价}{客户期望值} \quad \begin{array}{l} >1\ 非常满意 \\ <1\ 失望 \end{array}$$

美国市场营销大师菲力普·科特勒在《市场营销管理》一书中明确指出:"企业的整个经营活动要以顾客满意度为指针,要从顾客角度,用顾客的观点而非企业自身利益的观点来分析考虑消费者的需求。"科特勒的观点,成为现代市场营销观念的经典名言。从某种意义上说,只有使顾客感到满意的企业才能在激烈的市场竞争中生存并发展下去。满意的顾客产生的结果如图 8-1 所示。

无论从理论上还是从实践上看,顾客满意营销战略确实开辟了企业经营战略的新视野、新观点和新方法。对于我国汽车企业而言,充分认识、研究和培育汽车营销的顾客满意理念,将推动汽车市场的消费,使汽车消费市场趋于完善。

美国哈佛商业杂志发表的一项研究报告指出:"再次光临的顾客比初次登门的人,可为公司带来 25%~85%的利润,而吸引他们再来的因素中,首先是服务质量的好坏,其次是产品本

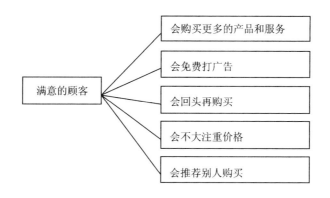

图 8-1　满意的顾客产生的后果

身,最后才是价格。"据美国汽车业的调查,一个满意的顾客会引发 8 笔潜在生意,其中,至少有 1 笔成交;一个不满意的顾客会影响 25 个人的购买意愿。争取一位新顾客所花的成本是保住一位老顾客所花成本的 6 倍。

顾客满意营销战略的产生,是由于市场竞争的日益加剧。早期的企业竞争主要取决于产品的价格、质量等因素。随着汽车技术的不断进步和技术市场的发展,汽车行业的生产工艺水平日趋接近,分工合作的程度越来越高,各竞争企业之间的技术差距缩小,汽车产品的同质化程度相对越来越高。企业竞争环境发生了变化,买方市场的特征逐渐明显,消费者的经验和消费心理素质也日趋成熟,消费者对产品和服务的需求已从"价廉物美"转向"满足需求",于是,综合服务质量成了企业竞争的关键,靠优质服务使顾客感到满意已成为众多优秀企业的共识,以服务营销为手段提高顾客满意度是企业在竞争激烈的市场中的理性选择。

8.2.4　顾客让渡价值与提升顾客满意水平

1. 什么是顾客让渡价值

顾客让渡价值是顾客总价值与顾客总成本的差额。顾客总价值包括产品价值、服务价值、人员价值和形象价值;顾客总成本包括货币成本、时间成本、体力成本和精神成本,如图 8-2 所示。

2. 顾客让渡价值的分析

① 顾客让渡价值的大小受顾客总价值与顾客总成本两方面因素的影响。顾客总价值是产品价值、服务价值、人员价值和形象价值等因素的函数,其中任何一项价值因素的变化都会影响顾客总价值。顾客总成本是货币成本、时间成本、体力成本、精神成本等因素的函数,其中任何一项成本因素的变化均会影响顾客总成本。顾客总价值与顾客总成本的变化及其影响作用不是各自独立的,而是相互影响的。因此,汽车企业在制定汽车市场营销决策时,应综合考虑构成顾客总价值与顾客总成本的各项因素之间的相互关系,从而用较低的成本为顾客提供具有更多顾客让渡价值的汽车产品。

② 不同的消费者群体对汽车产品价值的期望与对各项成本的重视程度是不同的。例如,

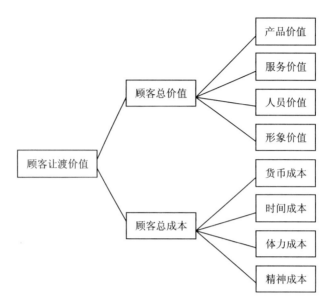

图 8 - 2   顾客让渡价值

对于"时间就是金钱"的工作繁忙的消费者群体而言,时间成本是最重要的因素;对于收入相对较低的汽车消费者来说,货币成本是购买汽车时首先考虑的因素。因此,企业应根据不同顾客群的需求特点,有针对性地设计提高顾客总价值、降低顾客总成本的方法,以提高顾客的满意水平。

　　③ 采取"顾客让渡价值最大化"的营销策略应掌握一个合理的"度"。企业通常采取"顾客让渡价值最大化"策略来争取更多的顾客,战胜竞争对手,巩固或提高企业产品的市场占有率。但她必须认识到,片面追求"顾客让渡价值最大化",其结果往往会导致企业的成本增加、利润减少。因此,在营销实践中,企业应掌握一个合理的度,兼顾企业的经济效益和顾客让渡价值的合理平衡。

3. 顾客满意

　　科特勒认为,"满意是一种感觉状态的水平,它来源于对一件产品所设想的绩效或产出与人们的期望所进行的比较"。顾客对产品或服务的期望来源于以往的经验、他人经验的影响以及营销人员或竞争者的信息承诺。而绩效来源于顾客总价值与顾客总成本之间的差异。

　　顾客的购买行为往往是顾客形成了一个价值判断,并根据这一判断而采取的购买决定。购买者在购买之后是否满意取决于与购买者的期望值相关联的产品的绩效。顾客满意是指一个人通过对一个产品的可感知的效果(或结果)与他的期望值相比较后所形成的感觉状态。用一个简单的公式可以表示如下:

顾客满意＝顾客感知效果/顾客期望值

　　满意水平是顾客感知效果和顾客期望值之间的差异函数。能否实现顾客满意取决于三个重要因素:顾客对产品的先期期望、产品的实际表现、产品表现与顾客期望的比较。如果产品实际表现效果低于顾客期望,顾客就会感到不满意。如果顾客感知效果与顾客期望相匹配,顾客就会感到满意。如果顾客感知效果超过顾客期望,顾客就会高度满意甚至惊喜,顾客感到满意、高度满意,都会促使顾客提高购买欲望,完成购买行为。

在一个消费包装品目录里,发现44%自称"满意"的顾客后来改变了品牌选择,而只有那些真正十分满意的顾客(即"忠诚的顾客")才没有或没打算更换原品牌,这就为汽车企业提出了具体的要求,那就是要让顾客达到高度的满意。一项调查显示,丰田公司顾客中有75%是高度满意的,约75%的顾客说他们打算再购买丰田产品。事实是,高度满意和愉快引发了顾客对品牌在情绪上的共鸣,而不仅是一种消费偏好,这种共鸣树立了顾客的高度忠诚。对于以顾客为导向的公司来说,顾客满意既是目标,也是工具。所以,汽车企业的经营战略必须以全面顾客满意为中心,企业经营成败的关键是能否赢得市场和顾客。企业能做到让顾客全面满意,赢得顾客,就能争取到汽车市场的份额,在激烈的竞争中立于不败之地,获得应有的经济效益。

顾客满意策略考虑问题的起点是顾客,它要求企业建立为顾客服务、使顾客感到满意的系统。为了实现客户满意,汽车企业应主要从以下几个方面入手。

① 开发令客户满意的汽车产品。从客户需求出发,研究目标顾客的消费习惯、消费能力和消费水平,了解客户的现实需求和潜在需求,以此确定产品的开发方向。

② 提供令消费者满意的售前、售中、售后服务。企业要不断提高服务水平,最大限度地使客户感到安心。只有真诚服务,才能换来客户的满意,而满意是客户再次消费的主要因素。

③ 增加实用实惠的售后服务项目。除了为客户提供技术性能好、性价比高的汽车产品外,充分方便客户,增加电话预约订购、咨询导购、技术指导、上门服务等内容,为客户提供全方位的便利服务。

④ 进行顾客满意观念教育。即对企业全体员工进行顾客满意观念教育,使"顾客第一"的观念深入人心,使全体员工能真正了解和认识到顾客满意行动的重要性,并形成与此相适应的企业文化,形成对顾客充满爱心的观念和价值观。

4. 顾客满意度

顾客满意度就是量化了的顾客满意。顾客满意度是指人们对所购买的产品或服务的满意程度,以及由此产生的决定他们今后是否继续购买的可能性。顾客满意度的高低取决于购前期望与购后实际体验之间的关系,用公式可以表示如下:

$$顾客满意度＝顾客总价值/顾客总成本$$

企业要实现较高的顾客满意度,必须从以下方面来真正理解顾客需求:表达出来的需求、真正的需求、未表达出来的需求、核心需求满足后的附加需求、秘密需求。

顾客满意度与企业的服务水平不是一个简单的线性关系,并不是服务水平越高,顾客满意度也就越高,而是当顾客满意度到达一定值后,反而随服务水平的提高而迅速下降,其变化情况可以用图8-3来表示。

顾客满意程度可能有三种情况:

① 如果企业的产品或服务给客户带来的可感知实际效果低于客户对它们的期望,那么客户就会失望即不满意。

② 如果企业的产品或服务给客户带来的可感知实际效果恰好与客户的期望完全相符,那么客户就会基本满意。

③ 如果企业的产品或服务给客户带来的可感知实际效果好于客户对它们的期望,客户就

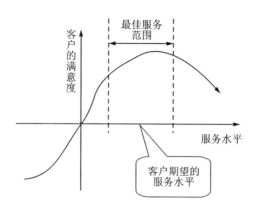

图 8 - 3 服务水平与客户满意度的关系

会感到非常满意。

现实生活中确实是这样的,服务过头、热情过头,反而会使客户感到别扭,感到不自在、不舒服。凡事都有个度,过头了就会出现过犹不及或者物极必反的情况,汽车厂商提供各种服务也是这样。

客户满意度较高,就能促进客户对企业或对品牌忠诚度的提高。客户对汽车产品除关注汽车产品的价格、性能外,还特别注重与汽车产品的相关服务。在汽车产品的售前、售中和售后服务中,若都能使客户满意,那么企业形象或产品品牌形象就能赢得该客户的信任。对企业来说,使顾客获得满意的服务比顾客获得满意的产品更能驱动顾客重复购买该企业的产品。

此外,通过服务还可实现汽车销售商与顾客之间的信息交流。汽车销售商可将汽车的基本情况、汽车产品的基本知识、汽车品牌信息、产品的服务信息及时准确地传递给顾客。而顾客的消费需求信息、背景信息、消费行为、消费观念及其变化趋势,可反馈给汽车销售商。

在汽车工业中,由于汽车产品市场竞争加剧,使制造商之间在有形产品竞争中拉开差距的难度越来越大,保持一定数量的产品差异化很困难。为此,在汽车行业中注重品牌意识越来越强。所有竞争者都集中精力创造品牌形象,许多制造商都积极地购买、恢复或发掘品牌,以通过品牌形象提升企业的价值。

5. 顾客忠诚

所谓顾客忠诚,是指顾客在满意的基础上,进一步对某品牌或企业的产品做出长期购买的行为,是顾客的消费意识和购买行为的结合。顾客忠诚的特征主要表现在以下四方面:

① 再次或大量地购买企业该品牌的产品或服务;

② 主动地向亲朋好友和周围的人群推荐该品牌的产品或服务;

③ 几乎没有选择其他品牌产品或服务的念头,能抵制其他品牌的促销诱惑;

④ 发现该品牌产品或服务的某些缺陷,能以谅解的心情主动向企业反馈信息、求得解决,而且不影响再次购买。

"老顾客是最好的顾客"。高度忠诚的顾客是企业最宝贵的财富,因此,建立顾客忠诚非常重要。强调忠诚顾客对企业贡献的有二八定律:企业 80% 的利润来自 20% 的顾客(忠诚的消费者)。

6. 顾客满意与顾客忠诚的关系

满意与忠诚是两个完全不同的概念,满意度不断增加并不代表顾客对企业的忠诚度也在增加。满意本身具有多个层次,声称满意的人们,其满意的水平和原因可能是大相径庭的,有些顾客会对产品产生高度的满意,如惊喜的感受,并再次购买,从而表现出忠诚行为;而大部分顾客所经历的满意程度,则不足以产生这种效果。因此,顾客满意先于顾客忠诚,并且有可能直接引起顾客忠诚,但是,并不必然如此。市场调查数据显示,65%～85%表示满意的顾客会毫不犹豫地选择竞争对手的产品,所以,顾客满意的最高目标是提升顾客的忠诚度,而不是满意度。

8.2.5　客户满意的意义

客户满意是企业实现利润、增加效益的基础,客户满意与企业盈利之间具有明显的相关性。客户只有对自己以往的购买经历感到满意,才可能继续重复购买本企业的产品或服务,从而不断给企业带来利润。与此同时,客户满意可以节省成本,因为客户满意会降低宣传、销售等方面的费用,而且满意客户的口碑效应会降低企业开发新客户的成本。

客户满意是企业战胜竞争对手的最好手段。客户及其需要是企业建立和发展的基础,如何更好地满足客户的需求,是企业成功的关键。从今天的市场来看,客户对产品和服务的要求越来越高,所以只有以优异的产品和服务赢得客户的高度满意的企业,才有可能在市场竞争中获得长期的、起决定作用的优势。例如,施乐的"全面满意",它保证在客户购买 3 年内,如有任何不满意,企业将为其更换相同或类似产品,一切费用由企业承担;施乐公司的广告宣称:"在你也满意之前,我们将永远不会达到 100% 的满意。"本田公司的广告则称:"我们客户之所以这样满意的理由之一是我们不满意。"

1. 提升顾客满意的理念

现在,企业领导者已经认识到顾客满意的重要性,并着手实施本企业顾客满意度的调研,以探究企业目前的顾客满意状况,希望找出企业目前在顾客满意方面存在的问题,以提升本企业的顾客满意水平。

在具体实施提高顾客满意水平的各种措施之前,企业的领导者与全体员工应首先确立以下理念:

① 拥有什么样的顾客取决于企业自身;
② 企业的产品与服务要永远超前于顾客预期;
③ 鼓励顾客抱怨,并为顾客提供反馈信息的机会。

2. 提高顾客让渡价值

消费者在购买产品或服务之后是否满意,取决于与购买者的期望值相关联的产品的功效,可见,要提高顾客的满意程度,应从提高产品与服务的可感知效果入手。顾客让渡价值在某种意义上等价于顾客感知效果。因为顾客在选购商品或服务时,往往从价值与成本两个方面进行考虑,从中选出价值最高、成本最低的产品或服务,即顾客让渡价值最大化的产品或服务,作为消费者优先选购的对象。因此,提高顾客让渡价值是提高顾客满意水平的主要手段。

提高顾客让渡价值有两个可供选择的途径:提高顾客总价值,或降低顾客总成本。由于顾客总成本具有一定的刚性,它不可能无限制地降低,因而作用程度有限,而更积极的方法是提高顾客总价值,具体的做法有:

① 提高产品价值;

② 提高服务价值;

③ 提高人员价值;

④ 提高形象价值;

⑤ 降低货币成本;

⑥ 降低时间成本;

⑦ 降低精神成本;

⑧ 降低体力成本。

企业领导者与全体员工都应充分认识到顾客满意的重要性,并积极参与到提升顾客满意水平的各项举措中去。企业为使顾客满意所做的各种努力,虽然会花费一定的成本,但只要控制得当,这种付出必将获得充分的回报——不仅可以增加企业的利润,提高短期效益,还能为企业获得长远利益奠定良好的基础。

8.3　客户异议处理

8.3.1　客户异议的概念及产生原因

1. 客户异议的概念

所谓客户异议,是客户对销售人员或其推销活动所做出的一种在形式上表现为怀疑或否定或反对意见的一种反应。简单地说,被客户用来作为拒绝购买理由的意见、问题、看法就是客户异议。

在汽车销售过程中,销售人员经常会遇到客户提出的各种异议。遇到最多的异议就是价格问题,如客户总是认为公司的价格还不够低,想让公司让价。另外,还经常遇到一些客户这样说:"其他的店都送装具了,你们店为什么不送呢?"有些客户甚至还会怀疑公司的售后服务能力问题。在汽车销售的过程中,这些来自于客户的异议非常正常。

2. 客户异议产生的原因

客户异议产生的原因多种多样,可以简单地将其归结为三大类:

(1) 异议产生的原因在客户

凡是因为客户本身的原因而产生的异议都属于此类,主要有以下几种情况:

① 拒绝改变。大多数的人对于改变都会出自本能产生抵抗,营销人员的工作具有改变客户的含意。例如,客户要从目前使用的 A 品牌转成 B 品牌,用户要从目前收入中拿出一部分资金来购买未来的保障等,都是让客户改变目前的状况,这就需要营销人员使客户愿意接受

改变。

②客户情绪低落。当客户情绪正处于低潮时,就没有心情进行商谈,极易提出异议。此时,营销人员要特别注意观察客户的情绪变化。

③缺乏购买意愿。车辆或营销人员的言行没有能引起客户的注意及兴趣,这主要是指客户的购买意愿没有被激发出来。

④客户的期望没有得到满足。客户的内心需要没有得到充分满足,因而无法认同营销人员推荐的车型。

⑤预算不足。客户预算不足,但是又不愿说出来,这时就容易通过价格上的异议为借口掩盖内心的想法。

⑥借口、推托。客户不想花费时间会谈,或者只是想欣赏一下汽车,根本就没有购车的想法,或是根本没看中营销人员推荐的车型而又不想伤害营销人员的自尊心,异议就是最好的借口。

⑦客户抱有隐藏式的异议。客户抱有隐藏异议时,会"顾左右而言他"样地提出各式各样的异议。

(2) 异议产生的原因在营销人员

凡是因为营销人员而产生的异议都属于此类,主要有以下几种情况:

①营销人员无法赢得客户的好感。营销人员的举止、态度无法赢得客户的好感。

②做了夸大不实的陈述。营销人员为了提高销量,说服客户,往往以不实的说辞哄骗客户,结果招致更多的异议。

③使用过多的专业术语。营销人员在介绍汽车产品时,若使用过于高深的专业知识,会让客户觉得是故意卖弄而产生反感,或者因听不懂而提出异议。

④资料引用不正确。营销人员引用了不正确的调查资料,引起客户的异议。

⑤不当的沟通。营销人员说得太多或听得太少都很难把握客户问题的关键所在,从而让客户产生异议。

⑥展示失败。营销人员没有弄明白客户内心真正的注意点,只是凭自己的想象展示汽车,让客户产生异议。

⑦姿态过高,处处让客户词穷。营销人员处处说赢客户,让客户感觉不愉快,客户也会因此产生一些主观异议。如不喜欢这种颜色、不喜欢这个式样等。

做营销也要学会大浪淘沙,通过对客户进行需求分析,识别客户购买动机的真假。如果多方面的信息证明客户并不是真正想购车,营销人员就把对方当作一般客人对待好了,绝对不能因为客户不买车就冷眼相待。

营销人员只有在了解客户异议产生的真正原因时,才能更冷静地处理化解异议。

(3) 价格方面的原因

①价格过高。客户认为产品价格过于昂贵,不符合心理期望值或经济承受能力,这是因价格原因而产生异议的最普遍的情况。

②价格过低。在某些情况下,客户会因销售商品的价格过低,担心产品的质量以及档次而拒绝购买产品。

③讨价还价。客户只是想通过提出异议来获得更多的折扣或优惠。

3. 客户异议的分类

客户异议可以分为真实的异议、虚假的异议以及隐藏的异议三种，作为营销人员必须要能够辨别其真正的含义，并采取不同的方法去处理。

(1) 真实的异议

此时客户一般会表达目前不需要或对产品不满意或对产品抱有偏见，如从朋友处听说你们的汽车容易出故障。面对真实的异议，营销人员必须视状况采取立刻处理或延后处理的策略(见表8-2)。

表8-2　真实的客户异议的处理方式

立刻处理客户异议	延后处理客户异议
以下状况，最好立刻处理客户异议： • 当客户提出的异议是属于他关心的重要问题时 • 必须处理异议后才能继续进行销售说明时 • 当处理异议后，能立刻签订合同时	以下状况，最好延后处理客户异议： • 对权限外或确实不确定的事情，要承认无法立即回答，但是保证会第一时间找到答案并告诉顾客 • 当客户还没有完全了解产品的特性及利益前，提出价格问题时 • 当客户提出的异议在后面能够更清楚的证明时

(2) 虚假的异议

虚假的异议一般分为以下两种：

① 客户用借口、敷衍的方式应付销售人员，不诚意地和销售人员会谈，不想真心介入销售活动，内心不想购车。

② 客户提出很多异议，但这些异议并不是客户真正在意的地方，如"这辆车是去年流行的款式，已过时了""这车子的外观不够流线型"等，听起来好像是一项异议，但不是客户真正的异议。

(3) 隐藏的异议

隐藏的异议是指客户并不把真正的异议提出，而是提出各种其他真的异议或假的异议，目的是要借此假象达成隐藏异议解决的有利环境。例如客户希望降价，但却提出其他如品质、外观、颜色等方面的异议，以降低产品的价值，而达成降价的目的。

面对客户的异议，营销人员必须保持正确的态度，才能用正确的方法把事情做好。营销人员应秉持下列态度：

① 异议是客户宣泄内心想法的最好途径；

② 正确处理异议能缩短订单的距离，争论异议会扩大订单的距离；

③ 没有异议的客户才是最难处理的客户；

④ 异议表示营销人员给客户的利益仍然不能满足客户的需求；

⑤ 注意聆听客户说的话，区分真的异议、假的异议及隐藏的异议；

⑥ 不可用夸大或不实的话来处理异议，当营销人员不知道客户问题的答案时，应坦诚地告诉客户自己不知道。同时告诉客户，自己会尽快找出答案告诉用户，并确实做到；

⑦ 将异议视为客户希望获得更多的讯息的信号；

⑧ 异议表示客户仍有求于营销人员。

8.3.2　处理客户异议的原则

1. 事前做好准备

"不打无准备之仗",是营销人员战胜客户异议应遵循的一个基本原则。

营销人员在走出公司大门之前就要将客户可能会提出的各种拒绝理由列出来,然后考虑一个完善的解答之策。面对客户的拒绝,只要事前有准备,就能从容应付;若事前无准备,面对客户突然的异议,就会不知所措,不能给客户一个满意的答复并说服客户。加拿大的一些企业曾专门组织专家收集客户异议,并制订出标准的应答语,要求营销人员记住并熟练运用。我国现在也有好多企业将营销过程中经常碰到的问题组织成册,并提供标准的应对方法,发给营销人员,以使营销人员快速获得一些市场应对常识。

编制标准应答语的具体程序是:

① 把营销人员每天遇到的客户异议写下来;

② 进行分类统计,依照每一异议出现的次数多少排列出顺序,出现频率最高的异议排在前面;

③ 以集体讨论方式编制适当的应答语,并编写整理成册;

④ 营销人员熟记应答语;

⑤ 由经验丰富的营销人员扮演客户,大家轮流练习标准应答语;

⑥ 对练习过程中发现的不足,通过讨论进行修改和完善;

⑦ 对修改过的应答语进行再练习,并定稿;

⑧ 将定稿应答语印成小册子发给营销人员,以供随时翻阅,达到运用自如、脱口而出的程度。

2. 选择恰当的时机

美国通过对几千名销售人员的研究,发现好的销售人员遇到客户严重反对的次数只是差的销售人员的 1/10。经过调查发现,优秀的销售人员对客户提出的异议不仅能给予比较圆满的答复,而且能选择恰当的时机进行答复。懂得在何时回答客户异议的销售人员能取得更大的销售成绩,并获得客户的好评。

销售人员对客户异议答复的时机选择有以下 4 种情况:

① 在客户异议尚未提出时解答。防患于未然是消除客户异议的最好方法。销售人员觉察到客户将会提出某种异议,最好在客户提出之前就主动给予解释,化解客户异议,从而避免因纠正客户的看法或反驳客户的意见而引起客户的不快。销售人员应具备预先揣摩到客户异议并抢先处理的能力,因为客户异议的发生有一定的规律性。如销售人员谈论产品的优点时,客户很可能会从最差的方面去提出问题。有时虽然客户没有正式提出异议,但是他们的表情、动作以及谈话的用词和声调等可能有所流露,销售人员如果觉察到了客户的这种细微变化,就可以抢先解答。

② 异议提出后立即回答。绝大多数异议需要立即给予回答,这样既可以表示对客户的尊重,给予正面回答,又可以促使客户购买。

③ 客户提出异议后过一段时间再回答。有些异议需要销售人员暂时保持沉默：一是客户异议显得模棱两可、让人费解；二是客户异议明显站不住脚，不必回答；三是客户异议不是三言两语可以辩解得了的；四是客户异议超过了销售人员的职能权利和能力水平；五是客户异议涉及较深的专业知识，解释过程不易为客户马上理解，急于回答此类客户异议是不明智的。实践表明，与其仓促错答十题，不如从容地答对一题。

④ 不回答客户异议。许多客户异议本身根本不需要回答，如容易造成争论的话题、可一笑置之的戏言、异议具有不可辩驳的正确性、明知故问的发难等。销售人员不回答时可采取以下技巧：沉默；装作没听见，继续按自己的思路说下去；答非所问，悄悄转移对方的话题；插科打诨幽默一番，最后不了了之等。

3. 争辩是销售的第一大忌

不管客户如何批评营销人员，营销人员永远不要与客户争辩，因为争辩不是说服客户的好方法。正如一位哲人所说："您无法凭争辩去说服一个人喜欢啤酒。"与客户争辩，失败的永远是营销人员。有一句销售行话说得好："争论占的便宜越多，销售吃的亏越大"。

4. 营销人员要给客户留"面子"

营销人员要尊重客户的意见。客户的意见无论是对是错、是深刻还是幼稚，营销人员都不能表现出轻视的样子，如不耐烦、轻蔑、走神、东张西望、绷着脸、耷拉着头等。销售人员要双眼正视客户，面部略带微笑，表现出全神贯注的样子。并且，销售人员不能语气生硬地对客户说"您错了""连这您也不懂"之类的话语，也不能显得比客户知道得更多 ；"让我给您解释一下……""您没搞懂我说的意思，我是说……"这些说法明显地抬高了自己，贬低了客户，会挫伤客户的自尊心。

8.3.3　处理客户异议的方法和技巧

1. 忽视法

所谓"忽视法"，顾名思义，就是当客户提出一些反对意见，但并不是真的想要获得解决或讨论时，如果这些意见和眼前的目的扯不上直接关系时，只要面带笑容地同意他就好了。对于一些"为反对而反对"或"只是想表现自己的看法高人一等"的客户意见，如果认真地予以回应，不但费时，还有节外生枝的可能，因此，只要让客户满足了表达的欲望，就可采用忽视法，迅速地引开话题。

忽视法经常的做法是：

① 微笑点头，表示"同意"或表示"听了您的话"。

② "您真幽默。"

③ "嗯，真是高见！"

2. 补偿法

当客户提出的异议，有事实依据时，应该承认并欣然接受，强力否认事实是不明智的举动。

但记得要给客户一些补偿,让他获得心理的平衡,也就是让他产生两种感觉:

① 产品的价值与售价一致的感觉。

② 产品的优点对客户是重要的,产品没有的优点对客户而言是不太重要的。世界上没有十全十美的产品,当然产品的优点越多越好,但真正影响客户购买与否的关键点其实不多,补偿法能有效地弥补产品本身的弱点。补偿法的运用范围非常广泛,效果也很实用。

3. 太极法

太极法用在销售上的基本做法是当客户提出某些拒绝购买的异议时,销售人员能立刻回复说:"这正是我认为您要购买的理由……"如果销售人员能立即将客户的反对意见直接转换为客户必须购买的理由,则会收到事半功倍的效果。

太极法能处理的异议多半是客户通常并不十分坚持的异议,特别是客户的一些借口,太极法最大的目的是让销售人员能借处理异议而迅速地陈述产品能带给客户的利益,以引起客户的注意。

4. 询问法

询问法在处理异议中扮演两个角色:一方面通过询问,销售人员可以把握客户真正的异议点;另一方面可以化异议于无形中。

销售人员在没有确定客户反对意见前,往往可能会引出更多的异议。如果采用询问法可能效果就会好得多。这种方法就是,当客户提出某种异议时,销售人员并不针锋相对地反驳,而是采用委婉的询问或反问,指出采纳客户的异议,可能带来的不良后果,而后静观其变。

例如:

客户:这款车在 XXX 经销店比你们便宜 3 000 元。

销售人员:我们为您提供的是百分百全面服务,难道您希望我们的服务也打折吗?

销售人员通过询问或反问,提请客户注意,随意打折的汽车可能得不到良好的售后服务。

销售人员如果稍加留意,不急着去处理客户的反对意见,而能提出关心、关切的询问或委婉的反问,能够顺利化解客户的异议。

5. "是的……如果"法

人有一个通性,不管有理没理,当自己的意见被别人直接反驳时,内心总是不痛快的,甚至会被激怒,尤其是遭到一位素昧平生的销售人员的正面反驳。屡次正面反驳客户,会让客户恼羞成怒,就算你说得都对,没有恶意,也会引起客户的反感。因此,销售人员最好不要开门见山地直接提出反对意见。在表达不同意见时,尽量利用"是的……如果"的句法,软化不同意见的口语。用"是的"同意客户的部分意见,然后在"如果"的后面,表达另外一种情况可能会更好。

例如:

客户:这车太贵了,我现在还买不起。

销售人员:是的,我想大多数的人都和你一样,马上购买会有困难。如果根据您的收入状况,在您发年终奖金时多支一些,余款结合您每个月的收入,采用分期付款的方式,您支付起来就一点都不费力了。

如果把销售人员的回答变成如下:

销售人员:您的想法不正确,因为……

很显然,前一种回答从逻辑上来讲顾客更容易接受,而且不容易产生强烈的抗拒心理。

"是的……如果……"是源自于"是的……但是……"的句法,因为"但是"这个字眼在转折时过于强烈,很容易让客户感觉到你说的"是的"并没有太多诚意,你强调的是"但是"后面的诉求。因此,如果坚持使用"但是",要多加留意,以免失去处理客户异议的原意。

6. 直接反驳技巧

一般来说,直接反驳客户容易与客户争辩,往往事后懊恼,无法挽回。但在遇到如下情况时应该使用直接反驳法。

① 客户对企业的服务、诚信有所怀疑时。

② 客户引用的资料不正确。

当出现上面两种情况时,营销人员必须直接反驳。因为客户如对你企业的服务、诚信有所怀疑,你拿到订单的机会可以说几乎是零。如果客户引用的资料不正确,你要以正确的资料佐证你的说法,客户则容易接受,并对你信任。

例如:

客户:你们企业的服务态度不好,电话联系时,语气总是很生硬!

销售人员:如果有这种情况,我们一定从严查处。我们企业对员工的要求是"顾客至上,服务第一",我相信这肯定是个别现象。

使用直接反驳技巧时,在遣词用语方面要特别的留意,态度要诚恳,对事不对人,切勿伤害了客户的自尊心,一定要让客户感受到你的专业与敬业。

技巧能帮助销售人员提高效率,但对异议必须抱有正确的态度,这样才能在面对客户异议时冷静、沉稳。冷静沉稳才能辨别异议的真伪,才能从异议中发现客户的需求,才能把异议转换成每个销售机会。因此,销售人员在训练自己处理异议时,不但要寻找技巧,同时也要培养面对客户异议的正确态度。

汽车企业只有通过提供高质量的汽车产品,并提高客户服务质量,才能赢得客户信赖,在激烈的市场竞争中获胜;要赢得客户信赖,企业必须以顾客为中心,理解通过提高顾客让渡价值,通过顾客关系管理来实现顾客满意,并不断提高顾客满意度,提高顾客忠诚度。而客户资源管理系统,是一种使用专用工具、工艺和技术来帮助管理部门实现业务功能运作和提高的管理原则,旨在优化客户关系产生的总价值。它是以客户为中心,将企业中一切与客户相关的人、财、物等资源及其进销存等环节进行统一调配、管理,实现客户价值最大化,增加企业效益,降低企业成本。

在客户关系管理过程中,企业的整个经营活动要以顾客满意度为指针,要从顾客角度,用顾客的观点而非企业自身利益的观点来分析考虑消费者的需求。

满意与忠诚是两个完全不同的概念,满意度不断增加并不代表顾客对企业的忠诚度也在增加。满意本身具有多个层次,声称满意的人们,其满意的水平和原因可能是大相径庭的,有些顾客会对产品产生高度的满意,如惊喜的感受,并再次购买,从而表现出忠诚行为;而大部分顾客所经历的满意程度,则不足以产生这种效果。因此,顾客满意先于顾客忠诚,并且有可能直接引起顾客忠诚,但是,并不必然如此。市场调查数据显示,65%～85%表示满意的顾客会毫不犹豫地选择竞争对手的产品。所以顾客满意的最高目标是提升顾客的忠诚度,而不是满意度。

在汽车销售过程中,销售人员经常会遇到客户提出的各种异议。对客户的抱怨和投诉处理得好,不仅可以增强客户忠诚度,还可以提升企业形象。若处理得不好,不但会导致客户流失,还会给公司带来负面影响。客户异议产生的原因多种多样,可以简单地将其归结为三大类:异议产生的原因在客户、异议产生的原因在营销人员、价格方面的原因等。

客户异议可以分为真实的异议、虚假的异议以及隐藏的异议三种,作为营销人员必须要能够辨别其真正的含义,并采取不同的方法去处理。处理客户异议的原则主要是事前做好准备、选择恰当的时机、防止争辩、要给客户留住"面子",营销人员必须掌握一些常用的异议处理技巧,如忽视法、补偿法、太极法、询问法、"是的……如果"法、直接反驳技巧等等。

习　题

一、简答题

1. 客户服务对企业的重要性。
2. 分析汽车客户的需求层次。
3. 销售员如何了解客户的需求。
4. 简述顾客让渡价值的含义。
5. 什么是顾客满意与顾客满意度?
6. 简析顾客满意与顾客忠诚的关系。
7. 客户异议产生的原因有哪些?
8. 客户异议的处理原则有哪些?

二、能力训练

1. 根据汽车市场的实践情况进行分析,为什么自称"满意"的顾客后来却选择了其他品牌的汽车?
2. 为了实现客户满意,汽车企业应如何操作?
3. 举例说明处理客户异议的方法和技巧。

模块9　汽车营销人员基本知识

【知识目标】

① 合同法的基本原则；

② 合同的订立；

③ 合同的效力；

④ 合同的履行；

⑤ 合同的变更、转让和终止；

⑥ 违约责任；

⑦ 各种支付工具的特点；

⑧ 支付方式的选用。

【能力目标】

① 了解合同法在汽车销售的运用，能够签订销售合同；

② 能够处理合同纠纷；

③ 能够使用各种支付工具。

9.1　汽车营销与合同法

9.1.1　合同概述

1. 合同的概念及特征

合同又称契约，是平等主体的自然人、法人、其他组织之间设立、变更、终止民事权利义务关系的协议。

合同的法律特征如下：

① 合同是两个或两个以上法律地位平等的当事人意思表示一致的协议，或者说，合同是当事人协商一致的产物。由于合同是合意的结果，因此，它必须包括以下要素：合同的成立要有两个或两个以上的当事人；当事人之间的法律地位是平等的；各方当事人必须相互做出意思表示；各方意思表示是一致的，也就是当事人之间达成了一致的协议。由于合同是两个或两个以上意思一致的产物，因此当事人必须在平等自愿的基础上进行协商，才能使其意思表示达成一致；如果不存在平等自愿，也就没有真正的合意。

② 合同以产生、变更或终止民事权利义务关系为目的。当事人订立合同都有一定的目的和宗旨，这就是说，订立合同都要发生、变更或终止一定的民事权利义务关系。无论当事人订立合同旨在达到什么目的，只要当事人达成的协议依法成立并有效，就会对当事人产生法律约束力，当事人也必须依照合同规定享有权利和承担义务。

③ 合同是一种民事法律行为。民事法律行为是民事主体实施的能够引起民事权利和民事义务的产生、变更或终止的合同行为。只有在合同当事人所做出的意思表示是合法的,符合相关法律要求的情况下,合同才具有法律约束力,并受到国家法律的保护。如果当事人做出了违法的意思表示,即使双方达成协议,也不能产生合同的效力。

2. 合同法的基本原则

(1) 合同自由原则

合同自由作为一项基本的法律原则,是贯穿于合同法的第一原则。《中华人民共和国合同法》(以下简称《合同法》)第 4 条规定:"当事人依法享有自愿订立合同的权利,任何单位和个人不得非法干预。"合同在本质上是双方当事人自由意志的结合,因此,《合同法》应以维护合同自由作为其重要目标,这也是市场经济对合同法的要求。在合同自由原则下,当事人依法享有决定是否缔约、选择缔约伙伴、决定合同的内容和合同方式等方面的自由。具有完全行为能力的人被允许缔结他们所同意的合同,当事人自己决定相互间的法律关系,当事人间一切权利义务的产生,都必须是基于他们之间的合意,这种合意在当事人之间起到相当于法律的效力。

另一方面,任何自由都是有限制的,合同自由也不是无限的,不能把合同自由解释为自由放任主义。对于合同自由的限制,来自于合同法的基本要求。国家为保障整体利益,实现交易安全、公平等价值目标,可以通过立法限制合同的内容、形式以及限制当事人对合同对象的选择权。当事人虽然有合同的自由,但其签订、履行合同必须符合法律、行政法规的规定,要尊重社会公德,不得损害国家利益或社会公共利益。《合同法》第 7 条所规定的"当事人订立、履行合同应当遵守法律、行政法规,尊重社会公德,不得扰乱社会经济秩序,损害社会公共利益",这一方面是对合同自由的法律限制,另一方面也是对合同自由原则的必要补充。

(2) 平等原则

《合同法》第 3 条规定:"合同当事人的法律地位平等,一方不得将自己的意志强加给另一方。"就是说,在合同关系中的当事人,不管他是自然人还是法人,或者是其他组织,不管其大小、经济实力强弱,在法律上他们处于平等的地位。不允许以大压小、恃强凌弱,不允许把自己的意志强加于对方。平等原则主要体现在以下几个方面:

① 订立合同时的法律地位平等。在市场经济条件下,各市场主体之间,不论其性质如何、规模大小,都必须受合同法的约束,必须作为完全平等的主体在自愿的基础上协商确定双方的权利义务,任何一方都不能强迫他方,把自己提出的条款强加于对方。

② 履行合同时的法律地位平等。合同依法成立后,双方当事人必须严格地按合同规定履行。除法律另有规定或者当事人另有约定外,任何一方不得单方面变更和解除合同,否则,要对此造成的损失承担责任;变更或者解除合同,必须平等地协商,达成一致意见。

③ 承担违约责任平等。合同的任何一方违反了合同约定,都必须根据合同的约定或者法律规定承担违约责任;任何一方都不得因某种特殊地位而拒不承担违约责任。

④ 处理合同纠纷要平等。当事人因订立合同、履行合同等方面发生纠纷时,双方应平等地协商处理,任何一方不得把自己解决合同纠纷的意志强加给对方。双方不能协商解决或者不愿协商解决的,都有权按照合同约定或者法律规定申请仲裁或者向法院起诉。仲裁机构或者人民法院在处理合同纠纷时,也应当维护争议双方当事人的法律地位平等原则。

（3）公平、诚实信用的原则

公平、诚实信用的原则是我国民法的一项基本原则,亦是《合同法》的一项基本原则。《合同法》规定:"当事人应当遵循公平的原则确定双方的权利和义务,当事人在行使权利、履行义务时应当遵循诚实信用的原则,不得有欺诈行为。"这一原则要求当事人订立合同时,应如实向对方当事人陈述相关的重要事宜,不得欺诈他人,任何一方都不得以经济上的优势地位和其他手段牟取不正当利益。

在合同的履行过程中,要忠实地严格依照合同的约定履行自己的义务。在情事变更时,要严格依照诚实信用的原则变更或解除合同;在合同关系终止后,双方依然要依据诚信原则承担某些附随义务;甚至在合同发生争议后,双方当事人也应依照公平诚信的原则妥善地处理争议。

3.《合同法》在汽车消费市场中的运用

目前,汽车销售、置换、租赁、维修以及相关的消费信贷、保险等市场所发生的法律关系中,当事人的权利义务均以合同(或协议)的方式体现,因而,《合同法》在规范汽车消费市场行为、保护经营者和消费者合法权益、促进我国汽车产业健康有序的发展方面发挥了重要作用。

《合同法》在汽车消费市场中的运用,主要涉及合同法律关系的主体资格、合同的形式和合同的内容等方面。

我国《合同法》及有关法律规定,订立合同的主体资格要符合法律的规定。合同主体是指参加合同法律关系、享有权利并承担义务的当事人,包括具有民事主体资格的自然人、法人和其他组织。

《合同法》规定:"订立合同的主体应具备相应的民事权利能力和民事行为能力;订立合同的民事主体可以委托他人代理订立合同。"因此,汽车消费市场的合同法律关系主体资格涉及以下几个方面:

（1）民事权利能力和民事行为能力

民事权利能力是法律赋予民事主体享有的民事权利和承担民事义务的资格。民事权利能力是民事主体生存和进行民事活动的基础,是进行市场交易的法律基础。

自然人的民事权利能力始于自然人出生,终于自然人死亡;法人的民事权利能力始于法人成立,终于法人废除。

民事行为能力是指民事主体以自己的行为享有民事权利和承担民事义务的能力。

根据我国法律,年满18周岁的成年人为完全民事行为能力人(16周岁以上、不满18周岁的公民,以自己的劳动收入为主要生活来源的,视为完全民事行为能力人);10周岁以上的未成年人或不能完全辨认自己行为的精神病人为限制民事行为能力人;不满10周岁或不能辨认自己行为的精神病人为无民事行为能力人。参与汽车消费市场合同法律关系的自然人必须具有民事权利能力和民事行为能力。

法人的民事行为能力的范围不能超出其民事权利能力允许的范围,也就是法人必须在法律、行政法规规定的,或者核准、登记的业务范围内开展业务活动,法人的民事行为能力的范围和它的民事权利能力范围是一致的。

目前,我国汽车消费市场发展迅速,通过法律、法规来规范市场主体(主要是经营者)资格十分重要。

(2) 民事代理

民事主体可依法通过代理人来实施某项法律行为。所谓代理是指代理人以被代理人的名义在代理权限范围内实施民事法律行为,法律责任由被代理人承担的法律制度。代理分为法定代理、指定代理和委托代理。其中委托代理被广泛运用于汽车消费市场的销售、置换、租赁、消费信贷等方面。

9.1.2 合同的订立

1. 合同的主要形式

合同的形式,是指合同当事人之间确立、变更或终止相互权利义务关系的方式。任何一种合同都有自己独特的内容,这些内容必定表现为一定的形式。《合同法》第 10 条规定:"当事人订立合同,有书面形式、口头形式和其他形式。法律、行政法规规定采用书面形式的,应当采用书面形式。"

合同的形式是合同行为的形式要件。它不仅有利于正确地表现合同内容,而且也会关系到合同的成立或无效。如果法律规定必须采用某种形式,而当事人不采用该形式,那么合同无效;若当事人一方要求必须采用某种形式,而合同未按特定形式办理,则合同不能成立。

(1) 合同形式的种类

合同的分类方法多种多样。根据法律的规定和经济生活的实践,合同形式有以下几种:

① 口头合同。口头合同是双方当事人通过对话(如当面商谈或电话洽谈)方式而确定相互权利义务的协议。口头形式一方以口头向对方提出要约,另一方以口头做出承诺,合同就成立。口头形式多适用于能够及时清结的简单的经济往来。口头合同的优点是简单易行;缺点是一旦发生纠纷难以取证,不易分清责任。因此,对于数额较大、履行期较长、不能及时清结的合同,不宜采用口头合同,而应采用书面合同。

② 书面合同。书面合同是指双方当事人采用文字表述方式订立的合同。《合同法》第 11 条表述为:"书面形式是指合同书、信件和数据电文(包括电报、电传、传真、电子数据交换和电子邮件)等可以有形地表现所载内容的形式。"书面合同便于对合同的履行进行管理和监督,便于举证,是经济合同当事人使用的主要形式。汽车营销实务中通常采用的书面合同中的格式合同。

(2) 格式合同

① 格式合同含义。《合同法》第 39 条规定:"格式条款是当事人为了重复使用而预先拟定,并在订立合同时未与对方协商的条款。"采用格式条款的合同称为格式合同,或制式合同、标准合同、定型化合同。由于格式合同的当事人一方预先已拟定合同条款,对于格式合同的非拟定条款的一方当事人而言,要订立格式合同,就必须全部接受合同条款;否则就不订立合同。现实生活中的车票、船票、飞机票、保险单、提单、仓单、出版合同等都是格式合同。

② 格式合同的限制条件。从合同订立目的出发,为了保护弱者的利益,遵循公平的原则,对格式合同进行了限制:

● 提供格式合同一方有提示、说明的义务,应当提请对方注意责任免除或者限制其责任的条款,并按照对方的要求予以说明。

- 免除提供格式合同一方当事人主要义务、排除对方当事人主要权利的格式合同无效。
- 对格式合同的理解发生争议的,应当做出不利于提供格式合同一方的解释。

③ 格式条款的解释规则。我国《合同法》对于格式合同的解释规则有以下规定:

- 双方对格式合同的理解发生争议的,应当按照通常的理解予以解释。所谓通常的理解,就是以大多数消费者的理解为准,对于某些特殊术语做出一般意义上的解释。
- 对格式条款存在两种以上解释的,应当做出不利于提供格式合同一方的解释。对于格式合同不同的解释原因在于站在不同的利益立场上,而格式合同的提供者在拟定格式合同时,往往考虑自身的利益较多,为了维护消费者的利益,在条款解释发生异议时,应做出不利于提供格式合同一方的解释。
- 非格式条款的优先使用,即格式条款与非格式条款不一致的,应当采用非格式条款。因为非格式合同具有双方共商性,比较公平。

④ 格式合同的弊端。格式合同具有节约交易的时间、事先分配风险、降低经营成本等优点,同时也存在诸多弊端。

由于格式合同限制了合同自由原则,格式合同的提供方可以利用其优越的经济地位,制定有利于自己、而不利于消费者的合同条款。例如,拟定方往往会为自己规定免责条款或者限制责任的条款等。

但无论如何,格式合同作为社会经济不断发展的产物,有其存在的合理性,因此,不断完善格式合同,规定哪些不利于格式合同非拟定方的条款无效、规定格式合同提供方的提示义务和说明义务即合同法规范格式合同、保护条款非制定方利益的表现。

2. 合同的内容

我国《合同法》规定,合同内容由当事人约定,一般包括以下条款:

① 当事人的名称或者姓名和住址。确定合同的双方当事人,也就是合同的主体。

② 标的。合同法律关系的客体,也就是双方当事人的权利和义务共同指向的对象。没有标的,合同不能成立。

③ 数量。数量是确定合同标的的具体条件,也是必备条件,标的数量不明确,合同无法履行。

④ 质量。标的的质量是合同条款的主要内容,必须明确质量标准。

⑤ 价款或者报酬。指标的价金,也就是一方取得标的时应支付的代价。

⑥ 合同履行期限。合同当事人履行合同义务的时间界限,也是确定合同是否按期履行的保证。

⑦ 履行地点和方式。各种合同的履行方式,有法律规定的,按法律规定履行;没有法律规定的,按双方的协定履行。

⑧ 违约责任。违约责任是指当事人不履行合同义务或者履行合同义务不符合约定时应承担的责任。

⑨ 解决争议的方式方法。

参照上述条款,汽车消费市场合同主体双方在合同订立前应仔细斟酌,特别是消费者要对对方提供的格式合同认真研究推敲,因为合同的条款是否准确、完备,决定了合同能否成立、生效以及能否顺利履行和产生纠纷能否有依据解决等重要问题。

3. 汽车销售合同

汽车销售包括新车的销售和二手车的交易。经销商须经国家工商行政管理局批准,登记取得汽车经营业务的资格。经销商应根据合法、平等互利、协商一致、等价有偿的原则与消费者签订合同。

参照我国《合同法》关于合同主要条款的规定,汽车销售合同的主要内容如下:

① 购销双方信息。如名称、地址、邮编、联系电话等。

② 产品信息。如制造商名称、车种、规格、型号、颜色、选装配置、价格等信息。其中价格构成包括车价、购置费用、保险费等。这是汽车销售合同最基本的内容,此部分内容制定得越具体越好。

③ 履行的日期、地点、方式。约定交车日期、交车的地点、交车方式。交车的方式若购方自行提车,应规定提车的手续;若合同约定由销售方送车上门,应规定送车地点及收货人(送车上门的费用另行计算);若购方委托他人提车,应提供代理人的个人信息资料。

④ 质量和数量。质量一般按交付时符合原产地的出厂标准履行,但由于购方人为损坏,则由购方自行承担责任。数量是指所购车辆数或者配件数量。

⑤ 价款支付方式。汽车销售一般可使用现金、支票或信用卡支付,支付方式可由消费者选择,也可先缴预付款,待提车时缴清余款,经销商开具发票。

⑥ 违约责任。违约责任条款由双方依法在合同中约定。明确规定合同双方的经济责任,如厂家对产品的型号、规格、质量、数量、选装件、交货期和交货方式等方面不能履行合同规定时,应在经济上承担全部或部分赔偿的责任。如购方发生中途退车、拒绝提车、延期付款等违背合同的规定时,应对造成的经济损失承担全部经济责任。

⑦ 合同争议的解决方法。一旦发生合同争议,解决途径可通过和解、调解、仲裁和诉讼等方式。

⑧ 售后服务条款。

在合同中除上述内容外,还有其他内容和规定,应由购销双方相互商定,或补充具体条款。

附:示范文本(一)——×××乘用车公司汽车销售合同

×××汽车产品购销合同

甲方:(销售商)　　　　　　　　　　　联系人:

地址:＿＿＿＿＿＿＿＿＿　　　　　　邮编:

电话:＿＿＿＿＿＿＿＿＿　　　　　　传真:

乙方:＿＿＿＿＿＿＿＿＿(单位名称)　联系人:

　　　　　　　　　　　　　　　　　　身份证号:

　或＿＿＿＿＿＿＿＿＿(个人用户)　　联系人:

　　　　　　　　　　　　　　　　　　身份证号:

　　地址:＿＿＿＿＿＿＿＿＿　　　　邮编:电话:

乙方就所购车辆(以下简称[合同车辆])事宜,与甲方达成一致意见,双方于年月日签订[本合同]。

一、[合同车辆]规格及价款

车型代码	颜色	单价 (人民币:元)	数量	车价小计 (人民币:元)	
总计(X):					
其他费用	内容	金额 (人民币:元)	内容	金额 (人民币:元)	内容	金额 (人民币:元)

合同车辆主要配置：

二、[合同车辆]的交付

1. 交付方式按以下第(　　)项进行：

(1) 乙方至交付地点＿＿＿＿＿＿自提自运；

(2) 甲方将[合同车辆]运至乙方指定的地点,运费为＿＿＿＿＿＿,由＿＿＿＿＿＿支付。

2. 交付地点：＿＿＿＿＿＿。

3. 交付时间：＿＿＿＿＿＿。

三、价款

1. 付款方式:乙方付款将按照以下第(　　)项进行：

(1) 一次性付款

在[本合同]签订之时向甲方一次付清[合同总价款]。

(2) 分期付款

在[本合同]签订之日起日内向甲方支付[本合同总价款]的％即人民币元作为预付款,并在日内向甲方支付[本合同总价款]的余下部分。如果乙方欲解除[本合同],则预付款作为乙方的违约金归甲方所有。

(3) 贷款付款

乙方要求以担保方式贷款付款的,向甲方指定的金融机构申请汽车消费贷款。乙方在签订[本合同]后日内向甲方支付首付款及相关费用,即人民币 元。甲方在收到金融机构发出的《批准贷款通知书》后[本合同]方生效。

2. 支付日期以甲方账户显示收到全部合同总价款为准。

四、验收

[合同车辆]验收应于交货当日在交货地点进行。验收完毕后,双方应共同签署验车交接单。乙方未提出异议,则视为甲方交付的[合同车辆]之数量和质量均符合[本合同]要求。

五、随车交付的文件

1. [合同车辆]的产品合格证、首次 7 500 km 的免费保养凭证、使用维修说明书;

2. 其他乙方委托甲方代办,甲方办妥的证件、凭证:＿＿＿＿＿＿。

六、甲方保证

1. [合同车辆]已经过售前的调试、检验和清洁。

2. [合同车辆]符合随车交付文件中所列的各项规格和指标。

3. 不改变[合同车辆]的出厂状态,即不改动或改装[合同车辆],不添加任何其他标记、标识。

七、乙方保证

1. 乙方是所购[合同车辆]的最终用户。乙方不以任何商业目的展示[合同车辆]或将[合同车辆]用于有损[合同车辆]品牌形象的活动及行为。

2. 乙方所购车辆仅在中国使用,不再出口至其他国家或地区。

3. 乙方在购车前,已事先获得合法的资格,并在购车后依法律规定的时间到有关车辆管理部门依法办理一切登记手续,否则因此造成的不良后果均由乙方承担。

4. 乙方保证不移去所购[合同车辆]上的徽章或商标等标志,或用其他方式来掩盖或替代。

八、质量及质量担保

1. 乙方所购[合同车辆]为合格产品。但是双方明了,[合同车辆]的重量、功率、油耗、最高时速及其他具体数据只被视为近似值。

2. [合同车辆]的质量担保范围及方式见随车所附的《使用维护说明书》。

3. 乙方及其许可使用[合同车辆]的人员,应按《使用维护说明书》要求规范使用、保养和维修,如有违反,造成和/或引起[合同车辆]的损坏或故障,则不能获得质量担保服务。

4. 未经甲方书面许可,乙方不得将[合同车辆]以出租营运目的使用或转售。为此双方约定,乙方若有违反,则由此引起的任何质量后果均由乙方承担,包括免除甲方和/或制造商的质量担保责任及其他质量责任。

九、不可抗力

因不可抗力致使本合同一方不能履行合同的,则根据不可抗力的影响部分或全部免除其责任。但是,该方因不可抗力不能履行合同,负有及时通知和拾天内提供证明的责任。

十、违约责任

[本合同]任何一方违约,违约方应赔偿守约方的实际经济损失,除非[本合同]另有约定。

十一、争议的解决

因[本合同]产生的一切争议,合同双方应通过友好协商解决。如协商不成,应向甲方所在地人民法院起诉,通过诉讼解决。

十二、双方约定

1. 乙方提取[合同车辆]之时起,对[合同车辆]将承担全部风险,包括因不当使用[合同车辆]而造成的损坏和/或损害。

2. 如果乙方虽已提车,但尚有本合同约定的车款没有付清,[合同车辆]的所有权属甲方,且乙方不得将[合同车辆]用于抵押或其他债权担保。甲方据此有权解除[本合同]、收回[合同车辆]并向乙方收取车辆使用费。

　　3.［本合同］双方声明，双方是自愿签署［本合同］的，对［本合同］项下各条款内容经仔细阅读并表示理解，保证履行。本合同为［合同车辆］买卖的全部法律文件。有关［合同车辆］的任何广告、宣传单张、推介资料，或其他媒体形式的信息仅供乙方参考。

　　4.［本合同］一式叁份，双方各执壹份，壹份交×××汽车销售有限公司备案，经双方共同签署即为成立。

　　5 其他事项：_____。

合同签署：
甲方（盖章）　　　　　　　　　　　　　　　　　乙方（或代表签字）
代表人：　　　　　　　　　　　　　　　　　　　签章：

附:示范文本（二）——××××商用车公司汽车销售合同

汽 车 买 卖 合 同

出卖人：　　　　　　　　　　　　　　合同编号：
　　　　　　　　　　　　　　　　　　签订地点：
买受人：　　　　　　　　　　　　　　签订时间：　　年　月　日

　　第一条:合同的定义:

　　1."出卖人"系指签订本合同的××××汽车集团有限公司或其子公司。

　　2."买受人"系指与出卖人签订本合同的汽车经销单位或汽车改装单位。

　　3."汽车"系指××××汽车集团有限公司或其子公司生产、改装并标有"××××"汽车品牌的商品车，其品种和价格、交付时间等以"汽车买卖合同订单"为准。

　　4."汽车买卖合同"系指本合同，其附件为"汽车买卖合同订单"。

　　5."汽车买卖合同订单"系指本合同项下的合同附件，与合同有同等法律效力。该附件只有通过本合同双方法定代表人或被授权的委托代理人签字并加盖本合同双方公章或合同专用章后才能生效，其补充、更改须经本合同双方书面确认并加盖本合同双方公章或合同专用章后方为有效。

　　6.买受人经销汽车系指买受人依据本合同将购买后的汽车，依买受人的名义进行销售，买受人经销汽车不代表出卖人，与本合同不存在任何法律关系。

　　第二条:在签订本合同前，出卖人已向买受人介绍了合同项下汽车的基本情况。买受人已对合同项下的汽车品牌、规格型号、技术参数和性能等充分了解，并且对合同条款及其含义清楚。

　　第三条:出卖人同意出售，买受人同意购买由生产、改装的汽车，买卖双方的权利义务，经充分协商一致同意按照本合同约定条款执行。

　　第四条:本合同项下汽车质量执行××××汽车集团有限公司的汽车技术标准。

　　第五条:买受人承诺遵守出卖人就汽车品牌销售和"××"服务品牌制定的规定和销售政

策及付款规定,包括现已经有的和将来制定的。

第六条:出卖人有权要求买受人按照出卖人就第五条的有关规定开展业务,如发现买受人有违反本合同的行为,出卖人有权随时终止本合同。

第七条:出卖人对产品质量负责的条件和期限按照随车交付买受人的《产品保修卡》的规定执行。

第八条:出卖人应将以下随车文件及物品交付买受人:

1. 随车工具;

2. 产品说明书、产品合格证、产品保修卡。

买受人在取车时应认真检查出卖人所提供的车辆证件、手续是否齐全。

第九条:双方约定:出卖人应按"汽车买卖合同订单"规定,将汽车停放在约定的地点,在该地点对车辆进行验收,并于验收当日提出书面质量异议,无质量异议或验收合格,立即由双方被授权的委托代理人办理交付手续和签字,汽车风险自交付后转移到买受人。

第十条:买受人承诺按出卖人制定的汽车销售付款模式,选定付款结算方式,以"汽车买卖合同订单"约定。买受人不得以经销汽车活动中的任何理由延期或拒绝支付汽车款。

第十一条:买受人经销汽车时,以买受人的名义独立进行并独立承担民事责任,并不得违反出卖人设定的区域销售规定。

第十二条:应买受人请求,出卖人同意,可对汽车的某些技术参数作相应补充和完善并出具相应证明,买受人承诺对此产生的后果由买受人独立承担,与出卖人无关,并放弃对出卖人任何责任的主张。

第十三条:双方约定:因以上产品资源有时一度紧张,如出卖人出现迟延交货的情形,买受人表示理解亦不追究出卖人的任何责任,但双方协议迟延交货期最迟不应迟于"汽车买卖合同订单"规定的交付日期后的十个工作日,如再逾期超过(　　　)日,买受人有权就再逾期期满后,就未履行部分解除合同。出卖人对再逾期未履行部分需要解除合同的,应当承担相应的违约责任,其违约责任计算方法为,合同解除部分的买受人已付车款的利息损失(以解除合同时,同期中国人民银行一年期贷款利率为准计算)。

买受人逾期付款,或未完全按照合同约定的时间、金额支付货款,出卖人有权拒付汽车亦不承担任何责任,但买受人应承担相应的违约责任,其违约金计算方法为未按合同约定履行部分或合同解除部分价款的利息损失(以解除合同时,同期中国人民银行一年期贷款利率为准计算),并赔偿相应的损失。

第十四条:买受人向出卖人提交"汽车买卖合同订单"后,不得提出退货。

如有特殊情况确需退货,需在提交"汽车买卖合同订单"后 3 日内提出,经出卖人同意后可以解除"汽车买卖合同订单"中买受人所订购车辆。但,除买受人应当赔偿因解除所购车辆给出卖人造成的实际损失外,并按以下支付违约金:

如车辆已经开始生产或尚未送货,买受人同意按照"汽车买卖合同订单"所订购车辆价值(通用产品)的 0.5%(特殊产品 1%)计算,向出卖人支付违约金;

如车辆已送至约定的交货地,买受人同意按照"汽车买卖合同订单"所订购车辆价值(通用产品)的 1%(特殊产品 2%)计算,向出卖人支付违约金。

第十五条:标的物所有权自买受人全部履行完毕付款义务时转移于买受人,但买受人未全部履行支付价款义务时该标的物所有权仍由出卖人所有。

第十六条:本合同双方必须严格遵守自己的承诺和履行合同义务,任何一方不遵守自己的承诺或不按合同履行义务,均构成对本合同的违约,双方有权随时中止履行合同或解除合同,并追究因"汽车买卖合同订单"造成出买人的实际损失。

第十七条:本合同在履行中如发生争议,由双方当事人协商解决,协商不成,按以下第(　　　)种方式解决。

1. 向出卖人所在地人民法院起诉。

2. 提交×××仲裁委员会仲裁。

第十八条:本合同一经双方法定代表人或被授权的委托代理人签字并加盖双方单位公章或合同专用章后生效,其补充、更改须经本合同双方书面确认方为有效。

第十九条:本合同有效期:自本合同签订生效之日起,至本年度结束时止。

第二十条:本合同一式(　　　)份,双方各持(　　　)份,均具有同等效力。

第二十一条:特别事项的其他约定:

出卖人(盖章):　　　　　　　　　　　　买受人(盖章):

法定代表人(签字):　　　　　　　　　　法定代表人(签字):

委托代理人(签字):　　　　　　　　　　委托代理人(签字):

住所地:　　　　　　　　　　　　　　　住所地:

邮　编:　　　　　　　　　　　　　　　邮　　编:

开户银行:　　　　　　　　　　　　　　开户银行:

账　　号:　　　　　　　　　　　　　　账　　　号:

税　　号:　　　　　　　　　　　　　　税　　　号:

(示范文本二附件)　　　　　　　　　　汽车买卖合同订单

汽车买卖合同编号:　　　　　　　　　　本订单号:

一、订购标的、数量及价款:

产品名称(商标牌号)	规格型号	颜色	计量单位	单价(万元)	数量	金额(万元)

上述车辆买受人选装以下配置：

序号	选装项目	单价(万元)	数量	小计价格(万元)
1				
2				
3				
4				
5				
6				
7				
8				
9				
10				
合计人民币金额(大写)：				

本合同范围内车款总价值为人民币万元(人民币大写：)。

二、交付时间、地点、履行方式、付款方式：

交车时间：　　　　交车地点：
提车方式：
买受人授权接车人：身份证号：　联系电话：
付款方式：
1.款到交车：买受人在签订本订单之日起(　　)日内将本合同项下货款：万元,一次性付给出卖人。
2.车到付款：买受人在签订本订单后(　　)日内预付货款：万元,余款：＿＿＿＿＿＿万元,在提车前全部结清。
3.其他方式：
预付款：万元,交款时间：
余　款：万元,交款时间：
定金约定：买受人在签订本订单之日起(　　)日内将本订单违约定金：万元交付出卖人。
其他约定：

三、该汽车买卖合同订单为编号：汽车买卖合同的附件,与本合同有同等法律效力。该附件只有通过本合同双方法定代表人或被授权的委托代理人签字并加盖双方单位公章或合同专用章后才能生效,其补充、更改须经本合同双方书面确认方为有效。

出卖人名称(盖章)：　　　　　　　　买受人名称(盖章)：

法定代表人(签字)：　　　　　　　　法定代表人(签字)：

委托代理人(签字)：　　　　　　　　委托代理人(签字)：

日期：　　年　　月　　日　　　　　日期：　　年　　月　　日

附:示范文本(三)——二手车买卖合同范本

深圳市二手车买卖合同示范文本

合同编号(   )

甲方(卖方):   乙方(买方):

地址: 地址:

法定代表人: 法定代表人:

单位代码证号或自然人身份证号码: 单位代码证号或自然人身份证号码:

委托代理人: 委托代理人:

联系电话: 联系电话:

根据《中华人民共和国合同法》、《二手车流通管理办法》和《二手车交易规范》等有关法律法规、规章及规范性文件的规定,买卖双方经友好协商,在平等、自愿、协商一致的基础上就二手车买卖事宜签订本合同。

第一条　车辆基本情况

1.车辆基本信息

品牌型号:＿＿＿＿＿＿＿＿;车牌号码:＿＿＿＿＿＿＿＿;

车辆类型:＿＿＿＿＿＿＿＿;车身颜色:＿＿＿＿＿＿＿＿;

发动机号:＿＿＿＿＿＿＿＿;车辆识别号码:＿＿＿＿＿＿＿＿;

表征里程:＿＿＿＿＿＿＿＿万千米;

使用性质:□家庭用车 □公务用车 □营运用车 □ 其他＿＿＿＿＿＿＿。

2.车辆相关凭证

登记证号:;初次登记日期:年月日

行驶证:□有(证号＿＿＿＿＿＿＿＿) □无

年检证明:□有(至＿＿＿＿＿＿年＿＿＿＿＿月) □无

购置税完税证明:□有(证号＿＿＿＿＿＿＿＿) □无

养路费交付证明:□有(至＿＿＿＿＿＿年＿＿＿＿＿月) □无

车船使用税完税证明:□有(至＿＿＿＿＿年＿＿＿＿＿月) □无

交强险:□有(至＿＿＿＿＿＿年＿＿＿＿＿月) □无

其他相关保险:□有(险种＿＿＿＿＿＿＿＿＿＿＿＿＿＿＿＿＿＿＿＿;

至＿＿＿＿＿＿年＿＿＿＿＿月)

□无

附加费发票:□有(发票编号＿＿＿＿＿＿＿＿) □无

购车原始发票:□有(发票编号＿＿＿＿＿＿＿＿) □无

质量保证:□有(质保范围＿＿＿＿＿＿＿＿＿＿＿＿＿＿＿＿＿)

□无

3.车辆配置

燃料:＿＿＿＿＿＿＿＿;排量/缸径:＿＿＿＿＿＿＿＿;

缸数:＿＿＿＿＿＿＿＿;发动机功率:＿＿＿＿＿＿＿＿;

气囊：_____；驱动方式：_____；

排放标准：_____；变速器形式：_____；

ABS：□有　　　□无

其他重要参数：_____

4. 车辆事故和修理情况

(1) 车辆事故情况：□曾发生 □未发生

(2) 车辆损伤和修理情况：_____

5. 车辆权属状况

(1) 车辆所有人姓名或名称：_____

(2) 车辆设定担保(抵押或质押)情况：□已设定 □未设定

6. 车辆其他相关信息：_____。

第二条　车辆价款、车辆转移登记手续费及支付时间、方式

1. 车辆价款及车辆转移登记手续费

本车价款为人民币：　元(小写：元)。

车辆转移登记手续费(包含税费)为人民币：元(小写：元)。

2. 支付时间、方式

买方应于卖方交付车辆时当场向卖方或双方共同委托的第三方支付车辆价款的％，余款应于登记机关受理车辆转移登记资料后××日内支付。(采用分期付款方式的可另行约定)

车辆转移登记手续费由××方承担。××方应于本合同签订之日起个工作日内，将车辆转移登记手续费支付给双方约定的车辆转移登记手续办理方。

第三条　定金

买方应于本合同签订时，向卖方或双方共同委托的第三方支付车辆价款的％(≤20％)人民币 元(小写：元)作为定金。定金可以抵作车辆价款。

买方交付定金后，不履行合同约定义务导致交易不成的，无权要求返还定金；卖方收受定金后，不履行合同约定义务导致交易不成的，应当双倍返还定金。

第四条　车辆转移登记、车辆交付及风险负担

1. 卖方应于本合同签订之日起 个工作日内，应向买方或双方共同委托的第三方提供有关证件、资料的原件及复印件，协助买方或双方共同委托的第三方办理车辆转移登记手续(包括保险、养路费等移转手续)。

2. 卖方应于本合同签订后日内向买方交付车辆及本合同第一条第 2 款所列相关凭证。如是委托第三方代为办理车辆转移登记手续的，买卖双方应与第三方约定，该第三方应于交易车辆的车辆转移登记、转籍手续办理完成的当日向买方交付相关凭证。

3. 车辆毁损、灭失的风险，在车辆交付给买方之前，由卖方承担；在车辆交付给买方之后，由买方承担。但因买方原因致使车辆不能按照约定的期限交付，买方应自违反约定之日起承担车辆毁损、灭失的风险。

本条所指风险负担是指交易的二手车辆因不可归责于买卖双方当事人的事由，发生毁损灭失的损失应由哪一方负担。

4. 车辆发生交通事故、交通违法等造成的经济损失以及产生的车辆维修费用自买方提车之时起，由买方承担。但是提车之前产生的交通事故、交通违法等造成的经济损失以及产生的

车辆维修费用由卖方承担。

第五条　买卖双方的权利和义务

1.买方应当按照约定支付价款,卖方应当按照约定向买方交付车辆及相关凭证。

2.卖方应当保证合法享有车辆的所有权或处分权,同时卖方还应当保证其向买方出示及提供的与车辆有关的一切证件、证明及信息合法、真实、有效。

3.卖方应向买方充分披露车辆的质量状况,包括车辆事故情况、车辆损伤情况、车辆修理情况等。卖方属二手车经销企业的,应向买方提供质量保证及售后服务承诺,并提供售后服务清单,不得擅自增加未经买方同意的服务项目。

4.卖方属二手车经销企业的,在将二手车销售给买方之前必须对车辆进行检测和整备,使车辆能够达到安全使用要求。

5.卖方属二手车经销企业的,如果车辆使用年限在3年以内或行驶里程在6万千米以内的车辆(以先到者为准,营运车除外),应向用户提供不少于3个月或5 000千米(以先到者为准)的质量保证。质量保证范围为发动机系统、转向系统、传动系统、制动系统、悬挂系统等。

6.卖方的车辆如属退出营运的营运车辆,应将车辆上的营运设施和营运标示清除。

7.买方应于车辆交付前就卖方披露的车辆状况进行查验、确认。

第六条　合同的解除

有下列情形之一的,当事人可以解除合同:

1.当事人就解除合同协商一致。

2.因不可抗力致使合同目的无法实现。

3.在合同履行之前,买卖当事人一方明确表示或者以自己的行为表明不履行主要义务。

4.买卖当事人一方迟延履行主要义务,经催告后在合理期限内仍未履行。

5.买卖当事人一方迟延履行主要义务或有其他违约行为致使不能实现合同目的。

合同解除不影响当事人要求赔偿损失的权利。

第七条　违约责任

1.卖方向买方提供的车辆如果存在权利瑕疵或者质量故障,买方有权要求卖方赔偿因此而造成的损失。

2.卖方违反本合同第五条第3款规定的义务,故意隐瞒或者虚假陈述车辆质量状况,买方有权解除合同,并要求卖方赔偿因此而造成的损失。

3.卖方未按合同的约定交付车辆及其相关凭证的,逾期每日按本车价款总额的×％向买方支付违约金。卖方迟延履行,经买方催告后日内仍不履行的,买方有权解除合同,并有权要求卖方赔偿损失。

4.买方未按照合同约定支付本车价款的,逾期每日按本车价款总额×％向卖方支付违约金。买方迟延履行,经卖方催告后日内仍不履行的,卖方有权解除合同,并有权要求买方赔偿损失。

5.因卖方原因致使车辆不能办理车辆转移登记、转籍手续的,买方有权要求解除合同,并有权要求卖方赔偿因此而造成的损失。

6.因买方原因致使车辆不能办理车辆转移登记、转籍手续的,卖方有权要求解除合同,并有权要求买方赔偿因此而造成的损失。

7.有关违约的其他约定。

第八条　合同争议的解决方式

本合同项下发生的争议,由双方当事人协商解决,协商不成的,按下列第 种方式解决:

1.向深圳仲裁委员会申请仲裁。

2.向中国国际经济贸易仲裁委员会华南分会申请仲裁。

3.向人民法院起诉。

第九条　其他约定:

第十条　合同生效

本合同一式份,自双方当事人签字或盖章之日起生效。

买方(签章):　　　　　　　　　卖方(签章):

签订地点:

签订时间:　　年　月　日

9.1.3　合同的效力

1. 概　述

(1) 合同的效力概念

合同的效力,是指合同依法成立后所具有的法律约束力。合同一经订立并生效,就产生法律约束力,任何人都不得违反,否则就要受到法律的制裁。

合同成立是合同生效的前提条件,合同生效是当事人双方订立合同实现预期目标必然要追求的结果。

(2) 合同的效力特征

合同的效力特征体现在以下几个方面:

① 只有依法成立的合同才具有效力,才受法律保护。

② 合同效力表现为对特定主体的约束力和强制力,但在一定的条件下涉及第三人。

③ 合同的效力是法律赋予的,是法律效力的体现。

2. 合同生效应具备的条件

合同生效必须具备以下实质性的条件:

① 订立合同的当事人必须具有相应的民事行为能力。由于民事法律行为以意思表示为基础,并以产生一定法律效果为目的,故合同当事人必须具有相应的民事行为能力,能够正确认识自己行为的意义和后果。订立合同的主体有自然人、法人和非法人组织。自然人作为合同当事人,必须具备民法通则规定的民事行为能力,即具有完全行为能力。作为合同主体的法人、非法人组织,它们的行为能力是不同的,法人、非法人组织只有在登记核准的经营范围内从事经济活动,才具有法律效力,法人、非法人组织只有在它们的经营范围内签订的合同才受法律保护。

② 双方当事人意思表示真实。意思表示真实是一切民事法律行为的生效条件,也是合同生效的核心要素。如果合同当事人的意思表示不真实,或以欺诈、胁迫的手段,或者乘人之危、逃避法律的行为,或在违背真实意思的情况下所为的行为,都将导致合同不发生法律效力。

③ 合同内容不得违反法律或者社会公共利益。合同的内容和目的不得违反国家法律、法规的强制性规定;在法律、法规没有规定时,不得违反国家有关规定的禁止性规定。同时,合同的内容和目的不得损害他人利益和危害国家利益、社会公共利益。此外,在法律有明确规定的情况下合同还应当符合法定形式。

3. 合同生效的时间

合同生效的时间也是合同生效的形式要件,合同生效包括以下情况:

① 依法成立的合同,自成立时生效。这是合同生效时间的一般规定,即如果没有法律、行政法规的特别规定和当事人的约定,合同成立的时间就是合同生效的时间。

② 法律、行政法规规定应当办理批准、登记等手续生效的(如办理抵押物登记的抵押合同),在合同签定后办理了批准、登记等手续时才能生效。

③ 双方当事人在合同中约定合同生效时间的,以约定时间为准。

4. 无效合同

(1) 无效合同的含义

所谓无效合同,是相对于有效合同而言的,指合同虽然已成立,但因其违反法律、行政法规、社会公共利益,被确认为无效。可见,无效合同是已经成立的合同,但是欠缺生效要件,不具有法律约束力,不受国家法律保护。

(2) 无效合同的法律特征

① 具有违法性。所谓违法性,是指合同违反了法律和行政法规的强制性规定和社会公共利益。

② 具有不履行性。所谓不履行性,是指当事人在订立无效合同后,不得依据合同实际履行,也不承担不履行合同的违约责任。

③ 无效合同自始无效。无效合同违反了法律的规定,国家不予承认和保护。一旦确认合同无效,将具有溯及力,使合同从订立之日起就不具有法律约束力,以后也不能转化为有效合同。

(3) 无效合同的种类

《合同法》第 52 条规定了合同无效的种类:

① 一方以欺诈、胁迫的手段订立合同,损害国家利益的合同。一方当事人采取欺诈、胁迫、乘人之危等手段与他人签订合同,实际上是将自己的意志强加给对方而达成协议,根本不是对方真实的意思表示;如果损害了国家利益,应为无效合同。

② 恶意串通,损害国家、集体或者第三人利益的合同。恶意串通的合同是指双方当事人非法串通在一起,共同订立某种合同,造成国家、集体或第三人利益的损害。由此可见,当事人的行为具有明显的不法性,是一种无效合同。

③ 以合法形式掩盖非法目的的合同。这是指当事人通过合法的行为掩盖其非法的目的;或其行为在形式上是合法的,但在内容上是非法的。在实施这种行为时,当事人故意表现出来的

形式或故意实施的行为并不是真正要达到的目的,而只是希望通过这种形式和行为掩盖和达到其非法的目的。这种行为的真实目的是非法的,将造成对国家、集体或第三人利益的损害,因此这种合同是无效的。

④ 损害社会公共利益的合同。按照一般的解释,社会公共利益的概念相当于社会公共秩序及善良风俗的概念。如果合同危害国家公共秩序、社会秩序;危害家庭关系;损害他人人格;限制经济自由;侵犯消费者保护权益,应被认定为无效。

⑤ 违反法律、行政法规的强制性规定的合同。违反法律、法规的规定,包括当事人的订约目的、合同内容和形式违反了法律法规的规定。

5. 可变更可撤销的合同

(1) 可撤销合同的含义

可撤销合同又称为可撤销可变更的合同,是指当事人在订立合同时,因意思表示不真实、法律允许撤销权人通过行使撤销权而使已经生效的合同归于无效。例如,因重大误解而订立的合同,误解的一方有权请求法院撤销该合同。

(2) 可撤销合同的特征

可撤销合同主要具有以下特征:

① 可撤销合同是意思表示不真实而产生的合同。合同是当事人意思表示的一致,即合意,它要求当事人的意思表示是真实的。然而,由于某些原因的存在,可能导致合同当事人的意思表示不真实。

② 可撤销合同须由享有撤销权的撤销权人主动行使撤销权,其他任何单位或个人都无权主张撤销。可撤销合同所针对的意思表示不真实的合同,法律为维护当事人的意思表示真实而赋予其撤销权。此种权利当事人是否行使亦应尊重其意愿,当事人不提出撤销请求,法律不应强制干预。

③ 可撤销合同在未被撤销前,合同仍然是有效的,但一旦被撤销则自始无效。也就是说,并不因为合同存在可撤销的因素就认为其无效,在未被撤销前,当事人应依合同的约定履行义务,不得以合同具有可撤销的因素为由而拒不履行其合同义务。但当撤销权人行使撤销权,撤销了合同时,该合同自始归于无效,产生与无效合同相同的法律后果。

④ 可撤销合同中的撤销权人有权请求予以撤销,也可以不要求撤销,而仅要求变更合同的内容。即合同变更或撤销与否撤销权人享有选择权,撤销权人要求变更的,仲裁机构或人民法院不得撤销。所谓变更,是指当事人之间通过协商改变合同的某些内容,如适当调整标的价格,适当减少一方承担的义务,通过变更使当事人之间的权利义务趋于公平合理。在变更的情况下,合同仍然是有效的。

(3) 合同撤销的条件

若要实现合同撤销,须具备以下条件:

① 必须具有法定事由,包括重大误解(对合同性质、当事人、标的物、标的品质等发生误解)、签订合同时显失公平或者存在欺诈、胁迫、乘人之危,导致合同违背当事人的真实意思。

② 必须有一方当事人行使请求权。

③ 必须是由法院或者仲裁机构行使变更或者撤销权。

权利人知道或者应当知道撤销事由之日起 1 年内行使撤销权,但具有下列情形之一的,撤销权消灭：

- 具有撤销权的当事人自知道或者应当知道撤销事由之日起一年内没有行使撤销权；
- 具有撤销权的当事人知道撤销事由后明确表示或者以自己的行为放弃撤销权的。

9.1.4 合同的履行

1. 合同的履行原则

汽车购销合同的履行原则,是指合同双方当事人在完成合同规定义务的全过程中,必须共同遵守的基本规则。这些原则主要有实际履行原则、协作履行原则、效益履行原则等。

① 实际履行原则。实际履行原则是买卖合同履行的重要原则。它要求合同当事人必须按照合同约定的标的物履行应尽的义务,而不能改变标的物的品种、牌号、规格、型号、质量等级等;当事人一方违约时,即使支付了违约金或赔偿金,如果对方要求违约方继续履行合同的,违约方必须按合同约定的标的继续履行。

② 全面履行原则。全面履行原则,又称适当履行原则或正确履行原则。《合同法》第 60 条第 1 款规定:"当事人应当按照约定全面履行自己的义务"。它要求当事人按合同约定的标的及其质量、数量,合同约定的履行期限、履行地点、履行方式等全面完成合同义务的履行原则。全面履行原则是在实际履行原则的基础上进而要求当事人必须认真执行合同的每一条款,履行每一项义务。实际上,全面履行原则是实际履行原则的补充和扩展。

③ 协作履行原则。协作履行原则指买卖合同的双方当事人在履行合同过程中,互相督促和配合,努力完成合同规定的各项义务。协作履行原则是在实际履行原则和全面履行原则基础上对当事人提出的进一步要求,合同当事人不仅要认真履行自己应尽的义务,还应协助对方完成合同义务。履行中发生争议要及时协商解决,避免分歧扩大,影响合同的履行。

④ 诚实信用的原则。《合同法》第 60 条第 2 款规定:"当事人应当遵循诚实信用原则,根据合同的性质、目的和交易习惯履行通知、协助、保密等义务。"此规定可以理解为在合同履行问题上将诚实信用作为基本原则的确认。

2. 合同的履行规则

(1) 合同条款存在缺陷时的履行规则

对条款不明确的合同,法律允许当事人采取补救性措施,维护合同关系的稳定性、保护当事人的正当利益不受损害,可由双方协商处理;如果双方不能达成协商协议,则采用规则补缺原则:

① 质量不明条款的履行。质量要求不明确的,按照国家标准、行业标准履行;没有国家标准、行业标准的,按照通常标准或者符合合同目的的特定标准履行。

② 价格不明条款的履行。价款或者报酬不明确的,按照订立合同时履行地的市场价格履行;依法应当执行政府定价或者政府指导价的,按照规定履行。

③ 履行地点不明条款的履行。履行地点不明确,给付货币的,在接受货币一方所在地履行;交付不动产的,在不动产所在地履行;其他标的,在履行义务一方所在地履行。

④ 履行期限不明条款的履行。履行期限不明确的,债务人可以随时履行,债权人也可以随时要求履行,但应当给对方必要的准备时间。

⑤ 履行方式不明条款的履行。履行方式不明确的,按照有利于实现合同目的的方式履行。

⑥ 履行费用不明条款的履行。履行费用的负担不明确的,由履行义务一方负担。

(2) 合同履行过程中价格发生变动时的履行规则

指执行政府定价或政府指导价的合同,在合同订立后、履行前政府定价发生调整的,按照何种价格履行的问题。《合同法》第 63 条规定:"执行政府定价或者政府指导价的,在合同约定的交付期限内政府价格调整时,按照交付时的价格计价。逾期交付标的物的,遇价格上涨时,按照原价格执行;价格下降时,按照新价格执行。逾期提取标的物或者逾期付款的,遇价格上涨时,按照新价格执行;价格下降时,按照原价格执行。"规定体现了对违约行为的价格制裁,保护了无过错一方遇到价格变化时免遭损失;同时预防当事人利用价格调整故意逾期交货、逾期提货或逾期付款的行为。

3. 债权人的代位权和撤销权

(1) 债权人的代位权

债权人的代位权是指债权人为了保全其债权不受损害而以自己的名义代债务人行使权利的权利。

《合同法》第 73 条规定:"因债务人怠于行使其到期债权,对债权人造成损害的,债权人可以向人民法院请求以自己的名义代位行使债务人的债权,但该债权专属于债务人自身的除外。"

代位权的行使应符合以下要件:

① 债权人对债务人的债权必须合法、确定,且必须已届清偿期。所谓债权人对债务人的债权合法,是指债权人与债务人之间必须有合法的债权债务的存在,如果债权人对债务人不享有合法的债权,当然代位权不存在合法的基础。所谓债权必须确定,是指债务人对于债权的存在以及内容并没有异议,或者该债权是经过了法院和仲裁机构裁判后所确定的债权。债权人对债务人享有债权必须到期仍不能实现,使债权面临危险,债权人才能主张代位权以保全债权。

② 债务人怠于行使其到期债权。指债务人应当行使而且能够行使权利却不行使其到期的债权。如果债务人的债权没有到期或者客观上不能行使权利(如已被宣告破产,其财产由破产管理人行使),债权人则不能代位行使权利。

③ 债务人怠于行使权利的行为对债权人造成损害。如果债务人的财产足以清偿债务,债权人只需申请强制执行即可获得满足,而不必行使代位权。

④ 债务人的债权不是专属于债务人自身的债权。根据规定,债权人可以代位行使的权利必须是非专属于债务人的权利。专属于债务人自身的债权是基于扶养关系、抚养关系、赡养关系、继承关系产生的给付请求权和劳动报酬、退休金、养老金、抚恤费、安置费、人寿保险、人身伤害赔偿请求权等权利。

债权人行使代位权时应以自己的名义,且必须通过诉讼请求法院行使。债权人代位权行使的范围,以保全债权的必要范围为限,也就是行使代位权获得的价值应与需要保全的债权价值相对。债权人行使代位权的必要费用由债务人承担。

（2）债权人的撤销权

债权人的撤销权是指债权人在债务人与他人实施处分其财产或权利的行为危害债权的实现时，有请求法院予以撤销的权利。

撤销权的行使条件如下：

① 债务人的行为使自己的财产减少或财产负担增加。依《合同法》规定，债务人导致财产减少的行为有 3 种：放弃债权、无偿转让债权、以明显不合理的低价转让其财产。

② 须债务人的行为危害债权。指因债务人的行为使债权得不到清偿，如果债务人的财产足以清偿债务，即使有使财产减少的行为，亦不能行使撤销权。

撤销权的行使，应由债权人以自己的名义，以诉讼形式为之。撤销权的行使范围，以债权人的债权为限。债权人行使撤销权的必要费用，由债务人承担。《合同法》规定撤销权的时效为债权人自知道撤销事由之日起或者债务人的行为发生之日起 5 年内没有行使撤销权的，该撤销权消灭。

9.1.5　合同的变更、转让和终止

1. 合同的变更

（1）合同变更的概念

合同变更是指有效成立的合同在尚未履行或未履行完毕之前，由于某些法律事实的出现而使合同内容发生改变。合同变更有广义、狭义之分。广义的合同变更，包括合同主体、客体和内容的变更。狭义的合同变更，仅指合同客体和内容的变更。合同主体的变更又称为合同转让（后面介绍）。

（2）合同变更的特点

① 以原合同有效为前提。合同的变更，是改变原合同关系，合同变更以原已存在合同关系为前提。若原合同非合法有效，如合同无效或被撤销的合同，也就不存在合同变更之说。

② 合同内容发生变化。合同内容的变化包括标的数量的增减、标的品质的改变、价款或者酬金的增减、履行期限的变更、履行地点的改变、履行方式的改变、结算方式的改变、所附条件的增添或除去、担保的设定或取消、违约金的变更、利息的变化等内容。

③ 须以双方协议的方式进行，单方无权变更。《合同法》第 77 条第 1 款规定："当事人协商一致，可以变更合同。"合同变更通常是当事人合意的结果。此外，合同也可能基于法律规定或法院裁决而变更，如《合同法》第 54 条规定，一方当事人可以请求人民法院或者仲裁机关对重大误解或显失公平的合同予以变更。

④ 合同变更不具有溯及力。合同变更仅对未履行部分生效，已履行部分不受影响。

（3）合同变更的效力

合同变更的实质在于使变更后的合同代替原合同。因此，合同变更后，当事人应按变更后的合同内容继续履行。

合同的变更不影响当事人要求赔偿的权利。原则上，提出变更的一方当事人对对方当事人因合同变更所受损失应负赔偿责任。

2. 合同的转让

合同转让是指在不改变合同内容的前提下,合同当事人一方依法将其合同的权利和义务全部或部分转让给第三人的法律行为。

合同转让可分为债权转让、债务转让和概括转让 3 种情况。

(1) 合同的债权转让

债权转让又称债权让与,就是债权人通过协商将合同的权利全部或部分转让给第三人的行为。原债权人称为让与人,新债权人称为受让人。

债权让与一般应具备如下条件:

① 让与人须存在有效的合同权利。有效合同权利的存在,是债权让与的根本前提,以不存在的、无效或已消灭的合同权利让与他人,都将使债权转让合同无效。

② 被转让的合同权利须具有可转让性。《合同法》规定了 3 种债权不得转让:根据合同性质不得转让的债权;按照当事人约定不得转让的债权;依照法律规定不得转让的债权。

③ 让与人与受让人须就合同权利的转让达成合意。

④ 合同转让不得违背法律的有关规定。

《合同法》规定,债权人转让权利的,应当通知债务人。未经通知,该转让对债务人不发生效力。只要对债务人履行了通知义务即可(通知义务的履行方式可以是书面的,也可以是口头的),不必要征得债务人的同意。债务人的同意并不是这种转让行为发生法律效力的前提。债权转让有效成立后,即在让与人、受让人和债务人之间产生一定的法律效果。

(2) 合同的债务转让

债务转让是指在不改变合同内容的前提下,合同债权人、债务人通过与第三人订立协议,将合同债务全部或部分转让给第三人承担的法律行为。

债务转让须同时具备以下条件:

① 须存在有效的合同义务,这是合同债务转移的前提。若合同义务自始无效或转移时已经消灭,即使当事人订有转让合同也不发生效力。不完全的合同义务仍可转让,如可变更、可撤销的合同在未撤销前仍可依法转让。

② 被转让的合同义务须具有可转让性。当事人特别约定不得转移的合同义务以及不作为的合同义务等,均不得转让。

③ 由于债务转让与债权人的利益密切相关,所以债务转让必须征得债权人的同意。第三人须与债权人和债务人就合同义务的转让达成一致协议。

在债务转让的情况下,原债务人将脱离债务关系,其地位由新债务人替代。债务转让在性质上并不消灭债务,仅仅是将原债务转移到新债务人,一旦发生债务转让,原债务人就不再承担债务,也不承担因新债务人不履行合同而发生的违约责任。

债务人转让有别于第三人替债务人履行债务。《合同法》第 65 条规定,当事人可以约定由第三人向债权人履行债务。第三人不履行或者履行债务不符合约定的,债务人应当向债权人承担违约责任。债务人转移义务和第三人替债务人履行债务的区别主要有以下几方面:

① 在债务人转移义务时,债务人应当征得债权人的同意。在第三人替代履行的情况下,债务人同意第三人代替其履行债务即可,不必经债权人的同意。

② 在债务人转移义务的情况下,债务人全部转移义务后就退出了原合同关系,第三人成

为合同新的债务人。在债务人部分转移义务时,第三人加入到原合同关系中,和债务人共同履行义务。第三人替代履行时,第三人并未加入到合同关系中,债权人不能把第三人作为合同的主体,直接要求第三人履行义务。

③ 在债务人转移义务后,第三人成为合同关系的当事人,如果债务人未能按照合同约定履行,债权人可以直接请求第三人履行义务,而不能再要求原债务人履行。在合同义务部分转移的情况下,债权人可以向债务人和第三人中的任何一方要求履行。在第三人替代履行的情况下,第三人履行有瑕疵的,债权人只能要求债务人承担违约责任,而不能要求第三人承担违约责任。

(3) 合同的概括转让

《合同法》第 88 条规定:"当事人一方经对方同意,可以将自己在合同中的权利和义务一并转让给第三人。"权利和义务一并转让又称概括转让,是指合同一方当事人将其权利和义务一并转移给第三人,由第三人全部地承受这些权利和义务。

权利和义务一并转让的后果,导致原合同关系的消灭,第三人取代了转让方的地位,产生出一种新的合同关系。

根据《合同法》有关权利转让和义务转移的规定,债权人转让权利应当通知债务人;债务人转移义务的必须经债权人的同意。权利和义务一并转让既包括了权利的转让,又包括义务的转移,所以,合同一方当事人在进行转让前应当取得对方的意见,使对方能根据受让方的具体情况来判断这种转让行为能否对自己的权利造成损害。只有经对方当事人同意,才能将合同的权利和义务一并转让。如果未经对方同意,一方当事人就擅自一并转让权利和义务的,那么其转让行为无效,对方有权就转让行为对自己造成的损害,追究转让方的违约责任。

权利和义务一并转让只出现在双务合同中。对于当事人只承担义务或者享受权利的单务合同不存在权利和义务一并转让的问题。比如,赠予合同的被赠予人只享有权利而不承担义务,这些合同的当事人不可能出现将权利和义务一并转让的情况。

合同的概括转让须具备以下条件:
① 存在有效的债权债务。
② 被转移的债权债务应具有可转让性。
③ 须转让人与受让人达成协议并经原合同另一方当事人同意。

3. 合同的终止

合同终止是指由于一定的法律事实的发生,使合同所设定的权利义务在客观上已不复存在。也就是,合同权利和义务的终止,使当事人之间的权利义务关系消灭。

合同终止的原因主要如下:

(1) 合同全部依约履行

这是合同终止的最基本的、最正常的原因,合同双方的权利义务履行完毕,达到合同的预期目的。

(2) 免除债务

指债权人免除债务人全部债务,从而使债务人不必再履行义务而终止合同。

(3) 混　同

指合同当事人双方合二为一,债权与债务归于一人。

（4）合同解除

是指合同当事人一方或双方依照法律规定或当事人的约定,依法解除合同关系。

合同解除分 3 种情况:

① 协议解除,即合同当事人经协商一致而终止合同效力。

② 约定解除,即当事人约定的解除合同的条件发生时,由当事人一方通知另一方解除合同的效力。

③ 法定解除,即出现了法律规定可以解除合同的情形时,当事人一方依法解除合同效力。

依《合同法》第 94 条的规定,可依法解除合同的情形有 5 种:

● 因不可抗力致使不能实现合同目的。

● 在履行期间届满之前,当事人一方明确表示或以自己的行为表明不履行主要义务。

● 当事人一方迟延履行主要义务,经催告后在合理期限内仍未履行。

● 当事人一方迟延履行债务或有其他违约行为致使不能实现合同目的。

● 法律规定的其他情形。

合同解除后,尚未履行的应终止履行;已经履行的应根据履行情况和合同性质决定,当事人可以要求恢复原状或采取其他补救措施。合同终止,不影响当事人要求赔偿损失的权利。合同权利义务终止后,合同中有关结算和清理的条款仍然有效。

（5）债务抵消

债务抵消是指当事人互负到期债务时,任何一方均可将自己的债务与对方的债务相抵消,从而使合同效力终止。

依我国《合同法》的规定,抵消有两种情况:

一是单方通知抵消。其条件是:①须双方互负到期债务;②须债务的标的种类、品质相同;③须依照法律规定或合同性质决定该债务可以抵消。其程序是由一方通知另一方。自通知到达对方时起,即产生抵消的效力。但法律规定,该抵消不得附任何条件和限制。

二是双方协商抵消。在双方互负债务的情况下,无论债务是否均已到期,也不管标的种类、品质是否相同,只要双方协商一致,就可以使债务抵消。

（6）提　存

提存是指债务人履行其到期债务时,因债权人无正当理由而拒绝受领,或因债权人下落不明等原因无法向债权人履行债务时,可依法将其履行债务的标的物送交有关部门,以代替履行的制度。

根据《合同法》第 101 条的规定,债务人只有在下列情况下才能以提存代为履行:

① 债权人无正当理由拒绝受领的。

② 债权人下落不明的。

③ 债权人死亡未确定继承人的。

④ 债权人丧失民事行为能力未确定监护人的。

⑤ 法律规定的其他情形。

在上述情况下,如标的物不适于提存或提存费用过高的,债务人可依法拍卖或变卖标的物,提存所得的价款。

标的物提存后,债务人的债务即行消灭。但是,除债权人下落不明的以外,债务人应当及时通知债权人或债权人的继承人、监护人等。债权人可以随时领取提存物,但债权人对债务人负有到期债务的,在债权人未履行债务或提供适当担保之前,提存部门根据债务人的要求应当拒绝其领取提存物。债权人领取提存物的权利,自提存之日起五年内不行使即消灭,提存物扣除提存费用后归国家所有。标的物提存后,毁损、灭失的风险由债权人承担。提存期间标的物的孳息归债权人所有。提存费用也由债权人负担。

合同的权利义务终止后,当事人应当遵循诚实信用原则,根据交易习惯履行通知、协助、保密等义务。合同的权利义务终止,不影响合同中结算和清理条款的效力。

9.1.6 违约责任

违约责任是违反合同的民事责任的简称,是指合同当事人一方不履行合同义务或履行合同义务不符合合同约定所应承担的民事责任。

违约责任的形式,即承担违约责任的具体方式。《合同法》第107条规定:"当事人一方不履行合同义务或者履行合同义务不符合约定的,应当承担继续履行、采取补救措施或者赔偿损失等违约责任。"据此,违约责任有3种基本形式,即继续履行、采取补救措施和赔偿损失。当然,除此之外,违约责任还有其他形式,如违约金和定金责任。

1. 继续履行

继续履行又称强制依约履行,指债务人不能履行或不能完全履行合同时,债权人申请合同仲裁机构或人民法院强制债务人实际履行合同,以实现订立合同的目的。

(1) 继续履行的特征

① 继续履行是一种独立的违约责任形式,不同于一般意义上的合同履行。具体表现在:继续履行以违约为前提;继续履行体现了法律的强制;继续履行不依附于其他责任形式。

② 继续履行的内容表现为按合同约定的标的履行义务,这一点与一般履行并无不同。

③ 继续履行以对方当事人(守约方)请求为条件,法院不得径行判决。

(2) 继续履行的适用

继续履行的适用,因债务性质的不同而不同,主要有以下情形:

① 金钱债务。无条件适用继续履行。金钱债务只存在迟延履行,不存在履行不能。因此,应无条件适用继续履行的责任形式。

② 非金钱债务。有条件适用继续履行。对非金钱债务,原则上可以请求继续履行,但下列情形除外:

● 法律上或者事实上不能履行(履行不能)。

● 债务的标的不适用强制履行或者强制履行费用过高。

● 债权人在合理期限内未请求履行(如季节性物品的供应)。

2. 采取补救措施

采取补救措施作为一种独立的违约责任形式,是矫正合同不适当履行(质量不合格)、使履行缺陷得以消除的具体措施。这种责任形式,与继续履行(解决不履行问题)和赔偿损失具有互补性。

关于采取补救措施的具体方式,我国相关法律做了以下规定:

①《合同法》第 111 条规定："对违约责任没有约定或者约定不明确,依照有关规定仍不能确定的,受损害方根据标的的性质及损失的大小,可以合理选择要求对方承担修理、更换、重作、退货、减少价款或者报酬等违约责任。"

②《消费者权益保护法》第 44 条规定："经营者提供商品或者服务,造成消费者财产损害的,应当按照消费者的要求,以修理、重作、更换、退货、补足商品数量、退还货款和服务费用或者赔偿损失等方式承担民事责任。"

③《产品质量法》第 40 条规定："售出的产品有质量问题的,销售者应当负责修理、更换、退货。"

3. 违约损害赔偿

(1) 违约损害赔偿的概念

违约损害赔偿,也称赔偿损失,是指违约方因不履行或不完全履行合同义务,而给对方造成损失,依法和依合同规定应承担的损害赔偿责任。

(2) 违约损害赔偿的特点

违约损害赔偿具有以下特点:

① 违约损害赔偿是因债务人违反合同义务所产生的一种责任。也就是说,合同关系是损害赔偿存在的前提。如果一方当事人由于自己的过错而使合同不成立、无效或被撤销,造成对另一方当事人的损害,因合同关系不存在而应该属于缔约上的过失责任,不属于违约责任范畴。

② 违约损害赔偿具有补偿性,一般不具有惩罚性。违约损害赔偿主要是为了弥补或填补债权人因违约行为遭受的损害后果。若事先没有约定损失赔偿额的计算方法的,损失赔偿额应相当于因违约所造成的各种损失。但经销商对消费者提供汽车产品或者服务有欺诈行为的,根据《合同法》第 113 条规定:"经营者对消费者提供商品或服务有欺诈行为的,依照《中华人民共和国消费者权益保护法》的规定承担损害赔偿责任"。依法要加倍赔偿,这时的赔偿具有惩罚性。此种赔偿仅针对欺诈行为而适用,它只是合同违约损害赔偿的一个例外,而非损害赔偿的一般原则。

③ 违约损害赔偿具有一定程度的任意性。合同约定的权利义务是当事人在不违反法律规定的范围内可以对债权债务自由做出安排和处分,亦可对违约的损害赔偿问题事先做出安排。也就是说,当事人在订立合同时,可以预先约定一方当事人因违约产生的损失赔偿额的计算方法。

④ 违约损害赔偿以当事人实际遭受的全部损害为原则。一方违反合同,对方不仅会遭受财产的损失,还会遭受可得利益的损失,这些损失都应得到补偿。只有赔偿全部损失,才能在经济上相当于合同得到正常履行情况下的同等收益,由此才能有效保护债权人的正当权益。即使违约方履行了义务或者采取了补救措施,对方还有其他损失的,仍应赔偿损失。

(3) 违约损害赔偿的分类

违约损害赔偿有法定损害赔偿和约定损害赔偿两种方式。

法定损害赔偿,是指由法律规定的,由违约方对守约方因其违约行为而对守约方遭受的损失承担的赔偿责任。

约定损害赔偿,是指当事人在订立合同时,预先约定一方违约时应当向对方支付一定数额的赔偿金或约定损害赔偿额的计算方法。

4．违约金

（1）违约金的概念

违约金是指按照当事人的约定或者法律规定，当事人一方违反合同时应当向对方支付的一定数量的金钱或财物。

违约金具有担保债务履行的功效，又具有惩罚违约人和补偿无过错一方当事人所受损失的效果。

（2）违约金的特征

违约金具有以下法律特征：

① 违约金是由当事人协商而定的。当事人约定违约金的权利是合同自由原则的具体体现。在现实生活中，由于当事人订立和履行合同的条件各不相同，当事人对同一违约后果的认识和要求也不一样。充分允许当事人约定违约金是尊重合同当事人自由约定合同条款的权利以及在违约行为发生时保护自身利益的权利。

② 违约金的数额是预先确定的。这对于违约后损失补偿的操作简便迅速，可免去受害人一方在另一方违约以后就实际损失所负的举证责任，同时，也省去了法院和仲裁机构在计算实际损失方面的麻烦。另外，由于预先确定违约金的数额，事先即向当事人指明了所应承担责任的具体范围，因而更能起到督促当事人履行合同的作用。

③ 违约金是一种违约后生效的补救方式。换言之，违约金在合同订立时并不立即生效，而只是在一方违约后才产生效力。违约金作为一种违约后生效的补救方式，具有一定的任意性，违约金额是经当事人协商确定的。但既是一种补救方式，就不能不体现补救的特性，所以，《合同法》第114条规定："约定的违约金低于造成的损失的，当事人可以请求人民法院或者仲裁机构予以增加；约定的违约金过分高于造成的损失的，当事人可以请求人民法院或者仲裁机构予以适当减少。"

④ 违约金的支付是独立于履行行为之外的给付。只要当事人没有特别约定，支付违约金的行为不能代替履行合同，当事人不得在支付违约金后免除履行债务的责任，也就是违约金并没有给予债务人违约的权利。尽管合同规定了违约金条款，但不妨碍债务的履行。

5．定　金

（1）定金的概念

所谓定金，是指合同当事人为了确保合同的履行，根据双方约定，由一方按合同标的额的一定比例预先给付对方的金钱或其他替代物。

《合同法》第115条规定："当事人可以依照担保法约定一方向对方给付定金作为债权的担保。"债务人履行债务后，定金应当抵作价款或者收回。给付定金的一方不履行约定的债务的，无权要求返还定金；收受定金的一方不履行约定的债务的，应当双倍返还定金。据此，在当事人约定了定金担保的情况下，如一方违约，定金罚则即成为一种违约责任形式。

《合同法》第118条规定："当事人既主张约定违约金，又主张定金的，一方违约时，对方可以选择适用违约金或定金条款。"因此，定金与违约金不能同时适用，只能选择适用。

（2）定金与相关概念的区别

1）定金与保证金

保证金是指合同当事人一方或双方为保证合同的履行，而留存于对方或提存于第三人的金钱。

在现实经济生活中，保证金主要有两种形式：一种是合同当事人为保证其债权的实现而要求另一方提供的保证金；另一种是双方在合同成立时，为保证各自义务的履行而向共同认可的第三人（通常为公证机关）提存的保证金。

保证金也具有类似定金一样的担保合同实现的作用，但其没有双倍返还的功能。而且当事人可以自行约定定金的作用功能（如合同订立的保证、合同生效的条件、合同成立的证明，或者合同解除的代价），而保证金则不具备这些功能。

保证金留存或提存的时间和数额是没有限制的。双方当事人可以自行约定在合同履行前、合同履行过程中皆可；保证金的数额可以相当于债务额，并不像定金总额不得超过主合同总价款的 20％，而且必须是在合同约定时或者合同签订前给付。

2）定金与预付款

预付款是产品或劳务的接受方为表明自己履行合同的诚意或者为对方履行合同提供一定资金，在对方履行合同前率先向对方支付的部分价金或劳务报酬。实践中，订金、预付金、诚实信用金等都是预付款的种种别名。

预付款的目的在于以率先支付一定款项作为合同履行的诚意，或者将这一数量的款项作为合同履行所需资金的一部分。所以，预付款实际上是合同应该履行款项的一部分，定金则不然。

定金的给付时间既可以在主合同正式订立（即合同预约阶段），也可以在合同订立后。而预付款一般在合同正式订立之后才能要求给付。

定金的作用在于担保主合同的履行，在买卖合同订立前，约束双方当事人按时签订正式合同；而在合同订立后的定金主要在于促使双方当事人进入合同的实质履行阶段。对于预付款而言，合同无效或者出现违约事由时，退还相同数额即可，其不具有惩罚的性质。

如果给付的意思不明确或依法不能认定具备定金条款或定金合同的，应该推定为预付款。

9.2　汽车营销支付工具与支付方式

在汽车营销实务中，商定成交价格与支付方式是交易双方的主要内容之一。关于汽车价格的制定在其他课程中有详细讲解，本书中略，但是，即使汽车制造商制订了具体的汽车价格，在市场营销过程中，价格也受某些因素的影响而变动。

9.2.1　支付工具

货款的收付是买卖双方的基本权利和义务，影响到买卖双方的资金周转和融通以及各种金融风险和费用的负担，直接关系到买卖双方的经济利益。因此，它是购销合同中的重要条款，也是交易结算的重要内容。汽车交易货款的收付，主要涉及支付工具、付款时间、地点及支付方式等内容。买卖双方必须对上述内容在合同中做出明确规定，以保障双方的权益。

支付货款是汽车营销过程中常见的环节和现象,所以汽车营销人员经常涉及现金收支及款项结转,但是营销人员不是专门的财务人员,因此,要求营销人员了解各种支付工具,熟悉各种支付结算程序,便于快速、有效地完成营销业务。本节主要介绍各种支付工具以及应该注意的问题。

支付工具分为货币和票据,也就是人们所说的现金结算和银行转账。

1. 现金结算

现金结算相对简单,这里主要介绍一下相关术语。

开户单位,是指在银行和其他金融机构开立账户的企事业单位和机关、团体及部队。进行汽车交易的经销店等都要在银行和其他金融机构开立账户,即所谓的开户单位。

开户银行,是指开户单位在其设立账户的银行和其他金融机构,包括各级商业银行,如工行、农行、建行、中国银行、交通银行、中信实业银行、光大银行、招商银行、城市信用社、农村信用社和其他金融机构(保险公司、信托投资公司等以及经批准在中国境内经营人民币业务的外资、中外合资银行和金融机构)。

2. 银行转账

在汽车营销过程中,由于涉及的金额较大,很少使用现金支付,一般都是使用信用工具或支付凭证,通过双方在银行开立账户进行冲销,即采用非现金结算的票据方式。

票据的概念有广义和狭义之分。广义的票据是指一切商业上的权利凭证,如提单、保险单、仓单、抬头债券和股票等。狭义的票据是指债务人按期无条件支付一定金额,可以转让流通的有价证券。票据是在货币或商品的让渡中,反映债权、债务的发生、转移、偿付而使用的一种信用工具。支付中使用的票据是指狭义的票据,包括汇票、本票和支票。

(1) 汇 票

1)汇票的定义

我国《票据法》第19条对汇票所下的定义是:"汇票是出票人签发的,委托付款人在见票时或者在指定日期无条件支付确定的金额给收款人或者持票人的票据。"

从以上定义可知,汇票是一种无条件支付的委托,有三个当事人:出票人、付款人和收款人。

2)汇票的必要项目

汇票必须具备完整、必要的内容。按照我国《票据法》的规定,汇票必须记载下列内容:

- 载明"汇票"字样。
- 无条件支付的委托。
- 确定的金额。
- 付款人名称。
- 收款人名称。
- 出票日期。
- 出票人签章。

汇票上未记载规定事项之一的,汇票无效。我国《票据法》还规定,如果汇票上记载付款日期、付款地、出票地等事项的,则应当清楚、明确。如果汇票上未记载付款日期的,为即期汇票;

汇票上未记载付款地的,则付款人的营业场所、住所或经常居住地为付款地;汇票上未记载出票地的,则出票人的营业场所、住所或经常居住地为出票地。汇票除以上项目外,还可以根据需要记载其他事项,但这些事项不具有汇票上的效力。

3) 汇票的种类。汇票主要有以下几种:

① 按照出票人的不同,汇票可分为商业汇票和银行汇票,如图 9 - 1 所示。商业汇票是由工商企业或个人开出的汇票,付款人可以是工商企业或个人,也可以是银行。商业汇票大都附有货运单据,属于跟单汇票。银行汇票是由银行开出的汇票,出票人和付款人都是银行。这是银行汇票和商业汇票的主要区别之一。银行汇票一般为光票,不附有货运单据。

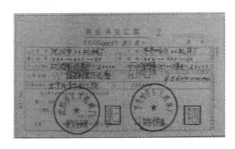
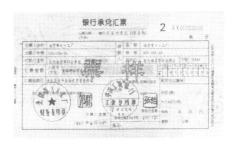

(a) 商业汇票票样　　　　　　　　　　　　　(b) 银行汇票票样

图 9 - 1　汇票票样

② 按照流转时是否附有货运单据,汇票可分为光票和跟单汇票。光票是指不附有货运单据的汇票,银行汇票多为光票;跟单汇票是指附有货运单据的汇票,商业汇票多为跟单汇票。

③ 按照付款时间的不同,汇票可分为即期汇票和远期汇票。即期汇票是指在持票人提示或付款人见票时应立即付款的汇票;远期汇票是指付款人于一个指定的日期或在将来一个可以确定的日期付款的汇票。远期汇票付款期限的规定方法主要有下列几种:定日付款,即在汇票上规定一个指定的付款日期;出票后定期付款;见票后定期付款。

④ 按照承兑人不同,汇票可分为商业承兑汇票和银行承兑汇票。商业承兑汇票是指由企业或个人作为付款人并经其承兑的远期汇票。企业或个人承兑后即承担了汇票到期支付的法律责任,因而属商业信用。银行承兑汇票是指由银行作为付款人并经其承兑的远期汇票。银行承兑后即承担了汇票到期支付的法律责任,因而属银行信用。

4) 汇票的使用程序

即期汇票属于见票即付,从出票到付款间隔时间短,手续简便,一般只需经过出票、提示、付款三个过程。远期汇票从出票到付款有一段较长时间间隔,除了要经过以上程序外,还要经过背书、承兑等其他程序。

① 出票。出票是发生票据权利、义务关系的最重要的票据行为。它是指出票人签发票据并将其交付给收款人的票据行为。出票人出票后就成为票据的主债务人,应承担担保承兑和付款的责任。收款人是票据的主债权人,作为持票人,可行使付款请求权和追索权。出票人在签发汇票时,要在汇票上填写必要的内容。

② 提示。提示是指持票人将汇票提交给付款人要求承兑或付款的行为。付款人看到汇票叫作见票。提示可分为两种:其一是承兑提示,指持票人在汇票到期日前向付款人出示汇票,并要求付款人承诺付款的行为。承兑提示只适用于远期汇票。其二是付款提示,指汇票的

持票人向付款人(或远期汇票的承兑人)出示汇票要求付款人(或承兑人)付款的行为。付款提示适用于即期票据或已到期的远期票据。远期汇票的承兑提示和即期汇票的付款提示均应在法定期限内进行。

③ 承兑。承兑是指远期汇票的付款人承诺负担票据债务的行为。承兑的手续是由付款人在汇票正面写上"承兑"字样,注明承兑的日期,并由付款人签名,交还给持票人。承兑是附属票据行为。但是,承兑后,承兑人就是汇票的主债务人,即使出票人的签字是伪造的、背书人无行为能力,承兑人也应对票据上的债务负责,而出票人则由主债务人转变为从债务人。承兑分为普通承兑和保留承兑。承兑人不作任何保留,接受汇票文义内容为普通承兑;承兑人对汇票文义内容加以修改后接受为保留承兑。但我国《票据法》第 43 条规定:"付款人承兑汇票,不能附有条件;承兑附有条件的,视为拒绝承兑。"

④ 付款。付款是指持票人或其委托人于付款到期日,向付款人或承兑人提示票据,要求支付票面金额的行为。持票人获得付款后,应当在汇票上签收,付款人在汇票上注明"收讫"字样收回汇票,汇票的一切债务责任即告终结。持票人委托银行收款的,受托银行将代收的汇票金额转账收入持票人账户,视同签收。

⑤ 背书。背书是指持票人在汇票背面记载有关事项、签章并把汇票交给受让人的行为。经过背书,持票人可以将汇票权利转让给他人或将一定的汇票权利授予他人行使。汇票可以经过背书不断转让下去。对于受让人来说,所有在他以前的背书人及原出票人都是他的"前手";而对于出让人来说,所有在他让予以后的受让人都是他的"后手"。前手对后手负有担保汇票必然会被承兑或付款的责任。汇票受让人在受让时要按汇票的票面金额扣除从转让日起至汇票付款日止的利息后,将票款付给出让人。这种行为又称"贴现"。

⑥ 拒付与追索。拒付也称退票,是指当持票人提示汇票要求承兑或付款时,付款人拒绝承兑或付款,或者由于付款人死亡、逃匿或被依法宣告破产,或因违法被责令终止业务活动,以致付款事实上不可能的,就构成付款人的拒付行为。汇票遭到拒付,对持票人立即产生追索权。我国《票据法》规定汇票到期被拒绝付款的,持票人可以对背书人、出票人以及汇票的其他债务人行使追索权。持票人行使追索权时,应当提供被拒绝承兑或被拒绝付款的有关证明。持票人不能出示拒绝证明、退票理由书或者未按照规定期限提供其他合法证明的,丧失对其前手的追索权。但是,承兑人或者付款人仍应当对持票人承担责任。

(2) 本 票

1) 本票的含义

我国《票据法》对本票下的定义是:"本票是出票人签发的,承诺自己在见票时无条件支付确定的金额给收款人或持票人的票据。"简单地说,本票是出票人对持票人承诺无条件支付一定金额的票据。

2) 本票的内容

根据我国《票据法》的规定,本票必须记载下列内容,如图 9-2 所示。

● 表明"本票"字样。

● 无条件支付的承诺。

● 确定的金额。

● 收款人名称。

● 出票日期。

● 出票人签章。

图 9－2　本票票样

　　这些内容必须齐全,否则本票无效。至于付款地、出票地,如有记载应当清楚、明确。如未记载,则出票人的营业场所为付款地、出票地。

　　3）本票的种类

　　我国《票据法》规定,本票仅限于由中国人民银行审定的银行或其他金融机构签发的银行本票(国际上,许多国家的票据法规定,除银行签发即期本票外,也允许工商企业签发本票。这种由工商企业签发的本票称为一般本票或商业本票。一般本票既可以是即期的,也可以是远期的。而银行本票均为见票即付的即期票据)。我国《票据法》第 79 条规定:"本票自出票日起,付款期限最长不得超过 2 个月。"也就是说,这种即期票据的期限较长。

　　(3) 支　票

　　1）支票的含义

　　我国《票据法》给支票下的定义是:"支票是出票人签发的,委托办理支票存款业务的银行或者其他金融机构在见票时无条件支付确定的金额给收款人或者持票人的票据。"

　　2）支票的内容

　　我国《票据法》规定,支票必须记载下列内容,如图 9－3 所示。

(a) 转账支票票样

(b) 现金支票票样

图 9－3　支票票样

● 表明"支票"字样。
● 无条件支付委托。
● 确定的金额。
● 付款人名称。

● 出票日期。

● 出票人签章。

缺少上述任何一项的,支票无效。出票人所签发的支票金额不得超过其在付款人处实有的存款金额,如超过则为空头支票。签发空头支票的出票人要承担法律责任。

为了发挥支票灵活便利的特点,我国《票据法》规定了两项绝对应记载事项可以通过授权补记的方式记载:一是关于支票金额的授权补记。支票的金额本是绝对应记载事项,但在使用中,往往发生难以确定支票金额的情况,这时,可适用"支票上的金额可以由出票人授权补记,未补记前的支票,不得使用。"二是关于收款人名称的授权补记。我国《票据法》规定,票据都是记名式票据,故无收款人名称记载,票据即为无效。但是,在实际中,出票人往往不能事先确定收款人,这时可适用"支票上未记载收款人名称的,经出票人授权,可以补记。"未补记这一内容的支票不得背书转让、提示付款。

3) 支票的种类

支票按抬头的不同性质,可分为记名支票、不记名支票;按支票的签发人不同,可分为银行支票、商业支票;按支票本身的基本特征又可分为多种,如保付支票、空头支票等。

在我国《票据法》中,规定了普通支票、转账支票和现金支票 3 种不同类型的支票。其中现金支票只能用于支取现金;转账支票只能用于通过银行或其他金融机构转账结算,不能支取现金。普通支票可以支取现金,也可以转账。用于转账时,根据中国人民银行《支付结算办法》的规定,在普通支票左上角划两条平行线,使普通支票成为划线支票。这一做法符合国际上支票使用的一般习惯。

在国际上,支票是支取现金还是转账由持票人或收款人自主选择。但一经划线,则只能通过银行转账,而不能支取现金。所以支票又分为"划线支票"和"未划线支票"。对于未划线支票,收款人既可通过银行将账款收入自己的账户,也可以到付款银行提取现款。

根据我国《票据法》的规定,支票限于见票即付,不得另行记载付款日期,另行记载付款日期的,该记载无效。也就是说,支票只有即期,没有远期。

(4) 信用卡

信用卡是指商业银行向个人和单位发行的,凭其向特约单位购物,进行消费和银行存取现金,具有消费信用的特制载体卡片。

采用信用卡支付方式的,收款单位对于当日受理的信用卡签购单,填写汇总单和进账单,连同签购单一并送交收单银行办理进账,在收到银行收账通知时,据以编制收款凭证;付款单位对于付出的信用卡资金,应根据银行转来的付款通知和有关原始凭证编制付款凭证。

在私人购车中使用这种方式是较普遍的。

9.2.2　支付方式

1. 汇　付

(1) 汇付的含义

汇付,又称汇款、汇兑,是银行应付款人的要求,以一定方式将款项汇交收款人的支付方式。在一笔汇付业务中,涉及 4 个最基本的当事人,即汇款人、收款人、汇出行和汇入行。

- 汇款人是指汇出款项的人。在汽车营销实务中,汇款人通常是购车客户或单位。
- 收款人是指收取款项的人。在汽车营销实务中,收款人通常是汽车经销商。
- 汇出行是指受汇款人的委托,汇出款项的银行。
- 汇入行又称解付行,是指受汇出行委托,将款项交给收款人的银行。

(2) 汇付方式的种类

汇款人在委托汇出行办理汇款时,要填写汇款申请书。此项申请书是汇款人与汇出行之间的契约。汇出行有义务按照汇款申请书的指示,用某种汇款方式通知汇入行。汇出行与汇入行之间事先订有代理合同,在代理合同规定的范围内,汇入行对汇出行承担解付汇款的义务。

常用的汇付方式有电汇、信汇和票汇 3 种。

① 电汇。电汇是指汇出行应汇款人的申请,把委托电汇通知拍发加押电报或电传给汇入行,指示其解付金额给收款人的一种汇款方式。电汇方式采用加注密押的电传或电报发出电信指示,虽然费用较高,但具有收款快捷、资金安全的特点。电汇已成为目前汇付中使用最普遍的方式。

② 信汇。信汇是指汇出行应汇款人的申请,将委托信汇通知邮寄汇入行,授权汇入行解付一定金额给收款人的一种汇款方式。信汇费用较电汇低廉,但邮寄速度慢,收款人收款较迟。

③ 票汇。票汇是指汇出行应汇款人的申请,开立以汇入行为付款人的银行即期汇票,交由汇款人自行寄交给收款人,收款人凭该汇票向汇入行取款的一种汇款方式。票汇的收款人可以通过背书转让汇票,而电汇、信汇的收款人不能将收款权转让。因此,票汇方式比电汇、信汇更灵活。

2. 托　收

托收在汽车出口贸易中运用较多,而在国内汽车营销实务中,应用较少,在此仅作简单介绍。

(1) 托收的含义

托收是指债权人开具商业汇票,委托当地银行通过其分行或代理行向债务人收取货款的一种支付方式。在托收方式中,涉及的基本当事人有委托人、托收行、代收行和付款人。

- 委托人是委托银行办理托收业务的人。委托人为卖方(如汽车经销商),由于委托人通常开具汇票委托银行向债务人收款,因此,也称为出票人。
- 托收行又称委托行,是受委托人委托办理托收的银行。
- 代收行是指接受托收行的委托向付款人收取票款的银行,一般是委托行的分行或代理行。
- 付款人是指汇票中指定的付款人,也就是代收行向其提示汇票要求付款的债务人,即购买商。

(2) 托收的种类

根据托收中是否附带商业单据,托收可以分为光票托收和跟单托收两大类。

① 光票托收。光票托收是指凭汇票而不附带商业单据的托收,又被称为金融单据托收或非货运单据托收。光票托收不直接涉及货物的转移或处理,银行只需根据票据收款即可。

② 跟单托收。跟单托收是指附带商业单据的托收。在托收中,经销商在提交托收申请的同时,把汇票及商业单据一起交给托收行,也有的只有商业单据,不开汇票。

托收行接受委托申请时,根据《托收统一规则》的规定,核实所收到的单据在表面上与托收指示书所列是否一致;若发现不一致,应立即通知其委托人。除此之外,银行对单据的形式、完整性、准确性、真实性或法律效力及单据上规定的或附加的一般和(或)特殊条件概不负责。

(3) 托收在汽车国际贸易中的应用

托收是建立在商业信用基础上的。在托收中,汽车出口商在运出货物以后,依赖进口商的信用才能收到货款,所以,在一定程度上失去了货物和资金两个方面的主动权。在承兑交单下,汽车出口商的风险更大,因为进口商只要办理了承兑,即可取得单据、提取货物,一旦到期不付款,出口商就会货款两空。对进口商来说,托收方式费用低廉,可免去开立信用证的手续,不必支付银行押金,减少资金支出,如果采用远期托收,还可以不必占用自有资金,有利于资金周转。所以,总体来说,托收方式对进口商比较有利。因此,在出口业务中采用托收实质上是出口商对进口商融通资金用作竞争的一种手段,有利于调动进口商采购货物的积极性,从而有利于促进成交和扩大出口。

在汽车出口贸易中,为了充分发挥托收方式促进出口规模扩大的作用,应当特别注意防范和避免风险或者尽量减少风险,确保安全收汇。事先应充分调查了解进口商的资信状况,熟悉进口国的许可证制度、外汇管理制度、海关商业惯例等,选择信誉良好的代收行,争取以 CIF 价格条件成交,由出口方办理保险,以保障出口方的权益。

在汽车进口业务中,也有采用跟单托收方式支付货款的,这样可以节省费用,有利于资金周转。但是,进口方应特别注意在付款交单时,对方使用假单据或汽车产品不合格的诈骗行为。

3. 信用证

(1) 信用证的含义及其当事人

信用证是开证银行根据开证申请人的请求和指示,以自身的名义向收益人开立的,具有一定金额,在一定期限内凭规定的单据实现支付的书面保证文件。

这就是说,信用证是一种银行开立的有条件的保证付款的文件。这里的"条件"就是受益人必须提交符合信用证规定的各种单据。开证申请人与开证行的权利和义务以开证申请书为依据。开证申请书属于委托契约性质,开证申请人通过申请书委托开证行向受益人提供信用,同时代为行使请求受益人交付单据的权利。

信用证业务涉及的当事人很多,其中,开证申请人、开证行和受益人是基本当事人。这些当事人的概念如下:

- 开证申请人又称开证人,是指向银行申请开立信用证的人,即买卖合同的买方。

  开证行是指接受开证申请人的委托,以其自身名义开立信用证并承担付款责任的银行。
- 受益人是指信用证上所指定的有权开具汇票向开证银行或其指定的付款银行索取货款的人,即买卖合同的卖方。
- 通知行是指受开证行的委托,将信用证转交或通知卖方指定的银行,一般是卖方所在地的银行,而且通常是开证行的代理行。
- 议付行是指根据开证行的授权买入或贴现受益人符合信用证规定的跟单汇票的银行。

议付行可以是信用证上指定的银行,也可以是非指定的银行。议付行若遭受开证行的拒付,有权向受益人追索。

- 付款行是指信用证上指定的付款银行。如果信用证未指定付款银行,开证行即为付款行。付款行一经付款,不得对受益人进行追索。
- 偿付行是指信用证指定的代开证行向议付行清偿垫款的银行。偿付行的出现往往是由于开证行的资金调度集中在该第三国银行的缘故。偿付行不负责审核单据,并且不受追索。
- 保兑行是指根据开证行的请求在信用证上加具保兑的银行。保兑行对信用证独立负责,承担必须付款或议付的责任。在付款或议付后,不论开证行倒闭或无理拒付,都不能向受益人追索。

信用证支付方式主要用在国际贸易业务中。

(2) 信用证的内容

各银行的信用证没有固定、统一的格式,但其内容基本相同,主要包括以下几项:

① 对信用证本身的说明。如信用证的号码、种类、金额、开证日期、信用证的有效日期、交单日期和到期地点等。

② 信用证和有关当事人的名称、地址,如开证申请人、受益人、开证行及其指定的通知行、议付行、付款行、偿付行、保兑行等。

③ 有关货物的描述。如商品的名称、规格、数量、包装、单价、总值等。

④ 对运输的要求。如运输方式、装运的最迟期限、起运地、目的地、可否分批、可否转运等。

⑤ 对单据的要求。对单据的要求包括:对汇票的要求,信用证上如规定出口商提交汇票,则应列明汇票的必要项目;对货运单据的要求,主要是商业发票、海关发票、提单或运输单据、保险单证等;对官方单据的要求,主要有普惠制产地证、一般产地证、海关发票、领事发票等。对单据的要求不仅要明示种类,而且还要规定正副本份数及缮制的特殊要求。

⑥ 特别条款。主要是根据进口国的政治、经济、贸易情况的变化或不同业务需要规定的一些条款。

⑦ 开证行对受益人及汇票持有人保证付款的责任文句以及适用的国际惯例。目前,银行开出的信用证都注有"该证受国际商会《跟单信用证统一惯例》第 500 号出版物的约束"字样。

(3) 信用证方式的支付程序

进出口交易双方签订买卖合同,合同中规定以信用证方式支付货款,这是开展信用证业务的前提条件。信用证方式支付从一般程序来看,主要有以下几个基本环节:

① 开证人在合同规定的期限内向开证行申请开立以出口商为受益人的信用证。开证人按照合同的内容填写开证申请书。开证申请书是体现开证人与开证行权利与义务的契约性文件。开证人申请开证时,应交纳押金、手续费,或提供其他担保。

② 开证行接受开证申请书,开出信用证,并交出口地的通知行,请其通知受益人。

③ 通知行收到信用证后,应当立即核对信用证的密押(全电开)或签字印鉴(信开),并迅速通知受益人。如果受益人认为接受信用证有风险,可以要求开证行另找一家受益人认可的银行对该信用证加具保兑。

④ 受益人收到信用证后,应当立即审核信用证。如果发现其内容有与合同条款不符之

处,应当及时要求开证人通过开证行对信用证进行修改。修改通知书经受益人同意接受后,信用证方为有效。受益人对信用证认可后,即按信用证规定的条件装运发货,缮制并取得信用证所规定的全部单据,开立汇票,连同信用证正本和修改通知书,交至当地的议付行要求议付。

⑤ 议付行对出口商提交的单据与信用证核对,确认单证相符、单单相符后,同意议付,购进汇票和所附单据,从汇票金额中扣除贴现利息和手续费,将垫款给受益人。议付行议付后,即成为票据意义上的正当持票人。

⑥ 议付行议付后,将汇票和单据寄交指定的付款行索偿。付款行可以是开证行指定的银行,也可以是开证行本身。

⑦ 开证行(或其指定的付款行)根据信用证审核单据无误后,向议付行付款。

⑧ 开证行对外付款后,通知开证人付款赎单。

⑨ 开证人核验单据,确认无误后,将全部票款及有关费用一并向开证行付清,并赎回单据。开证人赎取单据后,即享有单据上的权利,可据以向运输部门提取货物。

(4) 信用证的性质及其在汽车国际贸易中的应用

信用证方式属于银行信用,银行承担第一性的付款责任。只要信用证的受益人按照信用证规定的要求向银行提交货运单据,银行即保证付款。信用证方式把原来应由进口商履行的付款责任转为由银行来履行。这种以银行为实质性中介的支付方式在一定程度上解决了进出口商在付款和交易问题上互不信任的矛盾,让出口商能够放心地在收到货款前出运货物,让进口商能够放心地在付款后收取货物,同时也为进出口双方融通资金提供了便利。

信用证的银行信用便利了众多彼此不熟悉、相互不了解的贸易当事人建立贸易联系,并且比较顺利地开展贸易活动,从而促进了汽车国际贸易在更大的规模和范围上开展。具体来说,其作用如下:

① 对于汽车出口商来说,只要按信用证规定的要求提交单据,付款就有保证,尤其是只要在发货后取得货运单据,便可以将单据交到出口地银行,议付单据,取得垫款,有利于加速资金周转。

② 对进口商来说,可以通过信用证条款控制出口商装货期限,可以通过适当的检验条款,保证货物装船前的质量、数量。进口商付款后,即可取得代表货物的单据。而且,进口商开证时,只需要交付少量押金,减少了资金占用。

③ 对开证银行来说,开出信用证贷出的是信用,而非资金,还可以得到开证手续费的收入,利用开证押金,加速资金周转;而且,开立信用证时先由进口商提交押金,付款又是在收到出口商交来的符合信用证要求的货运单据之后,从而减轻了垫款的风险。

④ 对出口地银行来说,有开证行的信用保证,只要出口商提交的单据符合信用证条款的规定,就可以买单议付,然后向开证行要求偿付。

我国汽车进口商在与国际汽车厂商的贸易往来中,为减少资金的占压,降低结算风险,广泛采用3～6个月远期信用证方式进行国际支付。应该注意的是,由于远期信用证自开证至对外付款所经时间较长,汇率、市场、政策等不确定因素较多,进口商到期付款所承担的风险不容忽视。

4. 不同支付方式的选用

对于汽车交易买卖双方当事人而言,各种支付方式互有利弊优劣。支付方式的选择对交易双方非常重要,关系到买方能否安全收到符合规定的货物,卖方能否及时收回货款。因此,在选择时要对各种因素进行全面考虑,如双方的资信情况和经营状况,货物本身的状况及市场行情,以及交易双方所在地的法律、习惯,交易本身金额的大小等,权衡利弊,然后再选择适合的支付方式。随着国际汽车贸易的扩大,交易条件更加复杂,则应根据交易的实际情况,采用两种或两种以上的支付方式结合使用。

(1) 信用证与汇付相结合

信用证与汇付相结合是指部分货款用信用证方式支付,余款用汇付方式支付。例如,在汽车交易的买卖合同规定 80%货款以信用证方式付款,其余 20%待货物运抵目的港,经检验核实货物数量后,按实到的数量确定余款金额,以汇付方式支付。

(2) 信用证与托收相结合

信用证与托收相结合又称"部分信用证、部分托收",即指一笔交易的货款部分用信用证支付,其余部分用托收方式结算。具体做法通常是信用证规定受益人(出口人)开立两张汇票,属于信用证部分货款凭光票付款,而全套货运单据则附在托收汇票项下,按即期或远期付款交单托收。为了防止信用证项下的部分货款收取后,进口人拒付托收款项而单据已被取走的风险,在信用证中必须明确列明于发票金额全部付清后方可交单的条款。例如,××%发票金额凭即期信用证付款支付,其余××%即期付款交单。100%发票金额的全套货运单随附于托收项下,于申请人付清发票全部金额后交单。若买方不付清全部金额,货运单据由开证银行掌握,凭卖方指示处理。

(3) 托收与汇付相结合

托收与汇付相结合,一般是指在跟单托收方式下,出口商要求进口商以汇付方式支付一定的押金或预付款。在货物出运后,出口商可从货款中扣除已预付的款项,余款通过银行托收。如托收金额被拒付,出口商可以押金或预付款来抵偿自己的损失。

(4) 汇付、备用信用证或银行保函相结合

汇付、备用信用证或银行保函相结合一般用于汽车生产装备、大批量汽车进出口交易中。由于这种交易金额大、交货时间长,买方一时难以付清全部货款,故可采用按工程进度或交货进度分若干期付清货款,即分期付款和延期付款的方法。

① 分期付款。分期付款是指买方可采用汇付方式,先交部分货款作为定金。买方在付出定金前,一般要求卖方向买方提供出口许可证影印本和银行保函或备用信用证。其余货款可按不同阶段分期支付,买方开立不可撤销信用证,即期付款。最后一笔货款一般在交货或卖方承担质量保证期满时付清。货物所有权在付清最后一笔货款时转移。在分期付款条件下,货款在交货时付清或基本付清,因此,按分期付款条件所签订的合同是一种即期合同。

② 延期付款。买方在卖方交货时先付一部分货款,余额部分在交货后相当长的一段时间内分期摊还。一般来说,货物的所有权在交货时转移。在我国,货款的延期支付部分通常采用远期信用证和银行保函两种方式进行。延期付款就其表现形式而言是一种赊销,就其性质而言是卖方向买方提供的商业信贷。

本章小结

根据营销人员的业务需要,本章着重介绍了《合同法》与财务结算的各种工具与支付方式,内容包括合同法的基本原则、合同的订立、合同的效力、合同的履行、合同的变更、转让和终止、违约责任、各种支付工具的特点、支付方式的选用等内容。

汽车销售、置换、租赁、维修以及相关的消费信贷、保险等市场所发生的法律关系中,当事人的权利和义务均以合同(或协议)的方式体现,因而,《合同法》在规范汽车消费市场行为、保护经营者和消费者合法权益、促进我国汽车产业健康有序发展的方面发挥了重要作用。

合同法的基本原则包括合同自由原则、平等原则、公平与诚实信用的原则。

汽车营销实务中通常采用的书面合同中的格式合同。从合同订立目的出发,为了保护弱者的利益,遵循公平的原则,对格式合同进行了限制:第一,提供格式合同一方有提示、说明的义务,应当提请对方注意免除或者限制其责任的条款,并按照对方的要求予以说明;第二,免除提供格式合同一方当事人主要义务、排除对方当事人主要权利的格式合同无效;第三,对格式合同的理解发生争议的,应当做出不利于提供格式合同一方的解释。我国《合同法》对于格式合同的解释规则有以下规定:①双方对格式合同的理解发生争议的,应当按照通常的理解予以解释;②对格式条款存在两种以上解释的,应当做出不利于提供格式合同一方的解释;③非格式条款的优先使用,也就是,格式条款与非格式条款不一致的,应当采用非格式条款。

在汽车营销实务中,签订营销合同是非常重要的环节。营销人员必须谨慎,避免发生合同争议,导致诉讼事件的发生。

合同生效必须具备以下实质性的条件:①订立合同的当事人必须具有相应的民事行为能力;②双方当事人意思表示真实;③合同内容不得违反法律或者社会公共利益。但是,一旦发现合同存在某些状况需要撤销合同。若要实现合同撤销,须具备以下条件:①必须具有法定事由,包括重大误解、签订合同时显失公平或者存在欺诈、胁迫、乘人之危,导致合同违背当事人的真实意思。②必须有一方当事人行使请求权。③必须是由法院或者仲裁机构行使变更或者撤销权。权利人知道或者应当知道撤销事由之日起一年内行使撤销权但具有下列情形之一的,撤销权消灭:①具有撤销权的当事人自知道或者应当知道撤销事由之日起一年内没有行使撤销权;②具有撤销权的当事人知道撤销事由后明确表示或者以自己的行为放弃撤销权的。

汽车购销合同的履行原则主要有:实际履行原则、协作履行原则、效益履行原则等。有效成立的合同在尚未履行或未履行完毕之前,也可能由于某些法律事实的出现而使合同内容发生改变。合同变更的实质在于使变更后的合同代替原合同。合同变更后,当事人应按变更后的合同内容继续履行。在不改变合同内容的前提下,合同当事人一方也可以依法将其合同的权利和义务全部或部分转让给第三人。合同转让可分为债权转让、债务转让和概括转让3种情况。

由于一定的法律事实的发生,使合同所设定的权利和义务在客观上已不复存在,也就是合同终止,合同权利和义务的终止,当事人之间的权利和义务关系消灭。

合同终止的原因主要有:①合同全部依约履行,这是合同终止的最基本的、最正常的原因,合同双方的权利和义务履行完毕,达到合同的预期目的;②免除债务,指债权人免除债务人全部债务,从而使债务人不必再履行义务而终止合同;③混同,指合同当事人双方合二为一,债权与债务归于一人;④合同解除,是指合同当事人一方或双方依照法律规定或当事人的约定,依法解除合同关系。

合同履行过程中,合同当事人一方不履行合同义务或履行合同义务不符合合同约定所应承担相应的违约民事责任。违约责任有3种基本形式,即继续履行、采取补救措施和赔偿损失。当然,除此之外,违约责任还有其他形式,如违约金和定金责任。继续履行又称强制依约履行,指债务人不能履行或不能完全履行合同时,债权人申请合同仲裁机构或人民法院强制债务人实际履行合同,以实现订立合同的目的。采取补救措施作为一种独立的违约责任形式,是矫正合同不适当履行(质量不合格)、使履行缺陷得以消除的具体措施。这种责任形式,与继续履行(解决不履行问题)和赔偿损失具有互补性。违约损害赔偿,也称赔偿损失,是指违约方因不履行或不完全履行合同义务,而给对方造成损失,依法和依合同规定应承担的损害赔偿责任。

支付货款是汽车营销过程中常见的环节和现象,所以汽车营销人员经常涉及现金收支及款项结转,但是,营销人员不是专门的财务人员,因此,要求营销人员了解各种支付工具,熟悉各种支付结算程序,便于快速有效地完成营销业务。

支付工具分为货币和票据,也就是人们所说的现金结算和银行转账。

在汽车营销过程中,由于涉及的金额较大,很少使用现金支付,一般都是使用信用工具或支付凭证,通过双方在银行开立账户进行冲销,即采用非现金结算的票据方式。支付中使用的票据主要包括汇票、本票和支票。

汇票是出票人签发的,委托付款人在见票时或者在指定日期无条件支付确定的金额给收款人或者持票人的票据。本票是出票人签发的,承诺自己在见票时无条件支付确定的金额给收款人或持票人的票据。支票是出票人签发的,委托办理支票存款业务的银行或者其他金融机构在见票时无条件支付确定的金额给收款人或者持票人的票据。

信用卡是指商业银行向个人和单位发行的,凭其向特约单位购物,进行消费和银行存取现金,具有消费信用的特制载体卡片。

采用信用卡方式的,收款单位对于当日受理的信用卡签购单,填写汇总单和进账单,连同签购单一并送交收单银行办理进账,在收到银行收账通知时,据以编制收款凭证;付款单位对于付出的信用卡资金,应根据银行转来的付款通知和有关原始凭证编制付款凭证。在私人购车中使用这种方式是较普遍的。

习　题

一、名词解释

格式合同	无效合同	可撤销合同	债权人的代位权	
债权转让	债务转让	提存违约金	定金	开户银行
汇票	本票	支票	退票	背书
承兑	汇兑	托收		

二、简答题

1. 违约责任有哪几种形式?

2. 合同法的基本原则是什么?

3. 法律对订立合同的主体资格有什么要求?

4. 格式合同的解释规则有哪些?

5. 什么是无效合同?

6. 合同的履行原则有哪些?

7. 什么情况会导致合同终止?

三、能力训练

1. 违约金和定金可以相互代替吗?为什么?通过实践,谈一下自己对二者在汽车经销商处的运用。

2. 定金和订金可以通用吗?通过实践,谈一下自己对二者在汽车经销商处的运用。

参考文献

［1］菲利普·科特勒.营销管理［M］.梅汝和,等译.9版.上海:上海人民出版社,1999.

［2］赵培全.汽车营销实务［M］.成都:西南交通大学出版社,2009.

［3］段钟礼.汽车营销实用教程［M］.北京:机械工业出版社,2006.

［4］王信东,杭建平.市场营销学［M］.北京:社会科学文献出版社,2006.

［5］栾志强.汽车营销管理［M］.北京:清华大学出版社,2005.

［6］李江天.汽车营销实务［M］.北京:电子工业出版社,2005.

［7］栾志强.汽车营销师［M］.北京:北京理工大学出版社,2007.

［8］王怡民.汽车营销技术［M］.北京:人民交通出版社,2003.

［9］栾志强,张红.汽车营销管理［M］.北京:清华大学出版社,2005.

［10］叶志斌.汽车营销原理与实务［M］.北京:机械工业出版社,2007.

［11］陈文革.汽车市场营销［M］.北京:高等教育出版社,2008.

［12］李文义.汽车市场营销［M］.北京:人民交通出版社,2004.

［13］张国方.汽车营销学［M］.北京:人民交通出版社,2008.

［14］赵培全.汽车贸易［M］.北京:人民交通出版社,2007.

［15］A·佩恩.服务营销［M］.郑薇,译.北京:中信出版社,1998.

［16］鑫国.区域市场攻略［M］.北京:机械工业出版社,2004.

［17］赵培全,山云霄.汽车营销理论与实务［M］.北京:中国水利水电出版社,2010.